臺灣歷史與文化 研究輯刊

三 編

第 1 冊

台日地方史志纂修的比較研究
——以新修之《台中市志》與《山口縣史》為例

郭 佳 玲 著

花木蘭文化出版社

國家圖書館出版品預行編目資料

台日地方史志纂修的比較研究——以新修之《台中市志》與《山口縣史》為例／郭佳玲 著 — 初版 — 新北市：花木蘭文化出版社，2013〔民 102〕

目 4+240 面；19×26 公分

（臺灣歷史與文化研究輯刊 三編：第 1 冊）

ISBN：978-986-322-463-1（精裝）

1. 方志學　2. 臺灣

733.08　　　　　　　　　　　　　　　　　102017174

ISBN-978-986-322-463-1

9 789863 224631

臺灣歷史與文化研究輯刊
三 編 第 一 冊　　　　　　ISBN：978-986-322-463-1

台日地方史志纂修的比較研究
——以新修之《台中市志》與《山口縣史》爲例

作　　者　郭佳玲
總 編 輯　杜潔祥
出　　版　花木蘭文化出版社
發 行 所　花木蘭文化出版社
發 行 人　高小娟
聯絡地址　235 新北市中和區中安街七二號十三樓
　　　　　電話：02-2923-1455／傳眞：02-2923-1452
網　　址　http://www.huamulan.tw 信箱 sut81518@gmail.com
印　　刷　普羅文化出版廣告事業
初　　版　2013 年 9 月
定　　價　三編　18 冊（精裝）新臺幣 40,000 元　　　　　版權所有‧請勿翻印

台日地方史志纂修的比較研究
——以新修之《台中市志》與《山口縣史》為例

郭佳玲　著

作者簡介

郭佳玲

一、簡歷

國立中興大學歷史學系學士（1999～2003）

國立中興大學歷史學系碩士（2003～2007）

國立中興大學歷史學系博士（2007～2012）

朝陽科技大學通識教育中心兼任講師（2009.02～）

弘光科技大學通識教育中心兼任講師（2011.02～）

中臺科技大學通識教育中心兼任講師（2011.09～2013.01）

中臺科技大學通識教育中心兼任助理教授（2013.02～）

建國科技大學通識教育中心兼任講師（2012.02～）

二、學術專長

臺灣史、社會史、方志學

三、著作

（一）期刊論文

1. 黃秀政、李昭容、郭佳玲，〈羅香林與客家研究〉，《興大歷史學報》第 18 期，2007 年 6 月，頁 291～314。

2. 郭佳玲，〈海峽兩岸地方史志交流的成果：評介郭鳳岐主編《海峽兩岸地方史志比較研究文集》〉，《白沙歷史地理學報》第 7 期，2009 年 4 月，頁 199～214。

3. 郭佳玲，〈論戰後臺灣縣（市）志的纂修（1945）〉，《臺灣文獻》第 61 卷 1 期，2010 年 3 月，頁 213～237。

4. 郭佳玲，〈地方志研究的新領域：評介巴兆祥著《中國地方志流播日本研究》〉，《思與言》第 49 卷 4 期，2011 年 12 月。

5. 郭佳玲，〈日本地方史志的研究：以新修《山口縣史》為例〉，《臺北文獻》第 175 期，2011 年 3 月，頁 203～224。

（二）會議論文

1. 黃秀政、李昭容、郭佳玲，〈羅香林教授對客家研究的貢獻：以《客家研究導論》與《客家源流考》為例〉，羅香林教授百年誕辰學術研討會，香港歷史博物館，2006 年 11 月。

2. 黃秀政、郭佳玲，〈戰後臺灣縣（市）志的纂修：以新修《台中市志》為例〉，「方志學理論與戰後方志纂修實務」國際學術研討會，國史館臺灣文獻館，2008 年 5 月。

（三）學位論文

郭佳玲，〈日治時期台中州社會教化運動之研究（1920～1945）〉，國立中興大學歷史學系碩士論文，2007 年。

郭佳玲，〈台日地方史志纂修的比較研究：以新修之《台中市志》與《山口縣史》為例〉。

提　要

　　1930 年代初期，位處於日本殖民地的臺灣台中市與日本國內的山口縣不約而同地均展開「市史」與「縣史」的纂修工程，並同時於 1934 年（昭和 9 年）出版梓行。比較二部志書，可發現《台中市史》的纂修受政府政策的影響十分明顯，殖民地政治的取向濃厚；而《山口縣史》的纂修則是與社會風氣有關，目的在激發出民眾的鄉土情懷。纂修目的不同，可說是殖民地臺灣與殖民母國日本在志書纂修上最大的差異。

　　戰後的台中市在 1972 ～ 1984 年間，曾出版部份《台中市志》卷志。為期能完整記錄台中市自開拓以來的政治、經濟與社會變遷情形，台中市政府於 2003 年起展開新修《台中市志》編纂工程，並在 2008 年 12 月出版纂修成果。另一方面，日本在第二次世界大戰後國內興起地方史編纂風潮，然山口縣卻未能有一部完整詳細的縣史；因此在民間力量推動下，山口縣政府組織了山口縣史編纂室，專司縣史編纂任務。1994 年（平成 6 年），山口縣史編纂室推動新修《山口縣史》的編纂，並陸續出版完成纂修的卷志。

　　本書藉由新修《台中市志》與新修《山口縣史》的纂修作比較研究，得知新修《台中市志》的纂修是以地方首長的意願為主要依據，以「官學合作」方式纂修；新修《山口縣史》亦是採政府主導、民間參與的形式來推動纂修事業。其次，新修《台中市志》是以「以事繫時」的志書編纂體例為纂修原則來記述歷史發展與當前現狀；新修《山口縣史》則是以「以時繫事」的史書編纂體例為纂修原則，著重歷史現場的還原與再現。可知臺灣與日本在地方志纂修上皆有獨特纂修背景，現階段的纂修方式亦各有所長，值得相互學習。即二部志書在纂修內容上均呈現「大眾性」、「時代性」、「專業性」、「使命性」、「地方性」、「資料性」的功用與特點。但新修《台中市志》具有以「志書」編纂體例為纂修原則、重視志書審查制度、重視多族群歷史與多元文化、成為其他國家修志時參考的特點；而新修《山口縣史》則是有側重團隊內部自我審查、設置「史料·資料篇」、成立「山口縣史編纂室」專責處理纂修事宜等特點。

目次

圖　次

照片次

第一章　緒　論

一、研究動機

　　方志爲地方志書的簡稱，其起源有多種說法，有謂之起源於《禹貢》、《周官》，或是《山海經》者。〔註1〕若將其分成重視人與事記載之「史」源，以及重視物與地敘述之「地」源兩個層次來看，則「史」發展而有「國別史」、「耆舊傳」與「人物志」；「地」則發展成爲「地志」、「地記」與「圖經」。林天蔚認爲中國隋代之「地理書」爲史與地的分途之處，唐代則開始出現綜合史地而成的「一統志」，其後隨著方志體例的日漸成熟，以及主政者的提倡，至宋代正式出現以人、事、物、地爲纂修原則的地方志書。〔註2〕劉緯毅更是一舉將方志起源羅列出 17 種說法，說明方志的起源實爲眾說紛紜且尙無定論。〔註3〕

　　不論地方志的起源爲何，今日所見方志已發展成爲以一定的歷史時代和一定的區域範圍爲基礎，對此特定地域內的自然、政治、經濟、社會、文化現象等作綜合性的記錄。再者，地方志常保存一些不見於正史的原始史料，

〔註1〕陳捷先，《中國古方志學探論》（台北市：聯經出版公司，1998），頁 5～24。
〔註2〕林天蔚，《方志學與地方史研究》（台北市：南天書局，1995），頁 13。
〔註3〕劉緯毅將中國地方志的起源羅列出 17 種說法：即 1. 商代甲骨文說、2. 《九丘》說、3. 《山海經》說、4. 《禹貢》說、5. 西周說、6. 百國春秋說、7. 土地之圖說、8. 《國語》、《戰國策》說、9. 《漢書》說、10. 《南陽風俗傳》說、11. 《越絕書》、《吳越春秋》說、12. 漢代圖經說、13. 《畿服經》說、14. 《華陽國志》說、15. 六朝說、16. 唐宋說、17. 多源說。劉緯毅，《中國地方志》（北京市：新華出版社，1991），頁 19～23。

當人民或是地方上的治理者欲探尋某地域的歷史發展或是社會演變,甚至是對該地域之山川疆域與氣候物產發生興趣時,便會運用該地域纂修的地方志,以對該地域有系統性瞭解,並藉由志書記載,瞭解該地域的過去與現在。此種功用說明地方志實具有存史、資治、教化的實用價值,可知方志具有可補正史之不足、可考訂正史之錯誤、可作爲科技資料之增添、可蒐集保存地方人物史事與藝文資料,並作爲宗教與中西文化交流史料的五項具體功用;〔註4〕亦可解釋爲何中國歷史上各朝代主政者均重視地方志的纂修。

台灣的修志事業受到中國傳統方志纂修影響,自康熙年間至光緒年間割台爲止,曾經纂修過多部府志、縣志、廳志與採訪冊,究其內容與體例實爲中國傳統方志纂修的延續。〔註5〕台灣割讓日本後,在殖民者的統治需求下,方志纂修已有別於清朝志書的纂修體例與內容。戰後台灣在政治上又經歷了由威權體制到本土化、民主化的演變歷程,政府政策與意識型態均對於台灣方志纂修造成一定程度之衝擊與影響,即隨著統治權更迭與時代變遷之影響,不僅在纂修內容上有所差別,在體例也呈現出不同風貌。

在日本,日本自奈良時代(710～794年)受到中國文化東傳的影響,各藩國(諸侯國)即根據朝廷的命令,編纂上呈天皇的「風土記」。〔註6〕江戶時代(1603～1867年),幕府及各藩國再度開展地方志編纂,仿照奈良時代「風土記」的纂修方式,內容多爲土地狀況、地名、物產、歷史、人物、名勝古蹟、寺社、習俗等項目。此時期編纂的地方志,不但仿照奈良時代的風土記,亦參照中國的地方志,以客觀的態度利用許多古文書,總計在江戶時代編纂

〔註4〕 林天蔚,《方志學與地方史研究》,頁3～9。

〔註5〕 清代台灣的方志,由於繼承了宋明以來中國方志纂修的學術傳統,加以當時在台灣參與修志的循吏和專家們,都能認眞從事,因而成書的方志幾乎都有著存眞考實的優點,也具備資治和輔治的功能。不論是在志書的內容、體例方面,或是在性質、作用方面,都堪稱是中國方志史發展的縮影,爲清代台灣學術文化中的最佳產品。陳捷先,《清代台灣方志研究》(台北市:台灣學生書局,1996),頁217～218。

〔註6〕 日本奈良時代的朝廷之所以要求各諸侯國進呈風土記,雖是爲了仿效中國的地方志纂修以瞭解地方實態,但從本質而言,實是爲了確立以天皇爲中心的律令體制。目前現存五本的「風土記」中,以733年(天平5年)編的《出雲風土記》(3本)最爲完整,《播磨風土記》與《豐後風土記》則只各存留一本。犬井正,〈關東地方の誌史類における「誌」と「史」に關する若干の考察〉,收入齊藤博、來新夏主編,《日中地方史誌の比較研究》(東京:學文社,1995),頁168～172。

之方志共有 125 種。〔註7〕明治天皇主政（1867～1912 年）後，受到鄉土志教育研究運動影響，逐漸轉為由各都道府縣、郡市區町村等自治體獨立編志的型態。因此日本自明治時期以後，地方志書多轉為以「史」命名，自各地域的固有社會系統或是文化著眼，呈現出在該地域中生活、勞動與從事各種活動的人民樣態，即使有部份是以「志」為名，實際上已傾向「地方史」的性質，故而著重史料編輯。〔註8〕

　　台中市在 1934 年（昭和 9 年）時即曾有過《台中市史》的出版；1972～1984 年受到政府政策改變與經費等因素影響，曾先後出版《台中市志》部份卷志。為期完整記錄台中市自開拓以來的政治、經濟與社會變遷情形，台中市政府於 2003 年起展開新修《台中市志》的編纂工程，成果並在 2008 年 12 月出版。另一方面，在日本的山口縣雖然曾在 1934 年（昭和 9 年）刊行《山口縣史》；但在二次大戰後日本國內興起地方史編纂的風潮下，山口縣卻遲遲未曾有大規模的縣史編纂，以全面記載山口縣各項史事。因此，在山口縣地方史學會的名譽會長三坂圭治、會長臼杵華臣、副會長高橋政清與八木充等民間人士的推動下，山口縣政府成立了山口縣史編纂室，專司縣史編纂任務；並決定在 1994 年（平成 6 年）由山口縣史編纂室負責推動新修《山口縣史》的編纂，雖然新修《山口縣史》預計於 2017 年完成全部卷志的纂修，但由於其是以「史料編」的編纂為主軸，並不會因為未纂修完成的卷志而改變其編纂方式，故可就已出版的卷志來探討。可知台日雙方約略在相同時期分別展開台中市志與山口縣史的新修工程，兩者的體例綱目與內容、史料搜集與運用、審查與出版均有值得比較研究之處。

　　跨國的史志纂修比較研究，可提昇方志品質與水準，方志的纂修亦宜有所因應與創新。本書即試圖自比較史學的角度，探討《台中市志》和《山口縣史》纂修的種種。因此是以 1934 年出版的《台中市史》與《山口縣史》、2008 年出版的新修《台中市志》和 1996 年起陸續出版的新修《山口縣史》，分別就編纂體例綱目、編纂者、編纂內容、功用與價值等進行比較。為了有助於對本研究課題做統整與歸類，將探討《台中市志》和《山口縣史》在不

〔註7〕　犬井正，〈關東地方の誌史類における「誌」と「史」に關する若干の考察〉，收入齊藤博、來新夏主編，《日中地方史誌の比較研究》，頁 172；日本地方史研究協議會編，《地方史研究必攜》（東京：岩波書店，1955），頁 315。
〔註8〕　齊藤博，〈市史づくりの問題点〉，收入地方史研究協議會編，《地方史の新視点》（東京：雄山閣，1988），頁 120～121。

同時期纂修的時代背景，分析內容上的差異性與特殊性，以闡述台灣與日本在地方史志纂修的異同；希望成爲日後台灣與日本兩國學者在從事地方志纂修時的參考。

二、前人研究之回顧

　　地方志纂修的歷史悠久，各國對於方志相關課題的研究亦甚爲豐碩，但現階段在跨國性的方志比較研究成果上，以專書爲單元的對比研究似乎尚不多見，仍是以論文集或單篇論文形式發表者爲多。例如，1995 年齊藤博、來新夏主編的《日中地方史誌の比較研究》在日本刊行；〔註9〕隔年再在中國出版《中日地方史志比較研究》〔註10〕，此爲同一論文集，但各自以日文和中文形式出版，可說是近代中日學者在地方史志比較研究的濫觴。該論文集除自歷史學角度論述中國和日本的地方史志發展外，亦藉由比較中國《慈溪縣志》與日本《廣島新史》的編修方式，評價其記事內容與史志關係，提出雖然在寫作方法上，《慈溪縣志》重視概括，而《廣島新史》注意詳盡，但兩者的纂修均顯示出地方特色，即《慈溪縣志》是屬於區域志，而《廣島新史》則是屬於城市志。〔註11〕1998 年由郭鳳岐主編的《海峽兩岸地方史志比較研究文集》，則探討台灣與中國在地方志編修的相關課題，並對中國與台灣的修志現況作比較與評估，以作爲連結台灣與中國學者在地方史志交流上的紐帶。〔註12〕該書將中國的《廣陵區志》、台灣的《台北市志》、日本的《廣島新史》，自方志應有的地方性、資料性、全面性、整體性四方面作比較，指出區志編纂是城市發展的必然產物，是新的志書種類，不僅拓寬了傳統修志領域、豐富志書體系、發展了修志理論，亦開拓區志理論研究的新領域。〔註13〕

　　謝國興〈近年來台灣與大陸纂修地方志之比較〉，藉由比較台灣與中國的地方志纂修，說明台灣近年來由學者主導的新修縣市志或鄉鎭志，已不同於

〔註9〕　齊藤博、來新夏主編，《日中地方史誌の比較研究》（東京：學文社，1995）。
〔註10〕　來新夏、齊藤博主編，《中日地方史志比較研究》（天津市：南開大學出版社，1996）。
〔註11〕　陳橋驛，〈中國《慈溪縣志》與日本《廣島新史》的比較〉，收入來新夏、齊藤博主編，《中日地方史志比較研究》，頁 139～156。
〔註12〕　郭鳳岐主編，《海峽兩岸地方史志比較研究文集》（天津市：天津社會科學院出版社，1998）。
〔註13〕　楊杏芝，〈《廣陵區志》與《台北市志》、《廣島新史》之比較〉，收入郭鳳岐主編，《海峽兩岸地方史志比較研究文集》，頁 180～188。

傳統中國地方志書纂修，多呈現「論著」的性質。陳支平〈大陸與台灣地方志編修的若干問題〉，提出中國與台灣在地方志編修上都表現了方志資料性和整體性，但在編修時間和內容上，則受意識型態影響而不同。劉石吉〈近代中國、台灣與日本地方史志比較概述〉，說明近代中國、台灣與日本在地方史志發展上的異同，並闡述其隱含的時代意義。〔註14〕陳秋坤〈日本和台灣地方誌編纂比較研究〉，比較台灣的鄉鎮志與日本的町村史志，提出日本的地方志編輯有值得學習之處。例如，日本從事地方志編纂與研究的工作者經常花費多年時間，進行田野調查和文獻考察，尤其在村町的生活與風俗調查方面，可以看到村莊和町街居民的日常生活；方志纂修者也時常能夠結合地方文史工作者和學界人士的研究，促使町志、村志呈現有系統的生命力。文中並指出日本地方志都能遵從「以在地人寫在地史」的原則，很少泛泛而談，這些特色皆堪為從事台灣地方志纂修者借鑒。〔註15〕

此外，陳捷先係對日本地方志有系統性研究者之一，其《東亞古方志學探論》一書除論述中國方志的源流發展與編纂形式，並深入剖析日本、琉球、越南的古方志。〔註16〕大陸學者王衛平曾於2000年發表〈日本的地方史志編纂〉、〈近代以來日本地方史志體例的演變〉；2001年發表〈日本地方史志的源流〉、〈日本的村志編纂〉；2010年發表〈日本地方史志編纂的幾個問題〉等文章，論述日本早期編纂的地方史志，無論是作為日本地方史志源頭的風土記，或是明治時期的皇國地志，從外在形式到內在的內容體例，皆受中國地方志的影響。但在此過程中，「村」作為日本地方行政體系（即自治體系統）的基層單位，從15世紀莊園制度逐漸解體後，出現了以普通百姓為中心的近世村落，並成為地方志編纂的基礎單位。隨著西方史學思潮在二十世紀初的傳入日本，特別是在二次大戰後，隨著現代社會發展，「史」的體例逐漸成為日

〔註14〕謝國興，〈近年來台灣與大陸纂修地方志之比較〉，收入許雪姬、林玉茹主編，《五十年來台灣方志成果評估與未來發展學術研討會論文集》（台北市：中央研究院台灣史研究所籌備處，1999），頁67～78；陳支平，〈大陸與台灣地方志編修的若干問題〉，《史聯雜誌》第34期（1999.06），頁121～132；劉石吉，〈近代中國、台灣與日本地方史志比較概述〉，收入財團法人日台交流協會編，《歷史研究者交流事業（招聘）研究成果報告集》（台北市：編印者，2003），頁1148～1161。
〔註15〕陳秋坤，〈日本和台灣地方誌編纂比較研究〉，收入財團法人日台交流協會編，《歷史研究者交流事業（招聘）研究成果報告集》，頁1326～1339。
〔註16〕陳捷先，《東亞古方志學探論》（台北市：聯經出版公司，1998）。

本地方史志的主流。〔註17〕武尚清〈日本學者論地方史志研究〉，指出日本學者對於地方史的研究，是採用以日本為基點，以中國為重點，以世界為參考的模式來研究各國的地方史發展與纂修概況，其論述頗有見地，取得嶄新成果，尤其對日本自治體史的研究有深入解析。〔註18〕

中國浙江省中日關係史學會所屬中日地方志比較研究課題組，已於 2008年 5 月通過「中日地方志比較研究課題實施方案」，全面展開中日地方志的比較研究工程。〔註19〕相較於中國已有規劃性地從事中日跨國性質的方志比較研究，而台灣現階段尚未有系統性的比較研究出現。本書有鑑於此，遂擬以台灣新修《台中市志》之與同為新修的日本《山口縣史》為中心作比較研究，盡一己棉薄之力，開展新葉；並期盼研究成果可供台日兩地學者日後編纂方志參考之用，增添跨國方志的新猷。

三、研究方法

方志資料包括的範圍很廣泛，李泰棻分為記錄的史籍資料與非記錄的資料二類；〔註20〕黎錦熙則分成實際調查、檔案整理、群書採錄三類。〔註21〕其中，檔案群書是屬於記錄性質的資料；而實際調查，則是屬於非記錄性質的資料。然而，紛紜龐雜的史料，蒐集在一起，若不經過整理比較，無法看出每一種史料所代表的意義，以及史料間的詳略異同；歷史上林林總總的現象，不經過比較，亦無法看出每一種現象所具有的意義。〔註22〕因此「比較方法」是歷史研究不可缺少的重要方法之一，它不僅可用於確定在資料中沒有直接證據的史實，也可用於證實因果關係的假設，並可作出關於歷史事實

〔註17〕 王衛平，〈日本的地方史志編纂〉，《中國地方志》2000 年 3 期（2000.03），頁49～53；〈近代以來日本地方史志體例的演變〉，《江蘇地方志》2000 年 4 期（2000.04），頁 60～63；〈日本地方史志的源流〉，《中國地方志》2001 年 1～2 期（2001.02），頁 141～145；〈日本的村志編纂〉，《江蘇地方志》2001 年 3期（2001.03），頁 25～27；〈日本地方史志編纂的幾個問題〉，《中國地方志》2010 年 4 期（2010.04），頁 47～52。

〔註18〕 武尚清，〈日本學者論地方史志研究〉，《史學史研究》1994 年 3 期（1994.03），頁 71～79。

〔註19〕 中國地方志指導小組辦公室編，〈中國地方志通訊〉2008 年第 28 期（2008.06），頁 1。

〔註20〕 李泰棻，《方志學》（台北市：台灣商務印書館，1987），頁 1。

〔註21〕 黎錦熙，《方志今議》（台北市：台灣商務印書館，1976），頁 2。

〔註22〕 杜維運，《史學方法論》（台北市：華世出版社，1980），頁 87。

和規律的一般性結論。〔註23〕就此而言，前賢言之鑿鑿，確乎其言。

歷史的比較研究應當具備兩個條件，一是對象之間要有一定的類似性；二是要有一定的共同點，也是不同社會在特定時間或擁有類似文化環境情況下進行的比較。范達人指出比較史學的基本功能應有六點，即（一）歷史的比較研究，是一種宏觀考察歷史的方法。這種方法可以克服研究歷史的狹隘性；（二）歷史的比較研究，是鮮明的很有說服力的方法，是研究歷史的一個角度；（三）歷史比較研究能起一種結合作用，促進歷史研究中理論與史料的科學統一；（四）歷史比較研究也包括歷史類比，而歷史類比方法，可以起到預見未來等作用。把類比的邏輯方法運用於歷史研究，運用這種方法要建立在實事求是的基礎上；（五）歷史比較研究能在歷史研究中起一種驗證假設的作月；（六）歷史比較研究，有助於增進各國人民、各民族之間的相互了解，消除偏見、誤會等。〔註24〕本書除前述五點，特別著重第六點的作用，希冀能發揮志書具有的教化功用。

任何歷史研究工作的進行，皆有賴大量的史料，若無法取得足夠的基礎史料，將對研究工作帶來極大困擾。就本論文的研究主題而言，如何取得新修《台中市志》與新修《山口縣史》編纂相關內部資料，即成為筆者的一大挑戰。且並非每部方志皆能完整的保留下來，又或留存下來的史料又分散不全，亦會導致在資料搜集上相當不便，特別是從事跨國性的專題研究時，更容易受限於語言阻礙，而無法從事深入的研究。有鑑於此，本論文有關台灣地方史志的史料，日治時期方面，主要是以庋藏於國立台灣圖書館的方志相關史料為主；〔註25〕而戰後台灣方志的留存，目前台灣圖書館與國史館台灣

〔註23〕耶日・托波爾斯基著、程遠譯，〈比較方法、類比推理和逆向方法〉，收入范達人，《當代比較史學》（北京市：北京大學出版社，1990），頁 192。

〔註24〕范達人，〈當代比較史學論綱〉，《史學理論》（1989.02），頁 171。

〔註25〕國立台灣圖書館前身係日治時期「台灣總督府圖書館」，於 1914 年（大正 3 年）4 月 14 日，日本政府敕令第 62 號公布以「台灣總督府圖書館」為官制，11 月在艋舺（萬華）清水祖師廟內設立臨時事務所，籌備開館事宜。1915 年（大正 4 年）6 月，首任館長隈本繁吉遷館於台灣總督府左後方之舊彩票局內辦公，同年 8 月 9 日正式對外開放服務。1945 年原館全燬於戰火。戰後，「台灣總督府圖書館」形式上由台灣省行政長官公署接收，1946 年又合併日人「南方資料館」成立「台灣省行政長官公署圖書館」（簡稱台灣省圖書館）。1948 年 5 月，改屬台灣省政府教育廳，更名為「台灣省立台北圖書館」；1973 年 7 月 1 日，該館改隸教育部，遂改稱「國立中央圖書館台灣分館」；102 年 1 月 1 日，奉行政院令改為今名。參國立台灣圖書館・歷史沿革：http://www.ntl.edu.tw/01-aboutus-01.asp（2013/07/23）

文獻館皆保留有較爲完整的戰後台灣各級方志，故是以此二地典藏的方志爲
參考對象。相較於台灣史料取得容易而言，有關日本方面史料的取得則較爲
不易，幸而筆者於 2009 年 9 月有機會赴日本山口縣求學一年，在此期間利用
當地各類型圖書館與圖書傳遞系統，並多次拜訪當地的地方志典藏與編纂機
構，儘可能搜集有關日本地方史志的相關資料，並跟隨日本山口大學從事地
方志編纂與研究的教授學習，得已進一步對研究課題有深度認識。

四、章節架構

　　本書包括緒論與結論共分七章。〈緒論〉章在說明研究動機與前人相關研
究成果，並介紹章節安排；指出使用的研究理論、架構與方法、主要參考資
料，並指出本書探討主題。

　　第二章〈台日地方史志的纂修傳統〉論述台灣與日本在地方史志纂修上
與中國方志纂修的關係，並略述其演變歷程及在各時期具有的特色。第一節
說明中國方志纂修的傳統與影響與台灣地方志的纂修歷程，並依統治者的不
同劃分爲清領時期、日治時期，以及戰後三個階段，說明各時期方志纂修情
形及影響；復次析論日本地方志纂修歷程及其與中國方志纂修的關係。最後，
則就以上分論再予綜合敘述，形成新見。

　　第三章〈1934 年《台中市史》與《山口縣史》纂修的比較〉論述 1930 年
代，位處殖民地台灣的台中市與日本國內的山口縣不約而同展開「市史」與
「縣史」纂修工程，同時於 1934 年（昭和 9 年）出版。因而針對此二部史志
的纂修緣起與規劃、體例與內容、編纂者，探討同屬日本政府治理之下，日
本對於地方志的纂修是否有殖民地與本國的差異；在編纂內容與形式是否受
到殖民地或國內的政治、經濟或社會因素影響而展現不同風貌，亦是本書論
述的基礎與起點。

　　第四章〈新修《台中市志》與新修《山口縣史》纂修規劃與體例綱目的
比較〉則以爲志書的綱目取決於體例，體例則受當時政治或社會風氣的影響。
故而本章首先對兩部新修的台日方志，就其纂修緣起與規劃，並探討其與當
時社會、政治之間的關係；其次再比較體例綱目，說明兩者間的異同。最後
再比較編纂者的身份與文化背景，並與此二部志書內容編次作有機結合。

　　第五章〈新修二志史料、內容與審查的比較〉針對志書纂修之中，史事
記錄的詳略去取與內容的精覈舛訛，皆攸關重大。本章就此排比研究觀察台

日兩國學者對於史料運用的態度及對志書的審查與出版方式，則可探討其中審查觀念與嚴謹態度有何異同，因而進一步可說明兩國對於志書的流通傳佈是否也有不同的措施，此即爲本書主軸所在。

第六章〈新修二志的功用與價值〉闡述自古以來地方志書的纂修即有特定的功用價值，如增補闕漏，糾繆勘誤，備爲國史之要刪，並兼具資政、存史與教化的價值。因此，本章即是就兩部史志具有的功用及價值，提出其所呈現出的相似性與差異性。

第七章〈結論〉是在總結前述各章的討論分析，提出綜合性論述，並探討台日兩國在方志比較研究上的困境，延伸出未來可討論的議題。

方志的研究課題廣泛，特別是涉及到跨國性的方志比較研究，其可探討的角度就更爲多元。由於台灣方面歷年來對於日本的地方志纂修相關研究較爲缺乏，公私立機構藏的日本史志類書籍亦不多，容易造成研究上的困擾。如何持續且系統性的對日本地方史志課題做深入探討與研究，並進一步探討台日兩國的方志纂修傳統與演變如何受到政治、經濟、社會，或是文化等因素的影響，是本研究課題的侷限性，亦是日後必須努力的目標。

第二章　中台日地方史志的纂修傳統

　　地方志的纂修在中國已有一段漫長的發展過程，不同的時代，各有其不同的內容、形式與特色。但基本上以特定的歷史時代之自然與社會現象爲主，按照一定的體例編纂而成的地方史志，內容包含一地的沿革、疆域、物產、人物、方言、教育，或是風俗等。地方史志可說是中國特有的文化表現形式。

　　由於中國地方志的纂修傳統相當程度地影響著周邊各個國家，使其仿照中國志書纂修的體例與內容，編纂屬於該國的地方志。本章探討中國、台灣、日本地方志纂修之間的關係，並說明中國地方志如何影響台灣與日本的地方志纂修。

第一節　台灣地方史志的纂修

一、中國地方志纂修傳統

　　中國方志的起源歷來眾說紛紜，一般可追溯到春秋戰國時期，當時各諸侯國爲了加強統治，特別設置專門從事國境內山川資源、人文地理等各項資料採集的官職，並依據採集資料編纂成各國的國別史。至於此種官職名稱，根據《周禮》〈春官・宗伯・外史〉記載：「外史掌書外令，掌四方之志」、〈夏官・司馬・職方〉記載：「職方氏掌天下之圖，以掌天下之地」、〈地官・司徒・誦訓〉記載：「誦訓，掌道方志，以詔觀事。」〔註 1〕大抵可以知悉關於最早

〔註 1〕　〔清〕阮元校勘，《十三經注疏・周禮注疏》（台北市：大化書局重刊，1989），
　　　　　頁 1770、1860、1609。

的方志書，有人根據《周禮》所載，把早期的諸侯國史與後來的府州縣誌相類比，認爲傳說中晉國的《乘》、楚國的《檮杌》以及魯國的《春秋》，已初具雛型。方志是記載各諸侯國歷史與自然現象的書籍。地方誌的源頭可以追朔到春秋戰國時期，據《周禮·地官·誦訓篇》記載：「誦訓，掌道方志，以詔觀事。」到漢魏晉南北朝時期，地方誌的編修已蔚然成風，後歷經隋唐、兩宋、元明的發展，到清朝時已達到一個高峰。秦統一六國之後，因建立中央集權的郡縣制度，故在全國設置 36 郡，爲期對地方民情、風俗、物產與貢賦等通盤掌握，因而大量收集相關資料，並下令全國各地上報輿地詳情予朝廷，將修史之權收歸中央。〔註2〕

　　漢朝建立後也重視地方資料的收集，並以制度化的方式，命令官員將記錄經濟、貢賦的「計書」，乃至山川風俗的「地志」，按時上報中央，作爲施政參考。〔註3〕由於漢朝是大一統的政權，各地資料又能有系統的按期收集到中央，因而出現全國性的地志，其中可以《漢書·地理志》最具代表性。該志以西漢 103 個郡國所屬 1,314 縣邑、32 道、241 侯國爲綱，分別記載其聚落戶口、山川水澤、水利設施、名勝物產等。自此，地理志不但成爲纂修正史必列的內容，也成爲地方誌書的主要組成部分，並對日後全國性地志的纂修產生重大影響。〔註4〕此一時期還出現了兼記人物、地理和都邑的綜合性志書，如《越絕書》、《吳越春秋》與《華陽國志》等，代表方志不再侷限於地理書的範圍，而是結合史與地的方式，將方志由地志轉變爲史志體的型態。秦漢時期是屬方志的形成階段，當時無論是體例或內容，皆屬地理書的範圍，故其稱謂亦多爲「地志」、「地記」，其內容主要記敘地區的方域境界、山川物產、風俗民情。主要記錄地域的境界、山川物產、風俗民情；但也出現了一些專記物產、山水、道裏、寺廟的專志。但也出現了專門記載物產、山水，或是寺廟的專志。〔註5〕

　　魏晉以來，方志的編纂體制又逐漸由國別史、地理書的型態，走向圖文並存的圖經型態，並發展出編纂全國性總志、各地方志和分類分科的專志型

〔註2〕　陳捷先，《東亞古方志學探論》（台北市：聯經出版公司，1998），頁 6～9。
〔註3〕　陳捷先，《東亞古方志學探論》，頁 9。
〔註4〕　陳捷先，《東亞古方志學探論》，頁 10。
〔註5〕　陳捷先，《東亞古方志學探論》，頁 10～14；來新夏，《中國地方志》（台北市：台灣商務印書館，1995），頁 38。

態。〔註6〕隋代爲了有效統治地方，命各郡修志。《隋書‧經籍志》載：「隋大業中，普詔天下諸郡，條其風俗、物產、地圖，上于尙書。」〔註7〕可知政府爲了加強對修志工作的控制，使地方志爲統治政權服務，開啓國家明令修志的先河，於是官修志書應運而生。逮至唐代，志書內容更加豐富，尤其唐代與邊疆各國關係密切，因此在志書中增添四方貢賦；另外，當時官員爲了清楚說明地方實況，多採用圖文兼備的纂修方式，故亦是圖經盛行的時代，曾設下各州府每三年一造圖經報送朝廷的制度。此時期的志書纂修方式，基本上是繼承漢代的圖經，屬於中央命令地方官吏按時呈報的資料，因此與宋代以後的志書不同。〔註8〕由於唐代不但對各地提出修志的要求，甚至是李吉甫、元稹等朝廷官員也都曾親自撰寫志書，如《括地志》與《元和郡縣圖志》。《括地志》是以唐代全盛時期的行政區劃爲綱，全面記載各地域的建置沿革、山川形勢、風俗物產、人物事蹟等，爲唐代官修的第一部地理志；《元和郡縣圖志》則爲唐代志書的代表作，記載唐憲宗元和年間的47鎮之府州縣沿革、山川、戶口與古蹟等。因爲南宋時圖的部份已散失，後世遂將此書略稱爲《元和郡縣志》。國家明令修志與出現官修志書，亦爲隋唐時期方志的特色，然而此時期纂修的方志雖多以圖經、圖記，或是地記爲名，但亦有稱爲圖志或志者，且由於經與志在唐代後期纂修的志書中所佔比重越來越大，圖的作用反而明顯縮小。〔註9〕

　　從漢代到唐代，地方志內容反映各地域的疆域、氣候、山川與物產等，實由地理書發展成方志雛型。其次，唐代官修之地理書資料豐富，特重政治、經濟、社會等因素，將史、地合而爲一，並增添藝文，以顯示一地之全貌；第三，唐代方志資料多、項目亦多，並創立了新體例。一般認爲隋唐方志較之秦漢方志有三大轉變，即由私撰爲主，變成了以官修爲主；由著重地記與人物傳變成以圖經爲主；由各地自發性編撰，變成由上而下的統一指導，故此隋唐時期纂修的方志不僅具有史料價值，亦有實用性。〔註10〕

〔註6〕　來新夏，《中國地方志》，頁38。
〔註7〕　〔唐〕魏徵等撰，《隋書‧經籍志》卷三十三（台北市：成文出版社重刊，1971），頁12009。
〔註8〕　林衍經，《方志學綜論》（上海市：華東師範大學出版社，2007），頁34；陳捷先，《東亞古方志學探論》，頁15～16。
〔註9〕　來新夏，《中國地方志》，頁38～42；宋晞，〈地方志與歷史學〉，收入氏著，《方志學研究論叢》（台北市：台灣商務印書館，1990），頁2～3。
〔註10〕　宋晞，〈地方志與歷史學〉，收入氏著，《方志學研究論叢》，頁2～3；林天蔚，

　　宋代地方志的發展，不僅府州縣有志書，某些重要城鎮也有志書，城市志書也增多，反映出宋代都市的風貌。在志書內容上，記載範圍和事項增加，體例也趨於完善。方志內容加上人物、藝文等，使志書內容自地理擴充到人文歷史，反映出當時社會、經濟、學術、文化等各方面有顯著進步。可說宋代方志發展的明顯標記和突出成就，便是內容和體例的進步，可以《太平寰宇記》、《剡錄》、《景定建康志》為代表性作品，此三部志書體例把《春秋》的編年體和《史記》、《漢書》的紀傳體，促進方志體例的漸趨完備以至大致定型，因此意義格外重大。

　　宋代以後，郡縣志大量發展，雜志的出現與種類的繁多，亦是一大特點。而且方志與雜志均以「人」、「事」、「地」、「物」縱橫敘述，可說方志之書至宋而體例始備，舉凡輿圖、疆域、山川、名勝、建置、職官、賦稅、物產、鄉里、風俗、人物、方伎、金石、藝文、災異，無不匯之於一編。〔註11〕特別是宋元兩代學者制定的方志義例，不但成為日後中國方志纂修的規範，同時也先後傳到亞洲各國，使日本、韓國、越南等國爭相仿效。例如日本自奈良時期（710～794年）模仿中國方志，編纂上呈天皇的「風土記」；江戶時期（1603～1867年），幕府及各藩均展開編纂地方志的活動，主要是仿照「風土記」的纂修方式來編地方志。另外，越南自後李朝（1010～1224年）即有《南北番界地國圖》的編撰，記載李英宗出巡海門時的山川形狀、地方風物；到了後黎朝（1428～1789年）時，因阮廌編撰的《輿地志》肯定越南當時疆域與領土的邊界，並反映出越南社會、文化和文明的進步，使得地志類書籍得到特別重視，編撰風氣益加興盛。可知中國方志傳統自唐宋時期開始，不但影響全國各地修志，也帶動亞洲其他國家從事地方志的纂修，使其以中國文字、書法與方志義例來纂修該國的全國性或區域性方志。〔註12〕宋代方志所

　　　　《方志學與地方史研究》（台北市：南天書局，1995），頁 27；劉緯毅，《中國地方志》（北京市：新華出版社，1991），頁 53。
〔註11〕彭靜中，《中國方志簡史》（中國四川：四川大學出版社，1990），頁 163；林衍經，《方志學綜論》，頁 38～39；林天蔚，《方志學與地方史研究》，頁 58；張國淦，《中國古方志考‧敘例》（台北市：鼎文書局，1973），頁 2。
〔註12〕犬井正，〈關東地方の志史類における「志」と「史」に関する若干の考察〉，收入齊藤博、來新夏主編，《日中地方史志の比較研究》（東京：學文社，1995），頁 168～185；阮文日等，〈越南地方志書的編纂〉，收入國史館台灣文獻館編輯，《方志學理論與戰後方志纂修實務國際學術研討會論文集》（台灣南投：國史館台灣文獻館，2008），頁 313～314；陳捷先，《清代台灣方志研究》（台北市：台灣學生書局，1996），頁 11～12。

以能得到較大的發展，在於統治者對修志的重視與社會經濟快速發展給予修志發展提供了社會條件；再者，活字印刷術的發明亦提供了必要條件；第三，漢唐以來的地方志發展，也為宋代方志提供大量經驗和深厚基礎。而由宋代地方志發展的史實，可說明宋代在修志組織與規模已超越隋唐時期，其內容的擴展與體例的創新，在方志發展上具有承先啟後、繼往開來的地位和作用。〔註13〕

　　元朝由於對思想文化實行嚴厲統制，對方志發展帶來消極影響，不僅纂修的方志數量不多，修志規模也不如宋代。但從刊行的志書內容與質量來看，元代編纂的志書，計有地記9種，圖經6種，方志則有142種，可看出方志的編纂比例已超越地記與圖經。其中，《大元大一統志》即是元代方志成就的典型之作，它以每路和行省直轄的府州為綱，分建置沿革、坊廓、鄉鎮、里坊、山川、土產、風俗、名勝、人物等目，內容豐富，成為《大明一統志》與《大清一統志》的纂修基礎；此外，為了編修《大元大一統志》，朝廷亦命各省選送志書，開各省編修省志的先河。綜合言之，元代的方志發展雖然緩慢，但銜接了唐宋的修志方法，進一步完備了方志體例，促使方志走向定型化和規範化，為明清時期地方志的纂修盛行提供了條件。〔註14〕

　　明代的方志纂修因政治趨於安定進而又轉向興盛。1370年（洪武3年）下令將天下州郡地理形勢，詳附始末類編成書，此即為全國地理總志《大明志書》。明成祖在1412年（永樂10年）和1418年（永樂16年）先後頒布〈修志凡例〉，顯示對修志的重視，並在前人修志基礎上，對新編志書提出了原則、要求與注意事項，推動志書發展。明景帝於1455年（景泰6年）詔令纂修地理總志，第二年纂成《寰宇通志》；1458年（天順2年）英宗再令儒臣重修，於1461年（天順5年）成書時賜名《大明一統志》。〔註15〕明代皇帝相繼倡導修志，所以修志成風，不僅各省府州縣修志極為普遍，甚至形成郡國縣道莫不有志的局面，且除了少數地方僅纂修一次外，多數地方已有數次編纂，特別是經濟發達，或政治地位重要之地域，志書的編纂更是頻繁，故數量亦相當可觀。

　　大致說來，明代纂修的地方志具有「官定體例、統一格式」與「屢修總志、樹立楷模」、「重視軍事志書編修」等特色。其中，官定體例的出現不僅

〔註13〕林衍經，《方志學綜論》，頁40。
〔註14〕林衍經，《方志學綜論》，頁40～42；劉緯毅，《中國地方志》，頁68。
〔註15〕彭靜中，《中國方志簡史》，頁22～23；林衍經，《方志學綜論》，頁40～42。

表示明代朝廷對修志的重視，亦體現各地志書編纂的進步；而總志的連續纂修亦加快各省府州縣志的編纂，並樹立志書編纂標準，有助志書質量的提高。此外，明代政府亦重視邊關衛所等邊防地方志的纂修，一般稱爲邊志、關志或是衛志，目的是爲了能盡知天下要塞與兵馬虛實強弱之數，其體例和內容與府州縣志差異不大，惟較側重軍備、險要和兵士的記載。明代地方志之所以形成上述特點，除了朝廷、官府、士紳與文人學者的重視外，亦與明代經濟繁榮、文化發達，並有一套完整地方行政制度有關，可說明代地方志實爲方志編纂事業興盛下的產物。〔註 16〕

　　清代是中國地方志發展的全盛時期，主要體現在修志規模大、成書數量多與名家輩出，形成系統性的方志學理論，爲方志事業繁榮時期。清代修志，從順治年間起就連續不輟。其顯著特點，一是朝廷頒例詔修，皇帝親審志書；二是大批學者參與修志，推動方志學的建立；三是方志編修空前普及。康熙、雍正、乾隆、嘉慶，以至於光緒各朝，因編纂或續修「一統志」，朝廷曾多次下詔促令各省修志，可說清代修志的頻繁和發達與《大清一統志》的編纂有關，亦即編纂「一統志」和各地方誌，是清政府實施對全國有效統治和維持大一統局面的重要措施，其纂修次數之多，爲元明兩代所不及。根據巴兆祥研究，清代曾三修《大清一統志》，而爲編纂「一統志」而發下的修志詔令與檄文不下數十次，1672～1842 年（康熙 11 年～道光 22 年）約修成省府州縣志 3,201 種，由編修《大清一統志》而形成的修志盛況，爲中國歷代所少見。〔註 17〕另外，根據朱士嘉的統計，宋代方志有 28 種 537 卷，元代則較少，僅有 11 種 124 卷，但至明代時則增加至 770 種 10,087 卷，清代又大幅增加至 4,665 種 76,860 卷，可知方志至明清兩代時數量大增。〔註 18〕

　　明清兩代不僅方志數量多，其修志範圍之廣泛，志書內容之豐富與修志周期之縮短，均超過歷史上任何時期；再加上方志理論的百家爭鳴與方志學的形成，均顯示方志纂修進入鼎盛時期。其次，隨著修志宗旨逐漸強調「適用」、「致用」，再加上修志經驗的日趨豐富，除了原有的建置沿革、行政區劃、土地戶口等內容，對於自然、農業、林業方面，也有更爲詳細的記載，加深明清方志的實用價值和史料價值。〔註 19〕此外，明清兩代除了全國性，或是

〔註 16〕巴兆祥，《方志學新論》（上海市：學林出版社，2004），頁 70～110。
〔註 17〕巴兆祥，《方志學新論》，頁 120。
〔註 18〕朱士嘉，《中國地方志綜錄》〈凡例〉（台北市：新文豐出版公司，1975）。
〔註 19〕林天蔚，《方志學與地方史研究》，頁 58；劉緯毅，《中國地方志》，頁 93、116。

地方性的通志、郡縣志均有大量纂修，雜志的出現與種類的繁多亦是一大特點；並由於政府提倡各地編修方志，始有地方官延聘文人學者直接參與修志工作，因而產生不同的纂修方法。

　　基本上，明清兩代纂修的方志係繼承宋元的方志體例而有所發展。清代發展出的方志理論分成體例派、考證派（地理派）、史法派（歷史派）三種。其中，體例派是屬於寫作的技術，如廣分綱目，綱目愈多，包含愈廣，能表達的地方面貌愈為全面性，但缺點是分散而無系統性；而考證派與史法派則在內容記載上有史、地之分，即考證派認為方志為「地」，而史法派認為方志為「史」。另外，考證派較重視舊史資料，以舊史中的相關資料作為修史憑藉，而史法派固然重視舊史資料，但更注重實際的生活資料，主張「詳近略遠」，顯示考證派較著重地理考證，而史法派較偏重文獻考訂，兩者皆有其立論基礎，可說清代方志發展已達到頂峰時期。〔註20〕

　　民國以後的方志纂修，雖然在纂修規模上不如清代，體例亦多沿襲舊志，但因受西方社會科學傳入的影響，此時期的方志纂修已開始注意影響地方的各種因素，並賦予傳統方志「新的內容」、「新的方法」與「新的體例」，例如自社會變遷中，增加經濟學、社會學等社會科學，並著重記述地方的獨特資源、建設、風俗等；或自舊志已有的內容，加以「增、補、續」及分析，進而創造新的體例。〔註21〕1914 年（民國 3 年）浙江省率先成立省通志局，準備《浙江通志》的纂修事宜，但此時期較普遍的修志實是自 1916 年（民國 5 年）展開的，即該年中華民國教育部會同內務部咨文各地纂修志書，各省因而紛紛成立通志館或通志局專職修志事宜。由於此時期為時代變革之際，因此反映在志書纂修上，既有在編纂宗旨、體例和內容取捨上保留傳統的做法，又有順應時代發展進行局部革新，並向近代方志過渡，即在體例上既沿襲傳統，又反映時代變化，兼有近代志書的特徵。

　　1927 年（民國 16 年）南京國民政府成立，結束北洋軍閥的割據局面，為全國統一後的修志提供有利條件；1928 年國民政府下令全國各省、縣修志，軍政部軍需署也咨請各省徵集縣志；1929 年內政部再通令各省需將省、縣、

〔註20〕林天蔚，《地方文獻研究與分論》（北京市：北京圖書館，2006），頁 38～39。
〔註21〕林天蔚，《方志學與地方史研究》，頁 128；另參閱黃秀政，〈楊家駱與新方志〉，收入氏著，《台灣史志新論》（台北市：五南圖書出版公司，2008），頁 381～395。

市志「凡例」送部審核，並於同年 12 月頒布〈修志事例概要〉22 條（附錄一），明定各地修志的機構和經費，並詳載志書體例、結構與內容；1930 年再咨請各省督催縣市編纂地方志，使全國興起一股修志熱潮。〔註22〕直到 1937 年日本發動對華戰爭，大規模的修志事業被迫中斷，至 1945 年二戰結束後才又陸續啓動志書編纂工作。即國民政府首先於 1946 年發布〈地方志書纂修辦法〉，規定省志三十年一修，市、縣志十五年一修，各地修志事宜一律由各省市縣政府督促各地文獻委員會辦理；隨後再頒佈〈各省市縣文獻委員會組織規程〉規定文獻委員會爲地方志書纂修的專責機構。其後因國共內戰，導致修志工作再度中斷。直至 1949 年後中國國民黨退居台灣，中國歸屬中國共產黨治理，兩岸修志工作因而成爲雙軌發展，各自走向不同的道路。

二、台灣地方史志的纂修

台灣的方志纂修直至 1684 年（康熙 23 年）台灣納入清朝版圖後，由於清政府承繼中國固有的修志傳統，且適逢康熙帝有意纂修「一統志」，下詔全國各地進呈省志，自此開啓了台灣的方志編纂進程。爾後，歷經日本治台及中華民國政府遷台時期，志書編纂工作從未停歇，反而因不同政權的統治，促使方志纂修呈現特殊的體例與內涵。以下即依統治者的身份，將台灣的地方志纂修分成清領時期、日治時期、二次大戰後（以下簡稱「戰後」）等三個時期來作更進一步的探討，俾便深入明瞭。

（一）清領時期（1683～1895）

清康熙皇帝即位後，隨著全國政治漸趨穩定，清廷爲明瞭全國各地的狀況，以鞏固統治基礎，因而延續中國修志傳統，開始志書的纂修工作。1673 年（康熙 12 年）康熙帝詔天下直省、府、州、縣咸修輯志書；1682 年（康熙 21 年）復令使臣纂修「一統志」，詔府、州、縣上呈其志；1683 年再命儒臣纂修《大清一統志》，詔各進省志，由於上行下效，風行草偃，使全國掀起一股地方志纂修熱潮。〔註23〕1683 年（康熙 22 年）鄭克塽降清，台灣自此隸屬滿清轄管，1684 年（康熙 23 年）建台灣府，隸屬福建省分巡台廈兵備道，下

〔註22〕巴兆祥，《方志學新論》，頁 175。
〔註23〕巴兆祥，《中國地方志流播日本研究》（上海市：上海人民出版社，2007），頁 8。

轄諸羅、台灣、鳳山三縣，因適逢朝廷有意纂修《大清一統志》，台灣巡府蔣毓英故著手纂修《台灣府志》，開啓台灣的修志風潮。

　　清代台灣纂修的方志可分成府志、縣志、廳志三種，其中，府志計有 6 種，縣志計有 9 種，廳志計有 3 種。〔註24〕此外，台灣在建省後爲纂修《台灣通志》，編纂有采訪冊數種，以做爲基本史料，內容多爲田野調查所得，計有 13 種。一般而言，采訪冊內容因各地域風土民情的不同而各有差異，且因爲各地域在編成采訪冊後即上呈通志局，故均未刊行佈世，不脫草稿性質，直到 1945 年（民國 34 年）之後才開始有刊刻事宜，但多未留下傳本。（表 2-1）

表 2-1　清代台灣方志一覽表

志 書 名	作 者	纂修／刊行時間
府志 《台灣府志》	蔣毓英	1684 年／康熙 23 年修
《台灣府志》	高拱乾	1694 年／康熙 33 年修、1696 年／康熙 35 年刊行
《重修台灣府志》	周元文、陳璸	1712 年／康熙 51 年增修
《重修福建台灣府志》	劉良璧	1740 年／乾隆 5 年修、1742 年／乾隆 7 年刊行
《重修台灣府志》	六十七、范咸	1744 年／乾隆 9 年重修、1747 年／乾隆 12 年刊行
余文儀、黃佾	《續修台灣府志》	1760 年／乾隆 25 年始修、1765 年／乾隆 30 年刊行
縣志 《諸羅縣志》	周鍾瑄、陳夢林	1716 年／康熙 55 年修、1717 年／康熙 56 年刊行
《鳳山縣志》	李丕煜、陳文達	1719 年／康熙 58 年修
《台灣縣志》	王禮、陳文達	1719 年／康熙 58 年修

〔註24〕台灣建省後，最大的修志活動爲《台灣通志》的纂修，並由此帶動了一批府縣志書的編纂。1892 年（光緒 18 年），台北知府陳文騄、淡水知縣葉意深具稟台灣巡撫邵友濂，議修台灣通志。邵友濂批復同意，設置通志總局，以台灣布政使唐景崧、巡道顧肇熙爲監修，舉人蔣師轍爲總纂。蔣師轍因與人不合而離去，由舉人薛紹元繼任總纂。1895 年（光緒 21 年）完成十之六七；適遇割台，不得不中止，原稿爲人攜歸福建。其後，日本領台，得知志稿藏於廈門，始由日本駐福州領事館派員購買回台，藏於台灣總督府圖書館。巴兆祥，《方志學新論》，頁 245～246。有關清代台灣方志的類型，另有方豪提出的高志型、諸羅志型、淡水志型，以及采訪冊型四種。方豪，〈記新抄苗栗縣志兼論台灣方志的型態〉，《文獻專刊》第 2 卷第 1、2 期（1951.05），頁 10～16。

	《重修台灣縣志》	魯鼎梅、王必昌	1752 年／乾隆 17 年修
	《重修鳳山縣志》	余文儀、王瑛曾	1762 年／乾隆 27 年修
	《續修台灣縣志》	鄭兼才、謝金鑾	1807 年／嘉慶 12 年修
	《彰化縣志》	周璽	1831 年／道光 11 年修
	《苗栗縣志》	沈茂蔭、謝維岳	1893 年／光緒 19 年修
	《恆春縣志》	屠繼善	1894 年／光緒 20 年修
廳志	《噶瑪蘭廳志》	陳淑均	1831 年／道光 11 年修、1853 年／咸豐 3 年刊行
	《淡水廳志》	陳培桂	1870 年／同治 9 年修、1871 年／同治 10 年刊行
	《澎湖廳志》	林豪	1892 年／光緒 18 年修、1894 年／光緒 20 年刊
採訪冊	《台灣縣采訪冊》	陳國瑛	1830 年／道光 10 年
	《恆春采訪冊》	汪金明	1894 年／光緒 20 年
	《鳳山采訪冊》	盧德嘉	1894 年／光緒 20 年
	《雲林采訪冊》	倪贊元	1894 年／光緒 20 年
	《新竹縣采訪冊》	陳朝龍	1894 年／光緒 20 年
	《台東州采訪修志冊》	胡傳	1894 年／光緒 20 年
	《安平縣采訪冊》	蔡國琳	1894 年／光緒 20 年
	《台灣縣采訪冊》	吳鸞旂	1894 年／光緒 20 年
	《埔里社廳采訪冊》	王廷楷	1894 年／光緒 20 年
	《彰化縣采訪冊》	吳德功	1894 年／光緒 20 年
	《宜蘭縣采訪冊》	楊士芳	1894 年／光緒 20 年
	《基隆廳采訪冊》	佚名	1894 年／光緒 20 年
	《淡水廳采訪冊》	佚名	1894 年／光緒 20 年

資料來源：台灣銀行經濟研究室編，《台灣文獻叢刊》（台北市：台灣銀行經濟研究室，1957～1962）；陳捷先，《清代台灣方志研究》（台北市：學生書局，1996），頁 189～192。

綜觀台灣在清領時期纂修的志書，係沿襲傳統中國的修志方式，可說是中國修志傳統的延續。而由清代台灣各級地方志的纂修體例可知，台灣的方志纂修體例有採用門目體者，如蔣毓英《台灣府志》、陳文達《鳳山縣志》等；採用分志體者，如高拱乾《台灣府志》、周元文《重修台灣府志》等；採用正

史體者，如陳培桂《淡水廳志》、林豪《澎湖廳志》等，其中又以分志體的使用較廣。（表 2-2）然而，不論採用何種體例，其記載內容亦不外乎山川、地理、風俗、人物、藝文等方面，此也與中國志書記實之內容無異。此外，清領時期的台灣方志纂修尚有注重風俗與要塞形勢的特色，並強調武備或兵防記錄，顯示其修志目的在於「資治」，以作為政府施政的參考。

表2-2　清代台灣方志體例表

性　質	編　纂　者	書　　名	體　　例
府志	蔣毓英	《台灣府志》	門目體
	高拱乾	《台灣府志》	分志體
	周元文、陳璸	《重修台灣府志》	分志體
	劉良璧	《重修福建台灣府志》	門目體
	六十七、范咸	《重修台灣府志》	分志體
	余文儀、黃佾	《續修台灣府志》	分志體
縣志	周鍾瑄、陳夢林	《諸羅縣志》	分志體
	李丕煜、陳文達	《鳳山縣志》	分志體
	王禮、陳文達	《台灣縣志》	分志體
	魯鼎梅、王必昌	《重修台灣縣志》	分志體
	余文儀、王瑛曾	《重修鳳山縣志》	分志體
	鄭兼才、謝金鑾	《續修台灣縣志》	分志體
	周璽	《彰化縣志》	分志體
	沈茂蔭、謝維岳	《苗栗縣志》	正史體
	屠繼善	《恆春縣志》	門目條列
廳志	陳淑均	《噶瑪蘭廳志》	分志體
	陳培桂	《淡水廳志》	正史體
	林豪	《澎湖廳志》	正史體

附註：在中國方志史上，方志體例是隨著內容變化而逐步發展，亦會因各地區情況不同，使同一時代的方志纂修呈現差異性，可說方志體例的採用與內容的纂修有很大關聯性。自方志編寫方式來看，其體例可歸納為六種：第一種為「綱目體」，亦稱為「分志體」，即先將全書分為若干主題或門類，各主題或門類下再設細目，層次分明，例如先分卷，再於其下設篇、章、節、目等細目，其類目和層次的多寡，可視具體內容而設立，具有以綱統目，層次清晰的優點；第二種為「門目體」，是指將各類並列，無綱統目，彼此間無統攝關係，因為有時會呈

現若干門目平行排列的方式，故又稱「平列分目體」；第三種爲「紀傳體」，是指仿照史書體裁，採用紀、志、傳、圖、表、錄等方式；第四種爲「三書體」，是先按照問題設置總綱，其後於總綱下設細目，例如章學誠的三書體即是由志、掌故、文徵三種體裁組成，其後再依體裁分類記事；第五種則爲「編年體」，是以年爲綱，按年代順序記述地方史事的方式；第六種爲「正史體」，係指以記述資料的文章體裁作爲第一級分類標準，仿正史紀傳體例分成「本紀」、「列傳」、「書」、「表」等項，其中敘述典章制度者爲「考」，記人物者爲「傳」，目的在兼顧史料在時間與空間上的特性。

資料來源：林衍經，《中國地方志》（上海市：上海古籍出版社，1996），頁 27；林衍經，《方志編纂系論》（中國合肥：安徽大學出版社，2001），頁 6～7；王良行，〈鄉鎮志體例另論〉，收入許雪姬、林玉茹主編，《「五十年來台灣方志成果評估與未來發展」學術研討會論文集》（台北市：中央研究院台灣史研究所籌備處，1999），頁 298～299；台灣銀行經濟研究室編，《台灣文獻叢刊》（台北市：台灣銀行經濟研究室，1957～1962）；陳捷先，《清代台灣方志研究》（台北市：學生書局，1996）。

清代台灣的志書纂修，宦台官員的積極提倡與本地士紳的主動參與皆爲方志纂修臻於蓬勃之因。由於台灣在內附清朝初期的文風不若中國內地鼎盛，故早期參與修志者多爲大陸來台具有修志經驗的官員與文人，舉其例如高拱乾在纂修《台灣府志》之前，即曾參與《廣德州志》的纂修；范咸在纂修《重修台灣府志》之前，曾參與《湖南通志》的纂修；魯鼎梅與王必昌在纂修《台灣縣志》之前，曾參與《德化縣志》的纂修；陳夢林在纂修《諸羅縣志》之前，亦曾參與《漳州府志》與《漳浦縣志》的纂修，顯示主導台灣方志纂修者，多爲有豐富修志經驗的「修志專家」，因此不僅在修志方法上有前例可循，在內容上亦可找到其遵循中國方志纂修的痕迹。〔註25〕

（二）日治時期（1895～1945）

日本領台初期爲求順利統治台灣，故於 1895 年（明治 28 年）由參謀本部編印《台灣志》，作爲治台之參考，爲領台後的第一部官撰志書。其後，台灣總督府的各級行政機構開始設置「編纂股」掌理志書編纂事務，於 1898 年（明治 41 年）設立臨時台灣土地調查局、1901 年（明治 44 年）設立臨時台灣舊慣調查會，藉由全台之土地與舊慣調查，瞭解台灣的風土民情地情；另

〔註25〕方豪，〈修志專家與台灣方志的纂修〉，《方豪六十自定稿（上）》（台北市：學生書局，1969），頁 656～657。

亦廣泛蒐集清代纂修之台灣各府縣廳舊志與采訪冊稿，除重刊續修《台灣府志》，並倡修縣廳志。〔註 26〕

　　1922 年（大正 11 年），總督田健治郎始設台灣總督府史料編纂委員會，計畫以三年時間編纂台灣史料，卻因故中止，於 1924 年（大正 13 年）裁撤相關人員。直到 1929 年（昭和 4 年），總督川村竹治認為史料編纂事業亟需恢復，才復設舊有機構，重新制定〈台灣總督府史料編纂委員會規程〉，從事官府文書檔案的選輯與史料編纂工作，並展開人物調查與訪談，於 1933 年（昭和 8 年）編成《台灣史料稿本》共 34 冊與《台灣史料綱文》25 冊，堪稱日治時期官方編纂最龐大的台灣史冊。〔註 27〕

　　日治時期編纂的台灣志書，若依行政層級劃分，可分為全台史志、縣廳志、郡市史志、街庄志四種；（表 2-3）若按型態劃分，則可分成「清志型」、「調查型」、「概況型」、「教材型」、「史志型」、「三志型」六種。其中，「清志型」係指承續清人修志遺緒，仿中國方志體例編纂的志書，如《苑裡志》、《新竹廳志》等；「調查型」係因慣習調查而編纂的志書及資料冊，如《台南縣志》、《南部台灣志》等；「概況型」是指地方實況的調查書，如《台北廳志》等；「教材型」為記載地方發展概況，採志書體例編纂的史志，如《桃園廳志》、《台北市十年志》等；「史志型」係採歷史書撰述體例，或仿方志編纂體裁，所撰述編纂的史志書，如《台中市史》、《台北市史》等；「三志型」係為鄉土教育之需要，動員教員從事調查，以方志體例編纂成書的鄉土教材，如《鹿港鄉土志》、《嘉義鄉土概況》等。〔註 28〕另外，由中小學校或文教團體編纂之方志，不僅在數量上較官撰史志為多，在功用上更強調資治的功用，在內容上也重視史料之錄存與田野調查，甚至在纂修規模上亦較官撰史志更為鉅篇者亦不少。基本上，日治時期由中小學校或文教社團所編纂者，皆可通稱為「鄉土志」、「要覽」、「概況」或是「一覽」，是以記錄政府施政概況與保存鄉土史料為中心，數量多達二百餘種，其體例雖不若官撰志書嚴謹，但仍具學術研究與史料保存價值。

〔註 26〕王世慶，〈日據時期台灣官撰地方史志的探討〉，《漢學研究》第 3 卷 2 期（1985.12），頁 317～321。

〔註 27〕王世慶，〈日據時期台灣官撰地方史志的探討〉，《漢學研究》第 3 卷 2 期，頁 318。

〔註 28〕高志彬，〈台灣方志之纂修及其體例流變述略〉，《台灣文獻》第 49 卷 3 期（1998.09），頁 187～206。

表 2-3　日治時期台灣官撰地方史志一覽表

性　質	編　纂　者	語言	書　　名	出　版　時　間
全台史志	參謀本部編輯部	日文	《台灣志》	1895 年／明治 28 年
縣廳志	台南縣廳	日文	《台南略志》	不詳
	鄭鵬雲、曾逢辰	中文	《新竹縣志初稿》	1897 年／明治 30 年
	不詳（佚名）	中文	《嘉義管內采訪冊》	不詳
	台中縣斗六辨務署	日文	《雲林沿革史》	不詳
	台南縣志編纂委員	日文	《台南縣志》	1897 年／明治 30 年
	台南廳	日文	《南部台灣志》	1902 年／明治 35 年
	台北廳總務課	日文	《明治台北廳志》	1903 年／明治 36 年
	桃園廳	日文	《桃園廳志》	1906 年／明治 39 年
	新竹廳	日文	《新竹廳志》	1907 年／明治 40 年
	台北廳	日文	《大正台北廳志》	1919 年／大正 8 年
郡市史志	蔡振豐	中文	《苑裡志》	1897 年／明治 30 年
	林百川、林學源	中文	《樹杞林志》	1898 年／明治 31 年
	台北市役所	日文	《台北市十年志》	1930 年／昭和 5 年
	台中市史編纂委員會	日文	《台中市史》	1934 年／昭和 9 年
	高雄市役所	日文	《高雄市制十周年略志》	1934 年／昭和 9 年
	嘉義市役所	日文	《嘉義市制五周年紀念志》	1935 年／昭和 10 年
	台北市政二十年史編纂委員會	日文	《台北市政二十年史》	1940 年／昭和 15 年
	大溪郡役所富永豐	日文	《大溪志》	1944 年／昭和 19 年
街庄志	嘉義街役場	日文	《大嘉義》	1926 年／大正 15 年
	新竹街役場	日文	《新竹街要覽》	1926 年／大正 15 年
	中和庄役場劉克明	日文	《中和庄志》	1931 年／昭和 6 年
	板橋街役場張鴻機	日文	《板橋街志》	1933 年／昭和 8 年
	桃園郡龜山庄役場	日文	《龜山庄全志》	1933 年／昭和 8 年
	蘆竹庄役場	日文	《蘆竹庄志》	1933 年／昭和 8 年
	大園庄役場徐秋琳	日文	《大園庄志》	1933 年／昭和 8 年
	桃園街役場岸藤次郎	日文	《桃園街志》	1933 年／昭和 8 年
	鶯歌庄役場今澤正秋	日文	《鶯歌鄉土志》	1934 年／昭和 9 年
	三峽庄役場	日文	《三峽庄志》	1934 年／昭和 9 年

資料來源：王世慶，〈日據時期台灣官撰地方史志的探討〉，《漢學研究》第 3 卷 2 期（1985.12），頁 322～345。

　　日本自古以來即深受中國文化影響，方志帶有濃厚的中國色彩，使得台灣在日治初期纂修的志書亦偏向中國式的纂修方式，後期始出現西方式的編章節架構，轉而重視數據資料的記錄，但仍是以「紀傳體」為通用體裁。台灣總督府史料編纂委員會編纂部長持地六三郎指出：「原來中國式之府志，係以記錄官府行動之進退盛衰為主，很少涉及政治上、經濟上民生休戚之消長興廢，不可為現代修史之先例；而以歐美式之史論體、文化史體之私人著作，做為官撰之編著亦似不當。」〔註29〕其主張台灣在編纂志書時，必須參酌折衷中國式之府志與歐美式之各種著書體裁，故在體裁結構上倡導仿照中國傳統志書之體例，但以西書「編」、「章」、「節」的方式代替之；在纂修內容上，則新增科學門類之調查研究，以社會、警察、司法、經濟等項目取代傳統志書中神仙、方伎、典禮部份。其結果使此時期的志書統計圖表或地圖等資料性史料的繪製均較前代更為精確，內容亦更可觀，與現實社會更為貼近。

　　在志書內容方面，王世慶指出台灣在日治前期所編纂的方志，內容多採「詳古略今」書法，亦即對清代甚或清代以前記載甚詳而日治時期則反而簡略，可以窺知其編纂目的在瞭解舊制及過往史迹；而在日本領台十年後編的志書，則呈現出「略古詳今」趨勢，推究其改變書法的目的即在於注重宣揚政績。〔註30〕由於日本以殖民者的姿態纂修台灣方志，內容上著重民政與軍政史料的調查與記錄，乃可預見及理解，至於甚少藝文志或人物志的撰述，則屬輕重緩急及側重有別之故所致；亦因如此，故此期台灣方志之殖民色彩顯得特別濃重。可謂日治時期台灣的方志纂修除少數沿續中國修志傳統外，多數是為了施政需要或記錄施政情形而纂修，具有濃厚的殖民地政治色彩。

　　台灣在日治時期纂修的志書，另有自「地方志」轉型為「地方史」的特性。〔註31〕其原因在於明治後期至第二次世界大戰結束這段時期，日本國內興起鄉土志教育研究運動，此運動導致以在地人纂修在地史的方式，按時間遠近自該地域的社會系統或是文化著眼，呈現出該地域人民生活、勞動樣態。

〔註29〕〔日〕井出季和太著，《台灣治績志》（台北：台灣日日新報社，1939），頁705。
〔註30〕王世慶，〈日據時期台灣官撰地方史志的探討〉，《漢學研究》第3卷2期，頁346。
〔註31〕「地方志」主要是記載一個地區的現狀，雖然也要追述過去，但是闡述發展沿革，比較重視以田野調查方式與文字史料相印證；而「地方史」主要是記載過去的歷史與一個地區在特定時期的社會活動，因此依賴歷年來史料的記載。陳光貽，《中國方志學史》（中國福建：福建人民出版社，1998），頁12。

由於該型態有別於傳統志書秉持「志爲橫書,史以縱述」的纂修方式,出版的方志便紛紛改以「史」稱名,並蔚爲一股風潮,盛行當時,即令或有仍以「志」爲名的舊書,但內容也易爲新「地方史」之性質。〔註32〕台灣在日本統治下受此影響,亦紛紛轉向具有「地方史」特性的志書纂修,導致此時期纂修的方志與清領時期呈現不同風貌。

(三)戰 後(1945～迄今)

1948 年 6 月,台灣省政府設立「台灣省通志館」並規劃《台灣省通志》的纂修事宜,通過〈台灣省通志假定綱目〉38 編,將戰後台灣的方志纂修回歸到中國傳統方志的範疇。綜觀戰後台灣的地方志纂修,依行政層級劃分,可分爲全志、省(市)志、縣(市)志、鄉鎮(市、區)志四種。

首先是全志的纂修。1999 年(民國 88 年)9 月,台灣省文獻委員會依據〈地方志書纂修辦法〉中「省志每二十年一修」的規定,召開《續修台灣省通志》諮詢會議,展開《續修台灣省通志》的籌備工作,並於 2000 年 1 月及 5 月,召開第二次與第三次的諮詢會議,通過《續修台灣省通志》的計畫凡例與綱目草案。惟因 2002 年 1 月起,原隸屬台灣省政府的台灣省文獻委員會改制爲「國史館台灣文獻館」,隸屬國史館,成爲總統府所屬之三級機關,從事《台灣全志》的纂修,除職掌台灣文獻的採集、整理與研究外,自 2003 年起,又在改制前通過的《續修台灣省通志》計畫凡例與綱目草案上,進行《台灣全志》的纂修。按《台灣全志》的「凡例」規定,全志的纂修時間上起 1945 年,下迄 2001 年,時間跨越五十餘年,由於此時期爲台灣全新發展之肇始,因此地域範圍除台灣省各縣(市)外,並擴及台北及高雄兩直轄市,以及隸屬福建省的金門、連江兩縣,故名《台灣全志》,凡 14 卷;且其內容爲避免與台灣省文獻委員會時期出版的《台灣省通志》與《重修台灣省通志》重複,採取將 1981 年以前予以略述,1981 年以後則力求詳實的纂修原則。可知國史館台灣文獻館主修《台灣全志》,係爲因應台灣政治、經濟、社會與文化的劇烈變遷與發展,以記錄史實,爲歷史作見證,並配合該館組織功能的調整,而作全新的思維與規劃,以達成該館改制的目標與使命。〔註33〕截至 2013 年

〔註32〕齊藤博,〈市史づくりの問題点〉,收入地方史研究協議會編,《地方史の新視点》(東京:雄山閣,1988),頁 120～121。

〔註33〕台灣省文獻委員會編,《台灣省文獻委員會續志》(台灣南投:編印者,2001),頁 24;劉峰松,〈國史館台灣文獻館的使命〉,《台灣文獻》第 53 卷 1 期(2002.03),頁 6～8;2003 年國史館台灣文獻館報請國史館核定之《台灣全

6 月止，《台灣全志》已出版《卷首史略》、《卷 1 大事記》、《卷 2 土地志》、《卷 3 住民志》、《卷 4 政治志》、《卷 8 教育志》、《卷 9 社會志》、《卷 10 職官志》、《卷 12 文化志》等志，其餘各志尚持續纂修中。

其次是省（市）志的纂修。台灣省文獻委員會針對《台灣省通志》之綱目、斷代與文體等詳加討論，於 1951 年出版卷首綱目圖表疆域（全一冊），因未送審乃定名為《台灣省通志稿》。嗣後各篇陸續完稿出版，至 1965 年（民國 54 年），除地理篇地質章尚未編纂外，其餘皆出版問世，總計共 60 冊。然而，在 1961 年省通志送審之際，內政部曾函請台灣省政府轉飭台灣省文獻委員會，指出《台灣省通志稿》應以 1961 年為斷代下限，要求省文獻會應將原有志稿予以增訂，送內政部審核。省文獻會奉命後，乃次第增修，自 1964 年起打字油印，至 1967 年完成刊行，分訂為 25 冊，但因未送審故不公開發行。〔註 34〕有鑑於增修通志稿出版後，與通志稿在內容上既不能連貫亦無法整合，故省文獻會乃於 1967～1973 年間，進行通志稿的整修工作，採取隨編隨刊的方式，於 1973 年全部出版完成，共 146 冊，為戰後首次纂修完成之《台灣省通志》，其後又於 1982～2001 年間完成重修工程，此即《重修台灣省通志》。另外，台北與高雄兩直轄市，原均為台灣省所轄之省轄市，分別於 1967 年與 1979 年改制為行政院的直轄市，二者自改制到 2005 年為止，亦均分別出版有兩個版本的市志，即 1974～1980 年王國璠主修《台北市志》、1986～1991 年曾迺碩主修《台北市志》、1981～1993 年金祥卿主修《高雄市志》、1993～1998 年黃耀能主修《高雄市志》。〔註 35〕

第三是縣（市）志的纂修。戰後台灣縣（市）志的纂修，起自 1946 年（民國 35 年）台北縣長陸桂祥籌劃編纂之《台北縣志》，但因故未能實現。〔註 36〕逮於 1951 年，台灣省文獻委員會主任委員黃純青倡議全面修志，加上中央政府發起文化改造運動，因此中華民國內政部乃於 1952 年 1 月以內第 11042 號

志・凡例》第 1～5 條。

〔註 34〕黃秀政，〈戰後台灣方志的纂修〉，收入氏著，《台灣史志新論》（台北市：五南圖書出版公司，2007），頁 462～464。

〔註 35〕黃秀政，〈戰後台灣方志的纂修〉，收入氏著，《台灣史志新論》，頁 464～467。

〔註 36〕1947 年 6 月，陸桂祥因被台灣仕紳指控疑似發生私吞五億元台幣的重大貪污案件，遭撤職查辦，《台北縣志》纂修計畫因此未及實現。「陸縣長桂祥解答滬報所傳貪污案」，《民報》419 號，1946 年 9 月 11 日第二版；「外傳陸桂祥貪污，引起當局密切注意，會計處刻派員查賬」，《民報》480 號，1946 年 10 月 29 日第三版。

函囑台灣省政府轉飭各縣（市）應積極設立文獻委員會，以保存蒐集地方史料與纂修地方志書為主要目的。其內容如下：〔註37〕

> 台灣光復後，適政府實施憲政，實為我國政治史上之盛舉，他如地方各種政教設施，經濟建設，以及興革諸事，均應載之方志，永垂後世。至於先哲、先賢、先烈之言行、事功、志節，尤須加表彰，應請轉飭各縣市迅速纂修志書，以宏揚國家意識，發揚民族精神。又查本年元旦，總統曾昭告全國軍民，推行社會改造運動，及文化改造運動，以達到敦親睦族、明禮尚義之目標，則纂修地方志書，適足以促進此等運動之展開，應請轉飭各縣市迅速辦理。再查本省自38年各縣市行政區域調整後，現已年餘，各地文獻委員會均已紛紛成立或籌備設立，依照地方志書纂修辦法第四條之規定，各縣市纂修志書事宜，應由各省縣市政府督促各省縣市文獻委員會負責辦理。

當時全台灣21縣（市）在上述政策下，陸續於1951～1953年間各自成立文獻委員會；且依照當時〈地方志書纂修辦法〉第四條之規定，各縣（市）纂修志書事宜，應由各縣（市）政府督促各縣（市）文獻委員會辦理。故在各縣（市）文獻委員會的努力下，先後有《屏東縣志稿》、《高雄市志》、《高雄縣志稿》、《雲林縣志稿》、《澎湖縣志》、《花蓮縣志》、《台中市志》、《嘉義縣志》、《台北縣志》、《宜蘭縣志》、《桃園縣志》、《基隆市志》、《台東縣志》等志書的完成，形成一股地方志書的纂修風潮。〔註38〕

1958年（民國47年）行政院遵奉總統交辦「裁員減政意見報告」，研訂〈精簡機構員額實施方案〉，台灣省政府因而提報省府委員會第537次會議討論通過，將台灣省文獻委員會改為由台灣省政府民政廳管轄，即自廳處級的省府二級機關降為三級機關，使省文獻會的實際地位與象徵意義大不如前。〔註39〕1972年行政院再度精簡縣（市）附屬機關，台灣省政府除將各縣（市）文獻委員會裁撤外，並規定各縣（市）文獻委員會事務及工作應移

〔註37〕鄧憲卿主編，王世慶、郭嘉雄、廖財聰總纂，《台灣省文獻委員會志》（台灣南投：台灣南投：台灣省文獻委員會，1998），頁27。

〔註38〕簡榮聰，〈台灣省文獻委員會推動全面修志概述〉，《台灣文獻》第46卷3期（1995.09），頁97；另參閱李文玉，〈戰後北台灣縣市志纂修之研究〉（台灣桃園：國立中央大學歷史研究所碩士論文，2002），頁58～61。

〔註39〕謝嘉梁，〈台灣文獻業務之沿革發展〉，《台灣文獻》第50卷1期（1999.03），頁10；另參閱黃文瑞，〈台灣省文獻委員會沿革〉，《台灣文獻》第45卷2期（1994.06），頁210。

由縣（市）政府民政局接管，在民政局下設置文獻課，俾承辦並進行志書的新撰、重修或續修工作，但由於人員和經費的大幅縮減，纂修新志者並不多。1982 年 5 月內政部廢止〈各省市縣文獻委員會組織規程〉，導致各縣（市）政府因喪失法源依據，故陸續裁撤文獻委員會；且爲精簡行政組織，遂將文獻課改爲禮俗文物課，導致文獻纂修工作更加萎縮，幾乎呈現停頓狀態。直到 1990 年開始，台灣省各縣（市）政府又陸續將禮俗文物課改稱爲禮俗文獻課，使其在名稱上略涉志書纂修的成份。其後，隨著政治民主化與經濟發達，不僅興起台灣主體意識的本土化趨勢，也激發另一股修志風潮。其中，1983 年台中縣政府民政局委請東海大學歷史學系教授張勝彥擔任《台中縣志》總編纂，由張氏邀集學術界爲主的人士組成編纂委員會，以集體合作方式纂修《台中縣志》，成爲由學術界人士主導纂修縣（市）志之先河。〔註40〕

　　1999 年政府頒布〈地方制度法〉，將規範全國地方志書纂修的法規命令，改由直轄市政府及縣（市）政府自行負責；並將〈省縣自治法〉、〈直轄市自治法〉、〈地方制度法〉等俱列地方文獻事項爲自治事項；再加上〈行政程序法〉也於 2001 年施行，使各直轄市政府及縣（市）政府可制定自治法規，編纂地方志書，並自行辦理志書審查的工作。〔註41〕因此各縣（市）政府紛紛自定組織條例，屬文化局組織調整職掌，以掌理該縣（市）的文化、藝術，乃至志書纂修等事宜，興起以「政府委託、學者主導」的地方志纂修風潮。截至 2012 年 8 月，全台灣各縣（市）政府多已完成首次的志書纂修，甚至進入續修或重修階段，可謂成果相當豐碩。

　　第四是鄉鎮（市區）志的纂修。戰後台灣鄉鎮（市區）的行政層級類似日治時期的街、庄。惟戰後台灣的鄉鎮（市、區）志纂修，長期以來未若縣（市）志的纂修受到重視。質言之，即自 1946 年（民國 35 年）中華民國內政部公布〈地方志書纂修辦法〉以來，均僅對省（市）志與縣（市）志有明確規定，鄉鎮（市、區）志則不在此列；直到 1997 年，內政部第四次修正該法後，始規定鄉鎮（市、區）志編纂完成，應將志稿送縣（市）政府審查後，函轉省（市）文獻主管機關審定。但僅施行數年，即隨該法的失效而結

〔註40〕謝國興，〈近年來台灣與大陸纂修地方志之比較〉，收入許雪姬、林玉茹主編，《五十年來台灣方志成果評估與未來發展學術研討會論文集》（台北市：中央研究院台灣史研究所籌備處，1999），頁 71。

〔註41〕鄭喜夫，《〈地方志書纂修辦法〉之探討（下）》，《台灣文獻》第 53 卷 2 期（2002.06），頁 162。

束。〔註 42〕然而，隨著台灣經濟繁榮與社會進步，本土研究漸受重視；加上台灣省文獻委員會曾於 1991 年召開台灣省各縣（市）文獻業務座談會，倡議各縣（市）政府加強輔導各鄉鎮（市、區）纂修地方志書，並於 1992 年實施〈台灣省各機關纂修機關志及出版文獻書刊獎勵金發放要點〉，進一步激勵各鄉鎮（市、區）修志的意願。〔註 43〕故在 1990 年代全台興起鄉鎮（市區）志編纂熱潮，不僅學者專家、文史工作者，甚至有所謂文化包商均大量投入鄉鎮（市區）志的編纂，使此層級的志書獲得空前的豐碩成果。

綜觀台灣的各級志書纂修，在內容上隨著時代變遷而呈現多元面貌。例如戰後初期，為了凝聚台灣人的中華民族意識，國民黨政府在台灣強力推行一連串中國政策，以達到對台灣人實施去日本化與再中國化的改造目標；其次，國民黨政府來台後，有鑑於台灣的政治與社會情勢尚未完全穩定，必須藉由編纂志書來掌握地方現況，故以「三民主義」為宗旨，來建立人民對政府的認同，導致纂修的志書，具有濃厚官方色彩，以建立台灣人民對國民黨政府的認同，因此纂修的志書具有官方色彩。尤其在戒嚴體制之下反共意識與中國教育籠罩一切，反映在志書的卷志佈局上，則可見到「革命志」、「光復志」等卷志的出現，以激發民眾愛國愛鄉精神。然而，隨著 1987 年總統蔣經國宣佈解除戒嚴令，封閉的台灣政治逐漸開放，台灣歷史文化始被重新檢討；繼之 1991 年〈動員勘亂時期臨時條款〉廢除，促使此時期的志書纂修均較早期重視鄉土資料，無形中形塑出台灣人的鄉土意識，使志書纂修得已更深入基層。第三，戰後台灣方志的纂修，初期是以漢族為論述中心，對其他族群的記載較為缺乏；但近年來的志書編纂，已逐漸反映地方政府或學界對原住民的關注，顯示族群研究日漸受到重視，並走向多族群的主體地位。

第二節　日本地方史志的纂修

據可信的歷史記載，大致自魏晉以降，處在中華文化圈的影響範疇內，日本便積極吸收中華文化，除在飛鳥時代（592～710 年）曾派遣「遣隋使」赴中國隋朝學習中華文化。至李唐時期，日本亦沿襲遣使入隋的舊制，繼續派出「遣唐使」，且規模更大。大致自 630 年（舒明天皇 2 年）起，為推動

〔註 42〕黃秀政，〈戰後台灣方志的纂修〉，收入氏著，《台灣史志新論》，頁 482～484。
〔註 43〕簡榮聰，〈台灣省文獻委員會推動全面修志概述〉，《台灣文獻》第 46 卷 3 期，頁 95～98。

日本社會制度的革新與社會發展，先後派出大批「遣唐使」至中國學習典章制度，並藉著「遣唐使」往復中國，將各種中國文化與藝術傳輸日本，豐富並擴大日本文化的基礎。其中，地方志書之搜集與編纂即成為遣使團重要工作項目及仿效重點之一，故日本自奈良時代（710～794 年）開始，朝廷就從事具國史性質的《古事記》與《日本書紀》編纂；各諸侯國亦根據朝廷命令，從事模仿隋唐圖經的志書纂修，編纂成「風土記」，以作為朝廷的施政依據。

　　713 年（和銅 6 年）5 月，元明天皇向各諸侯提出要在郡鄉的地名上加上由兩個漢字組合成的佳名；並收錄郡內物產種類、土地肥瘠狀況、山川陵丘命名的由來、古老舊聞傳說等，由各諸侯國以公文書的形式呈報朝廷。〔註 44〕雖是為了仿效中國的地方志，但從本質而言，其編纂目的實是為了確立以天皇為中心的律令體制，但其後受到戰亂影響以及年代久遠，流傳下來的並不多。目前尚保存完整者，計有《播磨國風土記》（今兵庫縣西部）、《出雲國風土記》（今島根縣東部）與《豐後國風土記》（今大分縣），為日本最古老的方志。另外，自平安時代（794～1185 年）到鎌倉時代（1185～1333 年）期間，雖無編纂地方志的記錄，但曾有許多書籍引用各諸侯國風土記的佚文軼事，儘管數量不多，但仍具相當學術價值。

　　江戶時代（1603～1867 年）由於長期的安定世局，國內交通順暢，地理知識便為一般民眾所渴求；復以文人學者對於古代風土記的散失感到可惜，乃奮起恢復舊業。則即是德川幕府在創建之初，即推崇中國儒學，以朱子學宣揚三綱五常中之「君臣主從秩序」等政治道德觀念，作為幕府統治的思想基礎。因此，江戶時代纂修的地方志在寫作動機與內容方面實與前代不同，例如有為提供一般旅人需求而編寫的通都大邑遊覽資料；有因感傷於舊風土記在戰火中散失，因而主張搜求舊記，另寫各地山川風物的專書，以便後人考察等類型。〔註 45〕其後，受到中國明朝纂修《大明一統志》的影響，幕府及各藩再度興起編纂地方志的風氣，例如 1663 年（寬文 3 年）纂修完成的《藝備國郡志》在「凡例」中，即明確指出其條目不用本朝風土記之例，而是仿

〔註 44〕大井正，〈関東地方の志史類における「志」と「史」に関する若干の考察〉，
　　　　收入齊藤博、來新夏主編《日中地方史志の比較研究》（東京：學文社，1995），
　　　　頁 168～172。
〔註 45〕陳捷先，《東亞古方志學探論》，頁 107～108。

《大明一統志》之標題者。〔註 46〕並且沿續古代「風土記」的纂修方式來編纂類似中國地理志性質的方志，內容多為地名、物產、歷史、人物、寺社等項目。總體而言，此一時代編纂的方志可區分為具有濃厚的儒學色彩、繪圖與名勝介紹、以鄉村為單位、各類型的遊記四種類型。

江戶時代編纂的方志分為官撰與私撰兩種，但以官撰方志為主流，具有政治的代表性。官撰方志是指由幕府或各藩主導編纂而成的，如 1623 年（元和 9 年）的毛利藩（今山口縣）《長門國志》、1666 年（寬文 6 年）的會津藩（今福島縣）《會津風土記》與 1684 年（貞享元年）前橋藩（今群馬縣）《前橋風土記》，此為江戶初期由各藩編纂的地方志，目的在確認其支配體制與政治機能。1810 年（文化 7 年），幕府在昌平坂學問所之下，正式設置地方志編修調查所，其成果以 1828 年（文政 11 年）的《新編武藏國風土記稿》與 1841 年（天保 12 年）的《新編相模國風土記稿》最具代表。另外，由各藩國主導編纂者，則是以 1840 年代（天保末年～弘化年間）的《防長風土注進案》最為著名，其目的在總合位居今山口縣境域內的周防與長門兩國之地方特色，以作為政府的施政參考。〔註 47〕私撰方志則多為私人投入調查編纂，此中以舉齋藤月岑在 1834～1836 年（天保 5～7 年）編纂的《江戶名所圖會》、鈴木牧之在 1835～1842 年（天保 6～13 年）編纂的《北越雪譜》、赤松宗旦在 1855 年（安政 2 年）編纂的《利根川圖志》最為著名，因受肯定也帶動了私撰方志的風潮。大致來說，私撰方志的特色是以自己居住的區域為中心，來理解居住地的地理和歷史，具有強烈的鄉土意識。〔註 48〕除此之外，由於這時期編纂的方志，不但仿照奈良時代的風土記，亦參照中國的地方志，並以客觀的態度利用了許多古文書，故將奈良時代編修的「風土記」稱為「古風土記」，以示區隔，總計日本在江戶時代編纂之地方志約有 125 種。〔註 49〕

明治天皇時期（1868～1912 年），為有效確立郡縣制的施行，乃視修史

〔註 46〕《藝備國郡志》「凡例」。

〔註 47〕西垣晴次，〈自治体史編纂の現狀と問題点〉，收入朝尾直廣等編集，《日本通史・別卷 2 地域史研究の現狀と課題》（東京：岩波書店，1994），頁 38～39。

〔註 48〕木村礎，〈鄉土史・地方史・地域史研究の歷史と課題〉，收入朝尾直廣等編集，《日本通史・別卷 2 地域史研究の現狀と課題》，頁 8～11。

〔註 49〕犬井正，〈関東地方の志史類における「志」と「史」に関する若干の考察〉，收入齊藤博、來新夏主編，《日中地方史志の比較研究》，頁 172；日本地方史研究協議會編，《地方史研究必攜》（東京：岩波書店，1955），頁 315。

為國家事業的一部份，故由國家規劃一系列的方志編纂。1872 年（明治 5 年）太政官正院同時設立歷史課與地志課。歷史課負責考察，並依據王政復古的經過、江戶時代的歷史，輔以明治維新以來地方行政與各府縣沿革的調查，編纂有「復古記」、「藩史」、「府縣史料」等書籍。同年（明治 5 年）9 月，依據太政官布告第 288 號令調查各府縣的町村實態，正式展開官撰地方志《皇國地志》的纂修。1872 年 10 月，地志課啓動編纂，於次年（1873）3 月完成初稿，向各省府縣指令收集有關資料、地圖，令其進行實地考察後予以修正和校勘，於 1874 年（明治 7 年）12 月正式刊行，總計至 1878 年間（明治 11 年）止，共刊行 77 卷，定名《日本地志提要》，為《皇國地志》的芻稿。〔註 50〕1875 年（明治 8 年）6 月，有鑑於資料的缺乏，太政官發表第 97 號令，頒布《皇國地志編輯例則並著手方法》，規定村志與郡志的編寫項目，全國各地為配合《皇國地志》的編纂，紛紛著手郡志與村志的編纂，並有顯著成果。〔註 51〕此外，太政官地志課並配合陸軍省的調查事項，強調天皇歸一、地域住民、軍事用兵的立場，可知亦具有軍事目的。〔註 52〕然而，受到推進編纂事業政治力的不足、歷史記述的不完整、因國家統計事業的發達，導致削減此志在行政上的價值，復因缺乏完整且統一的編輯計畫等因素，導致《皇國地志》的纂修於 1893 年（明治 26 年）正式結束。〔註 53〕

　　另一方面，明治時期除了《皇國地志》的纂修外，中央也曾主導推動「府縣史料」等地方志的編纂，由於在 1901 年（明治 34 年）《大阪市史》編纂以前，日本尚未有編纂自治體史的記錄出現。因此《大阪市史》的編纂幸田成友即以市史編纂在日本尚無先例，於是採取西方史書編纂時重視史料編輯的方式，使編纂《大阪市史》的史料能以獨立形式成為市史的一部份，開創日本地方編纂自治體史的先例，是日本自治體史編纂的重大改變。〔註 54〕此情形代表由政府主導方志編纂的事業就此結束，轉變為由都道府縣、郡市區町村等各地方自治體獨立編志的形態。雖然《皇國地志》沒有纂修完成，但其

〔註 50〕石田龍次郎，〈皇国地志の編纂〉，《社会学研究》第 8 期（1966.03），頁 17。

〔註 51〕巴兆祥，《中國地方志流播日本研究》，頁 255～256。

〔註 52〕芳賀登，〈近代地方史志の課題〉，收入兒玉幸多、林英夫、芳賀登編，《地方史の思想と視点》（東京：柏書房，1976），頁 85～87。

〔註 53〕石田龍次郎，〈皇国地志の編纂〉，《社会学研究》8，頁 37～44。

〔註 54〕津野倫明，〈土佐（高知）における史書および自治体史の編纂〉，收入國史館台灣文獻館編，《方志學理訥與戰後方志纂修實務國際學術研討會論文集》（台灣南投：編印者，2008），頁 257～258。

保存有各府縣向地志課繳交的舊郡志、村町志等稿本，均成為日後都道府縣
暨以下行政單位編纂自治體史的重要參考資料。

明治維新之後採取廢藩置縣的措施，導致方志的名稱漸漸變成都道府縣
史，或是市史，內容也傾向地方史形式。特別是明治後期至第二次世界大戰
結束前，日本國內興起以自身鄉土史編纂為重心的鄉土志教育研究運動，改
變以往重國家本位的立場，強調應以地方為志書的編纂主體。由於此運動是
屬於在東洋意識下編纂具有半官半民色彩的鄉土志，並自該地域的固有社會
系統或是文化著眼，呈現出人民的生活、勞動樣態，以加深對地域文化的理
解。〔註55〕因而促進地方史編纂的進行，各地編纂的方志多轉為以「史」為
名。總計日本自明治天皇後期到第二次世界大戰結束前的這段期間，約有 24
個府道縣刊行過地方志。（表2-4）

表2-4　1910～1943 年日本府道縣史志刊行概況表

時　間	史　志　名	卷　數
1910 年（明治 43 年）	《香川縣史》	5
1912 年（大正元年）	《稿本千葉縣史》	2
1913 年（大正 2 年）	《神奈川縣志》	1
1914 年（大正 3 年）	《和歌山縣志》	2
1915 年（大正 4 年）	《京都府志》	2
1917 年（大正 6 年）	《愛媛縣志稿》	2
1917 年（大正 6 年）	《秋田縣史》	7
1918 年（大正 7 年）	《北海道史》	2
1937 年（昭和 12 年）	《新撰北海道史》	7
1920 年（大正 9 年）	《山形縣史》	4
1921 年（大正 10 年）	《廣島縣史》	4
1922 年（大正 11 年）	《福井縣史》	4
1924 年（大正 13 年）	《富山縣志要》	1
1926 年（昭和元年）	《青森縣史》	8
1927 年（昭和 2 年）	《群馬縣史》	4
1928 年（昭和 3 年）	《滋賀縣史》	6

〔註55〕齊藤博，〈市史づくりの問題点〉，收入地方史研究協議會編，《地方史の新視
　　　　点》（東京：雄山閣，1988），頁 120～121。

1930 年（昭和 5 年）	《島根縣史》	9
1931 年（昭和 6 年）	《埼玉縣史》	7
1933 年（昭和 8 年）	《石川縣史》	5
1934 年（昭和 9 年）	《山口縣史》	2
1936 年（昭和 11 年）	《靜岡縣史》	3
1937 年（昭和 12 年）	《東京府史》	16
1939 年（昭和 14 年）	《愛知縣史》	5
1943 年（昭和 18 年）	《宮城縣史》	2
1943 年（昭和 18 年）	《鹿兒島縣史》	3

資料來源：筆者整理。

　　此時期纂修的方志以史書編纂方式來呈現，故重視史料搜集、記載與解讀，且著重由在地人呈現在地事物的記載方式，自以往橫向記述的轉爲縱向記述爲主，極富史書撰寫色彩。其後受到二次大戰影響，國內面臨緊張的國際戰爭局勢，導致地方史纂修事業暫時中斷。再加上二次大戰後的日本初嘗明治維新以來的敗戰滋味，與面臨被聯合國占領的窘境，國內開始出現對戰前以來的皇國史觀產生懷疑。自 1950 年代開始全國各地興起地方史纂修風潮，並有 1950 年（昭和 25 年）「地方史研究協議會」的成立與會志《地方史研究》的刊行。〔註56〕

　　有別於戰前編纂的鄉土史，戰後日本的地方史編纂是在學者教師的指導下，對農漁村進行集體調查，並以該地域保存的史料與資料爲研究重心，來重現該地域歷史發展的軌跡，以史料的編纂取代歷史的編修。總計二次大戰後至 2013 年（平成 25 年）6 月止，日本全國各都道府縣多已從事各自地方史的編修事業，甚至已有進行二次纂修以增補內容者，其編纂概況如表 2-5：

表 2-5　二戰後日本自治體史編纂概況

時　　間	志　書　名	卷　　數
1951 年（昭和 26 年）	《高知縣史》	上卷、下卷
1953 年（昭和 28 年）	《新修香川縣史》	全 1 冊
1954～1987 年（昭和 29～62 年）	《宮城縣史》	全 35 卷，含通史編 23 卷、資料編 12 卷

〔註56〕中村政則，《日本近代と民眾》（東京：校倉書房，1984），頁 48～49。

1956～1957 年 （昭和 31～32 年）	《大正昭和福井縣史》	上卷、下卷
1957～2005 年 （昭和 32 年～平成 17 年）	《山形縣史》	全 42 卷，含通史編 7 卷、本編 6 卷、資料編 24 卷、別編 5 卷
1960～1966 年 （昭和 35～41 年）	《秋田縣史》	全 16 卷，含通史編 7 卷、資料編 6 卷、考古編 1 卷、民俗工藝編 1 卷、文藝教學編 1 卷
1961～1965 年 （昭和 36～40 年）	《熊本縣史》	全 7 卷，含近代編 4 卷、現代編 1 卷、總說編 1 卷、別卷 1 卷
1961～1966 年 （昭和 36～41 年）	《岩手縣史》	全 12 卷，含通史編 10 卷、民俗編 1 卷、年表 1 卷
1962～1965 年 （昭和 37～40 年）	《福岡縣史》	全 4 卷
1962～1972 年 （昭和 37～47 年）	《福島縣史》	全 26 卷，含通史編 5 卷、資料編 9 卷、各論編 11 卷、別編 1 卷
1962～1995 年 （昭和 37 年～平成 7 年）	《石川縣史》現代編	全 6 卷
1963 年（昭和 38 年）	《德島縣史》	普及版 1 卷
1963～1981 年 （昭和 38～56 年）	《鳥取縣史》	全 18 卷，含通史編 10 卷、資料編 8 卷
1963～1986 年 （昭和 38～61 年）	《長崎縣史》	全 8 卷，含史料編 4 卷、古代中世編、近代編、對外交涉編，以及藩政編各 1 卷
1964～1967 年 （昭和 39～42 年）	《德島縣史》	通史 6 卷
1964～1977 年 （昭和 39～52 年）	《沖繩縣史》	全 23 卷，含通史編 1 卷、各論編 11 卷、資料編 11 卷
1965～1968 年 （昭和 40～43 年）	《新修島根縣史》	全 10 卷，含通史編 3 卷、史料編 6 卷、別編 1 卷
1965～2003 年 （昭和 40 年～平成 15 年）	《岐阜縣史》	全 33 卷，含通史編 10 卷、史料編 22 卷、考古資料編 1 卷
1965～2006 年 （昭和 40 年～平成 18 年）	《鹿兒島縣史》	全 8 卷，含本卷 6 卷、別卷 1 卷、年表 1 卷
1967～1974 年 （昭和 42～49 年）	《佐賀縣史》	上卷、中卷、下卷

1968～1978 年 （昭和 43～53 年）	新修《高知縣史》	全 10 卷，含通史編 4 卷、民俗編 1 卷、史料編 3 卷、資料編 2 卷
1968～1984 年 （昭和 43～59 年）	《廣島縣史》	全 28 卷，含總說 1 卷、通史編 7 卷、資料編 15 卷、考古編 1 卷、地志編 1 卷、民俗編 1 卷、別編 2 卷
1969～1981 年 （昭和 44～56 年）	《新北海道史》	全 9 卷，含通說編 6 卷、史料編 3 卷
1970～1983 年 （昭和 45～58 年）	《神奈川縣史》	全 36 卷，含通史編 7 卷、資料編 21 卷、各論編 5 卷、別編 3 卷
1970～1987 年 （昭和 45～62 年）	《富山縣史》	全 19 卷，含通史編 7 卷、史料編 8 卷、民俗編 1 卷、考古編 1 卷、索引 1 卷、年表 1 卷
1971～1992 年 （昭和 46 年～平成 4 年）	《長野縣史》	全 30 卷，含通史編 10 卷、民俗編 5 卷、方言編 1 卷、美術建築資料編 1 卷、近世史料編 12 卷、考古資料編 1 卷
1972～1986 年 （昭和 47～61 年）	《茨城縣史》	全 7 卷，含通史編 4 卷、市町村編 3 卷
1973～1984 年 （昭和 48～59 年）	《栃木縣史》	全 33 卷，含通史編 8 卷、資料編 2 卷、史料編 23 卷
1974～1986 年 （昭和 49～61 年）	《滋賀縣史》	通史 6 卷
1974～1998 年 （昭和 49 年～平成 10 年）	《兵庫縣史》	全 25 卷，含通史編 5 卷、史料編 19 卷、別卷 1 卷
1975～1994 年 （昭和 50 年～平成 6 年）	《和歌山縣史》	全 24 卷，含通史編 5 卷、史料編 17 卷、考古資料編 1 卷、人物編 1 卷
1977～1991 年 （昭和 52 年～平成 3 年）	《新編埼玉縣史》	全 35 卷，含通史編 7 卷、資料編 26 卷、別編 2 卷
1977～1992 年 （昭和 52 年～平成 4 年）	《群馬縣史》	全 37 卷，含通史編 10 卷、資料編 27 卷
1978～1991 年 （昭和 53 年～平成 3 年）	《大阪府史》	全 8 卷，含通史編 7 卷、別卷 1 卷
1978～1991 年 （昭和 53 年～平成 3 年）	《岡山縣史》	全 30 卷，含通史編 17 卷、資料‧史料編 13 卷
1980～1990 年 （昭和 55 年～平成 2 年）	《新潟縣史》	全 36 卷，含通史編 9 卷、資料編 24 卷、別編 3 卷
1981～1991 年 （昭和 56 年～平成 3 年）	《大分縣史》	全 21 卷，含通史編 18 卷、地志編 1 卷、美術編 1 卷、民俗編 1 卷

1981～2002 年 （昭和 56 年～平成 14 年）	《福岡縣史》	全 66 卷，含通史編 7 卷、研究編 6 卷、史料編 51 卷、資料編 2 卷
1982～1989 年 （昭和 57～64 年）	《愛媛縣史》	全 40 卷，含通史編 6 卷、史料編 14 卷、資料編 19 卷、別編 1 卷
1982～1998 年 （昭和 57 年～平成 10 年）	《福井縣史》	全 25 卷，含通史編 6 卷、資料編 17 卷、別編 2 卷
1984～1999 年 （昭和 59 年～平成 11 年）	《奈良縣史》	全 16 卷，含通金石文、考古、莊園、寺院、條里制、神社、石造美術、地名、地理、動植物、美術工藝、文學、大和傳承文化、大和武士、建築、索引各 1 卷
1984～2000 年 （昭和 59 年～平成 10 年）	《宮崎縣史》	全 31 卷，含資料編 4 卷、史料編 14 卷、通史編 6 卷、別編 4 卷、叢書 3 卷
1984 年 （昭和 59 年）開始	《三重縣史》	全 30 卷，含通史編 6 卷、資料編 19 卷、別編 5 卷。（編纂中）
1985～1993 年 （昭和 55 年～平成 5 年）	《香川縣史》	全 17 卷，含通史編 7 卷、資料編 8 卷、別編 2 卷
1985～1998 年 （昭和 60 年～平成 10 年）	《靜岡縣史》	全 35 卷，含通史編 7 卷、資料編 25 卷、別編 3 卷
1990～2007 年 （平成 2～19 年）	《山梨縣史》	全 28 卷，含資料編 19 卷、通史編 6 卷、民俗編 1 卷、文化財編 1 卷、概說編 1 卷
1991～2009 年 （平成 3～21 年）	《千葉縣史》	全 51 卷，由「千葉縣的歷史」39 卷與「千葉縣的自然志」12 卷組成。其中「千葉縣的歷史」含通史編 8 卷、資料編 25 卷、別編 6 卷；「千葉縣的自然志」含本編 8 卷、別編 4 卷
1992 年 （平成 4 年）開始	《山口縣史》	全 41 卷，含通史編 6 卷、民俗編 1 卷、資料編 33 卷、別編 1 卷。（編纂中）
1993 年 （平成 5 年）開始	《新沖繩縣史》	含史料各論編、圖解編、資料編、概說書。（編纂中）
1994 年 （平成 6 年）開始	《愛知縣史》	全 58 卷，含通史編 10 卷、資料編 36 卷、別編 12 卷。（編纂中）
1998 年 （平成 10 年）開始	《青森縣史》	含資料編、民俗編、自然編、別編。（編纂中）
2006 年 （平成 18 年）開始	《新鳥取縣史》	含通史編、資料編、別編。（編纂中）

資料來源：筆者整理。

　　戰後日本全國各都道府縣除京都府至 2013 年 6 月止，尚未有從事府史編纂事業的記錄外，其餘各地均已展開地方史的編纂事業，且有相當成果，甚至已有續修或重修者。〔註 57〕與戰前鄉土史編纂注重在地鄉土特色相較，其不同點在於戰後的地方史纂修已偏向重現該地整體歷史發展軌跡，即是圍繞在史料的保存與利用，以縱切面方式還原各時代歷史，展現時代特色。

小　結

　　中國方志的纂修自上古先秦時期開始，隨著社會發展漸趨複雜、國家版圖逐漸擴大，統治者為掌握各地情況以加強統治，便產生搜集和整理各地人文發展與自然演變的資料需求，因而有地方志的出現，至唐宋時期始由歷史地理的階段，發展成地方志體，並影響周邊鄰國的志書纂修，使其以中國文字、書法與方志義例來纂修該國的全國性或區域性方志。明清兩代的方志是繼承宋元的方志體例並衍生體例派、考證派（地理派）、史法派（歷史派）三種方志理論。民國以後的方志纂修，受西方社會科學的影響，賦予傳統方志「新的內容」、「新的方法」與「新的體例」，即在體例上既沿襲傳統，又反映時代變化，兼有近代志書的特徵。至 1949 年中國國民黨退居台灣，中國屬中國共產黨治理，兩岸修志工作因而成為雙軌發展，各自走向不同的道路。

　　台灣的地方志纂修，始自清領時期，其後雖歷經日本治台時期與中華民國政府治台時期不同階段，然方志纂修卻未曾間斷，而是促使方志纂修呈現不同的體例與面貌。其中，在清代地方行政體系下，台灣纂修的地方志可說是中國修志傳統的延續，成書的方志除具有存真求是的優點，亦具備資政、存史、教化三大功能，不論在品質或數量上，皆不輸同時期中國本土纂修的志書。而在日治初期編纂的志書，內容則多屬「詳古略今」性質；而在領台十年後編的志書，則呈現出「略古詳今」趨勢，其目的即在於宣揚政績，具有濃厚的殖民地政治色彩。二次大戰後初期，為了凝聚台灣人的中華民族意識，國民黨政府在台灣強力推行一連串中國政策，以達到對台灣人實施去日本化與再中國化的改造目標。隨著 1987 年總統蔣經國宣佈解除戒嚴令，封閉的台灣政治逐漸解凍，台灣歷史文化始被重新檢討；繼之 1991 年〈動員勘亂時期臨時條款〉廢除，促使此時期的志書纂修均較早期重視鄉土資料，無形

〔註57〕戰後東京都的志書纂修主要是延續 1909 年（明治 42 年）以來的《東京市史》編纂事業。

中型塑出台灣人的鄉土意識,使志書纂修得已更深入基層。

自古以來,日本處在中華文化圈範疇下,自 630 年(舒明天皇 2 年)起,即先後派出大批「遣唐使」至中國學習典章制度,將各種中國文化與藝術傳入日本,成爲日本文化的基礎。其中,地方志書的搜集與編纂即成爲其仿效重點,並成爲德川幕府在創建之初的統治思想基礎,即推崇中國儒學,以朱子學宣揚三綱五常中之「君臣主從秩序」等政治道德觀念。大抵來說,日本在明治維新以前纂修的志書,具實有史地兩種特性,明治天皇時期爲有效確立郡縣制的施行,乃視修史爲國家事業的一部份,故由國家規劃一系列的方志編纂。然而,明治後期至第二次世界大戰結束前,因戰爭因素影響,導致國內開始改變以往國家本位編纂的觀點,轉爲以地方爲編纂主體,自該地域的固有社會系統或是文化著眼,呈現出人民的生活、勞動樣態,以加深對地域文化的理解,各地編纂的方志多轉爲以「史」爲名。此外,有別於二戰前編纂的鄉土史,戰後日本的地方史編纂則是在學者教師的指導下,對農漁村進行集體調查,並以該地域保存的史料與資料爲研究重心,來重現該地域歷史發展的軌跡,以史料的編纂取代歷史的編修。

大抵在 1960 年代前後,不僅中國開始大量編纂新的地方史志,台灣與日本亦於同時代開始從事「民眾史」或是「地域社會史」的纂修,即由民眾參與志書纂修,並從事調查研究與資料提供,形成一種由下而上的志書纂修體系,在史料的基礎上以民眾的視野從事編纂,注重社會結構的變化與社會風氣的演變,以展現出地域的特殊性。

第三章 1934 年《台中市史》與
《山口縣史》纂修的比較

　　1930 年代位處於日本殖民地台灣的台中市與日本國內的山口縣不約而同
展開「市史」與「縣史」纂修工程，並同時於 1934 年（昭和 9 年）出版。為
了瞭解日治時期台日地方史志在纂修上有何異同，本章以同時於 1934 年出版
的《台中市史》與《山口縣史》為研究主軸，探討此二部志書的纂修綱目、
內容、纂修者，論述位處於同一政權下，但在不同政治環境中，日本對於地
方志的纂修方式，基於統治的概念是否有殖民地與本國的差異性，其編纂內
容是否受到殖民地或本國的政治、經濟，甚至是社會因素影響而有所差別。

第一節　纂修緣起與規劃

一、《台中市史》

　　台中市舊稱大墩街，1705 年（清康熙 44 年）參將張國入墾犁頭店（今台
中市南屯地區），這是漢人入墾台中的開始；1732 年（清雍正 10 年），因聚居
此地的人口快速增加，官方在犁頭店設置巡檢署以便於治理。清領時期台中
市曾先後隸屬諸羅縣、彰化縣管轄，因此成為商業興盛之地，故在 1831 年（道
光 11 年）周璽纂修的《彰化縣志》中已見記載；1887 年（光緒 13 年）台灣
建省後，設省會於彰化橋孜圖（橋仔頭），又設台灣縣為附郭首縣，台中因而
隸屬台灣縣管轄。1892 年（清光緒 18 年），因台灣省設「台灣通志總局」於
台北，各廳縣設采訪局採集資料，時台灣縣亦曾奉命設局探訪史料，並編有

《台灣揀東上堡采訪冊》、《台灣縣采訪冊》等書，為台中修志之先聲，惜今市面上皆無傳本流通。〔註1〕

1895年（明治28年）日本領台之後，隨著統治力量逐漸深入台灣各地，台灣總督府曾調整多次的地方行政區劃以便於管理。在地方行政區劃調整過程中，台中市先後隸屬台灣縣、台灣民政支部、台中縣、台中廳與台中州管轄。其中較為重要者為1909年（明治42年）地方行政區劃調整後，總督府將全台灣由原20廳調整為12廳，使得台中廳轄區擴大，下轄台中、四張犁、三十張犁、西大墩、犁頭店共五區，並將廳署設於台中區。逮乎1920年（大正9年）再將地方行政區劃改為5州2廳，原台中廳直轄之台中區改設台中市，下轄台中街、頂橋仔頭、公館、東勢子、旱溪、下橋仔頭、樹子腳、番婆、半平厝、後壠子等地，「台中市」一詞正式出現，隸屬台中州管轄。另一方面，日治時期台中市因商業日漸發達，人口增加速度快，使清代以來東大墩街之區域逐漸不敷需求。故官方復推行多次市區街道改正計畫，使用棋盤式街道推動台中市的都市更新，不僅使台中市具備現代化城市規模，更發展成日治時期台灣中部的政治與經濟中心。〔註2〕

日本領台後，曾推行以台灣人民生活習慣與地理環境為調查重心的慣習調查資料冊、地方實況調查書、地方志與類似地方志書籍的編纂工作。其中，官撰地方志依行政層級，可區分為全台史志、縣廳志、郡市史志、街庄志四種，尤以郡市史志的纂修最為詳盡，在質量上亦最為人稱道。總計在官撰郡市史志方面，有《苑裡志》、《樹杞林志》、《台北市十年誌》、《台中市史》、《高雄市制十周年略志》、《嘉義市制五周年紀念誌》、《台北市政二十年史》的編纂。其中，郡市史志的纂修多屬紀念性質，如《台北市十年誌》是為了紀念台北市成立十週年而編纂，《高雄市制十周年略志》則為紀念高雄設市十週年

<hr>

〔註1〕 根據學者鍾淑敏與林麗華的研究指出，《台灣揀東上堡采訪冊》藏於中央民族學院圖書館，《台灣縣采訪冊》部份殘稿藏於文史工作者陳炎正住所。鍾淑敏、林麗華，〈（昭和）台中市史〉，收入曹永和、王世慶總纂，吳文星、高志彬主編，《台灣文獻書目解題（第一種方志類四）》（台北市：國立中央圖書館台灣分館，1987），頁117～118。

〔註2〕 1900年（明治33年）為改善排水設施、整修路面街廓，台中縣告示第5號公告台中市區圖，將原省城約南北門以西的土地，規劃為棋盤式街道，以東則作為陸軍用地，開全台都市計畫之例。雖因1901年（明治34年）台灣地方制度廢縣置廳，行政區域大幅縮減而暫停執行，然經修正後，於1903年（明治36年）在台灣總督府支持下開始執行。黃秀政總主持，孟祥瀚主持，《台中市志·沿革志》（台灣台中：台中市政府，2008），頁128～129。

而編纂。然而，《台中市史》的編纂則是起因台中地區缺乏系統性的記載，1927年（昭和 2 年）台中市尹（市長）遠藤所六到任後，有鑑於台中市為日本帝國南方鎖鑰——台灣中部之新興都市，在政治、教育、產業、經濟、交通等方面均佔有重要位置，但歷來記載台中市發展與變遷的史料卻甚為缺乏，僅存有一些施政相關記錄或舊慣調查之研究報告。遠藤所六為探尋台中市之歷史發展與沿革，作為治理與建設大台中市的藍圖，故有纂修完整《台中市史》以資後人參考的想法。〔註3〕再加上當時日本國內興起以在地人纂修在地史的鄉土志纂修風潮，而此風潮又是以市町村史的纂修為基礎，受此風潮傳至台灣，台中市各級學校也有編纂台中市鄉土志的構想（例如台中師範學校），並積極從事相關田野資料的採集，間接為《台中市史》的纂修提供基本史料。

圖 3-1　1927 年台中市地理位置圖

（資料來源：陳幼欣繪製，2012/11/04）

〔註3〕　曾根原弘，〈台中市史‧緒言〉，收入氏平要等編，《台中市史》（台北市：成文出版社影印，1985；原刊於 1934（昭和 9 年））。

　　遠藤所六為落實編纂《台中市史》的想法，乃於 1927 年（昭和 2 年）6
月召集台中市各級學校教員與地方人士，於台中市役所召開《台中市史》編
纂會議，商討市史編纂事宜；並成立「台中市史編纂委員會」負責市史纂修。
該次會議除了委託台中師範學校教師氏平要擔任編纂主任委員，並聘任市內
各級學校教員與地方人士 21 人為編纂委員，正式展開《台中市史》纂修工作。
其後，歷經 6 次編纂會議的討論，並邀請台灣總督府編纂囑託（顧問）尾崎
秀真提出台中市發展之關鍵與編纂市史的要點後，終於商訂出市史的編纂期
程與調查項目以作為纂修準則，即第一年為蒐集資料、第二年為摘錄與整理
資料、第三年為編纂作業的實行（如釐訂綱目），並以 1930 年（昭和 5 年）
為內容纂修下限。〔註4〕在蒐集資料方面，除了官方（廳、州、市）持續出版
的施政概況外（如《台中廳管內概要》、《台中州管內概況及事務概要》、《台
中市管內概況》等書），是以台中州公共團體之記錄、鄉土調查、舊書、口碑、
傳說與報紙相關資料為記載中心。

　　1928 年（昭和 3 年）遠藤所六調任台南市尹，由屏東郡長小島仁三郎繼
任台中市尹；小島仁三郎就任後，除繼續推動《台中市史》編纂事業外，並
於 1929 年（昭和 4 年）聘任原田芳之為編輯，專職處理編纂事務，展開《台
中市史》的內容編纂。原田芳之到任後，曾探討台中住民之移住路線，除提
出台中的平埔族群遷移方向係由東部移住中部、荷蘭人由南部向北部發展、
漢人由西部移往中部開墾、日本人由北部向中部移民的論點外；並以空間、
時間與人物等角度，架構出台中中心主義。此外，原田氏初至台中時，有感
於自身對台中市並不熟悉，曾數次走訪與台中市發展有密切關係的鹿港、王
田、彰化、大肚、梧棲、豐原等 10 餘處，探集與台中市有關的耆老口碑與
文獻，以完善市史內容，在 1931 年（昭和 6 年）完成《台中市史》的初稿。
〔註5〕

　　《台中市史》全書分成 7 編 26 章 110 節，詳載台中市的沿革、天然地理、
氣象、建置、官治、軍事、司法、警察、教育、衛生、土木行政、交通、勸
業、財務行政、人口、風俗習慣、救濟、風俗、宗教、傳說、遺蹟。《台中市
史》初稿完成後，為求文稿內容精實無誤，自 1931 年（昭和 6 年）至 1932

〔註4〕　彙報，〈教育事項〉，《台中市報》第 52 號（昭和 2 年（1927）6 月 24 日），頁
　　　　72；原田芳之，〈台中市史編史後感〉，《台灣時報》昭和 7 年 6 月號（1932.06），
　　　　頁 104。
〔註5〕　原田芳之，〈台中市史編史後感〉，《台灣時報》昭和 7 年 6 月號，頁 107～108。

年（昭和 7 年）間，市史編纂委員會除委託台灣總督府史料編纂囑託（顧問）
豬口安喜對文稿內容進行校閱訂正與刪補外，亦將文稿送請台中市內各官
衙、學校、公司、銀行等單位進行再次查證與校閱，最後呈請相關單位覆閱，
於 1934 年（昭和 9 年）曾根原弘擔任市尹時完成編纂工程，由台灣新聞社以
鉛字排印本的方式出版發行。〔註6〕總計《台中市史》的編纂時間自 1929 年
（昭和 4 年）開始，至 1934 年（昭和 9 年）出版為止，共費時 6 年 7 個月，
前後歷經五任台中市尹（遠藤所六、小島仁三郎、名和仁一、古澤勝之、曾
根原弘），為日治時期台中市唯一纂修的官方志書。

照片 3-1　《台中市史》書影

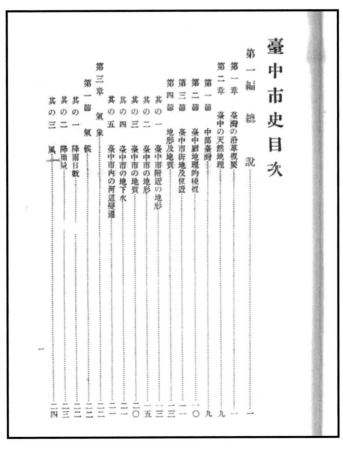

（資料來源：作者掃描，2010/05/01）

〔註6〕 1985 年（民國 74 年），台北市成文出版社據台灣新聞社排印本影印，以 16
　　　 開本精裝二冊的方式，編入「中國方志叢書・台灣地區」第 247 號。

二、《山口縣史》

日本領土主要由北海道、本州、四國、九州四個大島組成。其中，山口縣位在本州最西端的「中國地方」〔註7〕，由古代的周防國與長門國組成。山口縣的歷史時期可追溯到平安與鎌倉時期（794～1333 年），當時由於地方武士集團逐漸壯大，大內氏與厚東氏分別在周防國與長門國確立穩固的統治地位。進入室町時代（1338 年～1573 年）後，24 代弘世平定了防、長兩國，並在山口模仿京都的樣式進行城市建設，通過與朝鮮、明的貿易積累財富，努力吸收大陸文化，創造出燦爛的大內文化，被稱之為西部之京都，簡稱「西京」。江戶幕府時期（1603～1867 年）因毛利輝元將藩廳設在萩城，所以又稱其為「毛利藩」或「萩藩」，並領有長府、清末、德山、岩國四支藩。幕府末期，由於毛利藩的本藩與支藩關係漸漸惡化，毛利敬親因而將藩廳自萩城移至周防山口的山口城，因而又稱為「周防山口藩」，此時其餘四個支藩分別為豐浦藩、德山藩、岩國藩、清末藩。〔註8〕日本在中世與近世時期屬於幕藩體制，中央由幕府掌握大權，地方則由各藩國治理；1868 年（明治元年）在以毛利氏為主的各地大名（諸侯）實行大政奉還政策下，江戶幕府時代宣告結束，政權回歸明治天皇，步入近現代時期。明治天皇並於 1871 年（明治 4 年）施行全國廢藩設縣制度，使都道府縣成為日本的高級自治體，在此政策施行下，此區域因境內多山地與森林而改名山口縣。〔註9〕1934 年（昭和 9 年）時，山口縣共轄有 4 市（下關市、宇部市、山口市、萩市）、11 郡（阿武郡、大津郡、豐浦郡、美禰郡、厚狹郡、吉敷郡、佐波郡、都濃郡、玖珂郡、熊毛郡、大島郡）。

〔註7〕 日本行政區劃若按傳統依地理位置區分，可分成 8 大地方，即北海道地方、東北地方、關東地方、中部地方、近畿地方、中國地方、四國地方、九州地方。按「地方」為一地方自治體，分「都、道、府、縣」（廣域的地方公共團體）與「市、町、村」兩級（基礎的地方公共團體）。

〔註8〕 日本習慣上將萩藩和周防山口藩時代的毛利氏統稱為「長州藩」。

〔註9〕 山口縣在 1871 年（明治 4 年）4 月廢藩置縣後至 1871 年 11 月第一次府縣統合之前，曾短暫劃分成岩國縣、山口縣、清末縣，以及豐浦縣四縣。

圖3-2 1934年山口縣地理位置圖

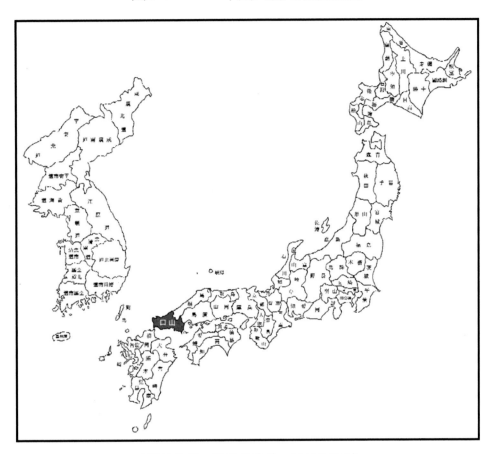

（資料來源：陳幼欣繪製，2012/10/31）

　　山口縣在地理位置上北臨日本海，南臨瀨戶內海，並隔關門海峽與九州相對，自古以來即為日本與中國大陸、朝鮮半島的交通要道，憑藉優越的地理位置，不僅對外貿易興盛，文化交流頻繁，伴隨著民族移動等因素，受到外來文化的影響也較大，因而發展出特殊的文化現象。其中，在中國地方志流傳日本過程與江戶幕府推行地方志編纂影響下，位在山口縣的毛利藩佔有對中國貿易地理位置上的優勢，故亦曾從事轄內各地的地理志、土地帳簿集等史料編纂，記載藩下各村落的沿革、地理、經濟、社會、風俗情況，為山口縣留下珍貴的歷史資料。1623年（元和9年）時，藩主毛利輝元曾命陳元贊編纂《長門國志》乙書，保存中世紀日本本州西部政治、經濟、社會、地理、民俗等資料，為日本最早依照中國方志體例與內容編纂而成的志書，並

成為日本各地修志的範例。〔註10〕

　　明治後期，受到世界金融危機影響，農村陷入凋零危機，促使農本主義及日本浪漫派等日本主義式的鄉土主義迅速為國人所接受，故而在文部省推動下，展開培養兒童的愛鄉、愛國心與以在地人研究在地史的鄉土志教育研究運動，自該地域固有社會或是文化著眼，呈現該地域的人民生活、勞動樣態，編纂具半官半民色彩的鄉土志。〔註11〕有鑑於山口縣歷史發展悠久，但在廢藩置縣以前，山口縣可資參考的史料多屬於一些諸侯家書或是田賦資料，即使有風土記（如《防長風土注進案》）或地方志（如《長門國志》）的編纂，也受限於字體的不易辨識與內容不易理解等緣故，導致民眾對山口縣的歷史發展演變無法獲得深度認識。山口建縣以後，為沿續舊藩國時代的修史事業，除了由近藤芳樹與近藤清石等人主導縣內的修史事業，如 1887 年（明治 20 年）編纂有《周防長門地誌提要案》、《山口縣史料》；1905（明治38 年）編纂有《山口縣風土誌》外，亦有針對山口縣的舊支藩編纂的《豐浦藩記》、《德山藩記》、《岩國藩記》等書；大正與昭和時期，並出版有《防長回天史》、《防長十五年史》等書，特別是當大正末年日本國內廢止郡制時，全國各郡志的編纂頓時蔚為一股風潮；〔註12〕其後在 1929 年（昭和 4 年）山口縣更成立「防長史談會」，發行機關志《防長史學》，為山口縣留下許多珍貴史料。〔註13〕

　　1930 年代日本為了慶祝「王政復古」〔註14〕七十年，全國各自治體上自都道府縣，下至市町村多有從事自治體史的編纂，如《埼玉縣史》、《石川縣史》等。1934 年（昭和 9 年）山口縣為配合慶祝紀念王政復古七十年的活動，

〔註10〕本資料係參考中國中央電視台製播《走遍中國》系列之《方志中國》第七集之記載。另外，中村德美亦曾於 1818 年（文政元年）編輯有《長門國志》乙書，記錄長門五郡的地名由來、地勢、風土民情等，為山口縣的地方史研究留下珍貴史料。中村德美，《長門國志》（日本山口：下關市教育委員會重刊，1981）。

〔註11〕齊藤博，〈市史づくりの問題点〉，收入地方史研究協議會編，《地方史の新視点》（東京：雄山閣，1988），頁 120～121。

〔註12〕岩根保重、佐佐木義行等撰，《山口縣文化史》通史篇（日本山口：山口縣廳，1963 年增補發行），頁 685～687。日本於大正末年時期遭逢經濟大恐慌，為了應付國內地方財政的危機，故於 1923 年（大正 12 年）廢止了地方行政層級中的「郡」制，但保留名稱，然而僅為地理名詞，不屬行政機構。

〔註13〕岩根保重、佐佐木義行等撰，《山口縣文化史》通史篇，頁 692。

〔註14〕所謂「王政復古」指的是 1867 年時，江戶幕府末代將軍德川慶喜實行大政奉還，將政權還於明治天皇，結束日本長達二百多年的幕府統治時期。

　　為了較全面且系統性地闡述山口縣歷史發展，提供國家求治的根源以及縣政府施政的參考，遂有專司修志的「山口縣史編纂所」的成立，負責《山口縣史》編纂之業。該機構成立後，有鑑於歷來山口縣的歷史多著眼於幕末維新時期毛利藩推動王政復古、版籍奉還（大政奉還）等事蹟的撰寫，對於近世以前的歷史敘述缺乏深入記載。為了加深民眾對山口縣整體歷史的瞭解，因此於 1934 年（昭和 9 年）由大橋良造擔任為編輯負責纂修《山口縣史》，以山口縣民政史為編纂主軸，並以田野調查方式徵集縣內有形與無形的相關史料，希冀重建與還原山口縣過去的歷史發展。〔註 15〕

照片 3-2　《山口縣史》書影

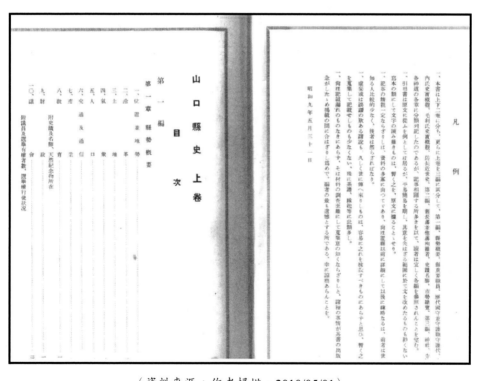

（資料來源：作者掃描，2010/05/01）

　　《山口縣史》共分成上、下兩卷，每卷前面列有「凡例」，說明該卷編纂的主軸與編寫方式。其中，上卷的凡例是在說明志書的編纂體例與篇目結構、記載內容精細的標準、採集資料的選擇與運用，採用橫分門類、豎寫發展的

〔註 15〕大橋良造，《山口縣史》序（日本廣島：山口縣史編纂所，1934 年）。

記事方式，系統性展開山口縣最初的縣史編纂事業；下卷的凡例則在說明人物列傳的入傳標準與記載方式。總計全書共分成 5 編 15 章 110 項，記載山口縣的歷史沿革、地理形勢、民政發展、社會概況、宗教信仰、人物傳記等。其後，由於《山口縣史》的編纂受到戰時體制的影響，因此在全國處於戰備狀態的情形下，編纂時間不到一年即由山口縣史編纂所使用鉛字排印本方式出版刊行，爲二次大戰結束前山口縣唯一編纂的縣史。

第二節　體例與內容

一、體　例

　　「體例」是指著作的編寫格式或文章的組織形式。地方志的體例是其表現形式，所謂形式表達內容，內容決定形式，體例是與內容相依存。〔註16〕

　　日治時期台灣總督府在台灣的志書纂修方法上，是在中國傳統修志體例基礎上融合西方社會科學的書籍編纂體裁，故在方法上強調科學的調查研究。而《台中市史》在編纂體例方面，雖然仍是以傳統編章節的編纂方式，將全書共分成 7 編 26 章 110 節；再按內容分門別類，可稱爲「綱目體」（亦可稱「分志體」），但在內容條列已有別於傳統中國的條列方式。全書分成總說、統治機關、財務行政、民族、社會事業、神社及宗教與口碑傳說遺蹟 7 編，在類目中已增加經濟、氣象、財政，或是產業等屬於西方書籍編纂時運用的類目；且在章下各節則有採分志體分項記述者，或採章節體按時敘述者。高志彬曾提出《台中市史》的編纂是採用歷史著述之析論，門下繫以子目，猶如「分志體」之型式，然其內容與方法已與清代所修志書大異其趣，擺脫傳

〔註16〕自志書內容來看，狹義的志書體例只是指其體裁和凡例，即編纂體式和方法；若自廣義觀點來看，則是指纂修宗旨、類型、名稱、年代斷限、體裁、框架和篇目、大事記、人物立傳等，幾乎包括志書編纂所需元素。職是之故，若以廣義定義來看方志纂修體例，可由體例得知其編纂方法與目的，內容是否具備系統化與科學化之規範。由於志書體例與撰寫方式密不可分，因此確定志書編纂體例實爲方志纂修最爲重要之事。林衍經，《中國地方志》（上海市：上海古籍出版社，1996），頁 27；宋晞，〈論地方志在史料學上的地位〉，《漢學研究》第 3 卷 2 期，頁 11；王良行，〈鄉鎮志體例另論〉，收入許雪姬、林玉茹主編，《「五十年來台灣方志成果評估與未來發展」學術研討會論文集》（台北市：中央研究院台灣史研究所籌備處，1999），頁 298～299。

統志書的綱目體裁，屬於一種新式的「史志體」志書。〔註17〕

　　《台中市史》綱目擬定是依據1927年（昭和2年）2月召開的「台中市史編纂委員會」會議決議，該次會議是就1. 市史內容的調查事項作分配，指出在自然地理方面，必須包括位置與範圍、地質與地形、氣象、氣候、暴風、地震；2. 在台中發達總說方面，必須包括台中市建設以前的歷史梗概、建設的動機、建設的狀況、建設後的發展變遷、台中市的現況；3. 在台中市的發展細說方面，則必須包括行政、司法、軍事、警察、教育、衛生、土木建築、交通郵政、產業經濟、財政金融、社會事業、民族人口、人情風俗、宗教神社諸目。〔註18〕「總說」之下的「台中的天然地理」與「氣象」即原訂之「自然地理」；「台中建置」與「台中發達的概觀」則為原訂之「台中發達總說」；其餘者則由「台中發達細說」歸納分編而成。〔註19〕書前並附有台中州知事（州長）竹下豐次寫的「序文」、台中市尹（市長）曾根原弘寫的「緒言」、台中市史編纂關係者（編纂委員）名錄、歷任知事與市尹等首長照片與台中市的名勝古蹟照片。

　　就《山口縣史》編纂體例來論，依目錄編排方式，可知雖分成上、下兩卷，但各卷是以編章節的編寫方式作為編纂主體，編下列章，章下有節，其下再依內容分有細目，在體例上亦可謂「綱目體」。《山口縣史・上卷》是記載山口縣的現況與歷史演變，可析分出三編，第一編為記載縣勢概要、縣重要職員、歷代國守及守護職守護代、大內氏史實概觀、毛利氏史實概觀、防長近世史；第二編為記載舊長藩及他藩志士殉難者、史蹟名勝、縣內各市的市勢總覽；第三編則為神社、寺院、各神道信仰的分類記述。分析《山口縣史》之編章節綱目，可知有關山口縣的「縣勢概要」記載，雖是採用傳統方志編纂以類繫事的編排方式，但由其分成沿革、土地、氣象、人口、交通、產業、教育、財政、社會事業、衛生等項目來看，實際上已是運用西方科學方法與分類來編目。記載山口縣的歷史發展時，則是以時間縱向劃分方式，先分期後分類，按照年代順序以時繫事，說明山口縣在中世、近世與幕末維新時期的歷史發展。以高志彬的志書體例分類標準來看，可說《山口縣史》

〔註17〕高志彬，〈台灣方志之纂修及其體例流變述略〉，《台灣文獻》第49卷3期（1998.09），頁196～198。

〔註18〕原田芳之，〈台中市史編史後感〉，《台灣時報》昭和7年6月號，頁105。

〔註19〕鍾淑敏、林麗華，〈（昭和）台中市史〉，收入曹永和、王世慶總纂，吳文星、高志彬主編，《台灣文獻書目解題（第一種方志類四）》，頁120。

是屬於「史志體」的纂修型式。《山口縣史》的「下卷」，則為山口縣人物史
事的記載，全卷悉依入傳者的居住地區分成「縣內人物史」與「縣外在住者
人物史」二編，編下不再分節，以政治、教育、實業等職業別分設項目，記
錄對山口縣有特殊貢獻，或是出身山口縣，但在縣外有傑出表現的人物事蹟，
目的在藉由記錄這些活躍於各領域且成為模範的人物事蹟，激發民眾奮發向
上的精神。由於《山口縣史》在體例方面受到鄉土志教育研究運動的影響，
導致在編纂上帶有以歷史縱向脈絡為書寫方式的地方史色彩。

　　一般而言，史書與志書的不同處在於編寫方式與記載內容的安排與範
圍。方志體例是指用來貫徹修志宗旨，以突顯志書特色的表現形式，所謂「史
體縱看、志體橫看」，即說明志書具有獨特的橫排門類，以類繫事之特徵，因
此修志之道，必須先嚴體例。〔註20〕就體例而言，「地方志」的撰寫是以門類
為主，著重以調查方式橫向記述當代某一特定區域中事物的現狀、大事記、
疆域、沿革等；「地方史」的撰寫方式則是依靠史料，並以時間為經，空間為
緯，縱向敘述一地的政治、經濟、文化發展特點與規律。〔註21〕

　　從《台中市史》與《山口縣史》兩志的佈局來分析（表 3-1），可發現此
均是以「史」為書名，且為綱目體的編纂體例，先將全書分成若干門類，於
各門類之下再設細目，至於類目和層次多寡則視內容編排而定，仍屬於是傳
統志書的纂修形態上加入西方科學分類方式，但之所以皆不以「志」而改使
用「史」作為書名，應是受到日本國民意識的高漲，注重以在地人民的角度
從事鄉土志書的編纂有關。

　　再由志書纂修方式由「志體」走向「史體」來論，齊藤博指出此一轉變
是肇因於明治時期的鄉土志教育研究運動，然後演變成地方史確立化，尤其
對地方經濟史與社會史之相關研究。〔註22〕犬井正也指出大約同時期，日本
各地方自治體開始自由地依據在地獨特之歷史發展與行政結構編寫，並刊行
史志類專書，其功用不僅在作為政府施政時參考資料，也是為了使市民親切
瞭解自己的鄉土。

　　受中國方志影響的日本地方志之敘述方式一旦定型後，便是追求表面整

〔註20〕〔清〕章學誠，〈答甄秀才論修志第二書〉，《章氏遺書》景印劉刻本卷15（台
　　　　北市：漢聲出版社重刊，1973），頁 311。
〔註21〕彭靜中，《中國方志簡史》（中國四川：四川大學出版社，1990），頁 18。
〔註22〕齊藤博，〈市史づくりの問題点〉，收入齊藤博、來新夏主編，《日中地方史誌
　　　　の比較研究》（東京：學文社，1995），頁 153～154。

齊劃一，容易流於呆板而僵硬，逐漸失去現代的存在意義，導致無法迅速建立新地方志構成的方法論，使得關於各自治體地方志關係圖書的刊行逐漸減少，結果以「志」爲書名者，多流於百科全書式的條列撰寫方式，無法引起民眾的閱讀興趣。相反地，認爲以「史」作爲書名的地方志書，由於纂修主軸是在敘述人民喜怒哀樂的生活百態，內容具有高度的浪漫性與故事性，因此較受歡迎，民眾的接受度相對提高。因此，「史」與「志」給人印象上的不同，使得明治以後的地方史志類書籍在命名時漸漸多用「史」爲爲書名而不用「志」，儘管二者在體例和內容上無太大差別。〔註23〕

　　王衛平則指出日本進入二十世紀後，一方面受到西方史學思潮的影響，一方面則是由於科技與統計事業的發達，使得以記述現狀爲主的傳統志體形式受到衝擊，導致以記述歷史爲主的史體部份得到加強，出現志書纂修方式由志體走向史體的轉變。王衛平並以1901年（明治34年）纂修的《大阪市史》與1908年（明治41年）出版的《仙台市史》爲例，說明以「史」爲名的志書在20世紀初的日本即已出現，但要到昭和時期數量才大幅增加。〔註24〕

表3-1　《台中市史》與《山口縣史》綱目表

《台中市史》綱目	《山口縣史》綱目
第一編　總　說	上卷
第一章　台灣的沿革概要	第一編
第二章　台中的天然地理	第一章　縣勢概要
第一節　中部台灣	一、位置並地勢
第二節　台中廳地理的梗概	二、沿革
第三節　台中市街地及位置	三、土地
第四節　地形及地質	四、氣象
第三章　氣象	五、人口
第一節　氣候	六、交通及通信
第二節　暴風雨	七、產業
第三節　地震	八、教育
第四章　台中建置	九、財政

〔註23〕犬井正，〈関東地方の誌史類における「誌」と「史」に関する若干の考察〉，收入齊藤博、來新夏主編，《日中地方史誌の比較研究》，頁180～181。

〔註24〕王衛平，〈日本的地方史志編纂〉，《中國地方志》2000年第3期（2000.03），頁52。

二、內　容

　　《台中市史》的編纂主旨指出其在使全體日本人瞭解位居帝國南方之台

灣中部新興都市台中市的歷史、地理、人文樣貌，以作爲政府建設台中市之參考；而《山口縣史》編纂主旨亦不外如此，可知兩志之纂修目的皆爲資政參考。本節就其自然環境、人文活動、撰寫層面三方面作比較並探討其異同處。

（一）自然環境

「自然環境」又可稱爲「地理環境」，是指一個地方生存發展的客觀背景與依據，其條件的好壞往往會影響人類的生活方式與社會發展。因此編纂志書記載自然環境由來已久。方志時，爲了使閱讀者對該地域有初步認識，一開始總是習慣對該地之自然環境變遷、天然災害或生態變化作調查記載。除了使閱讀者容易對於該地域的自然與地理環境有完整認識外，地方行政機關亦可依此制定治理方針，故歷來的主政者均重視方志中有關自然環境方面的記載及變遷情形。

《台中市史》在自然環境方面是介紹台中的天然地理與氣候變遷。除簡述 1920 年（大正 9 年）以前台灣的沿革概要外，並敘述台灣中部的地理範圍爲北至後壠溪，南鄰虎尾溪，西至台灣海峽，東臨中央山脈，再逐漸將範圍縮小至日治時期行政區劃改變前後的台中廳與台中市街地及地理概況，最後著眼於說明台中市的地形、地質與氣象概況。在地形與地質方面說明台中市的地形是由東大墩丘陵與南台中丘陵組合而成，其間有旱溪、綠川、柳川等多條河川流經，並繪製台中市的地形斷面圖與地質斷面圖，可知台中市的土質中因帶有粘土成份，曾經使台中市的窯製業興盛發展。

氣象方面則分成氣候、暴風雨、地震三部份來討論。在「氣候」部份是將 1921～1930 年（大正 10 年～昭和 5 年）間全台中市的晴雨天數與降雨量的數據拿來與全台記錄做比較，指出台中市因地理位置影響，使其相對全台各地在氣候上不僅雨天的天數較少，全年總雨量亦偏低。在「暴風雨」部份，則記載自日本領台以來台灣受到颱風侵襲的次數、風速，說明自 1895 年到 1918 年（大正 7 年）間，共遭受到四十餘次的颱風侵襲，其中對台中市產生影響的有 27 次，但因有中央山脈阻隔，多未造成嚴重災情。另外，在「地震」部份，記錄歷年來台中市的地震發生次數，指出台中市在夏季發生地震的頻率較高；並指出台中市曾在 1909 年（明治 42 年）5 月 23 日、1910 年（明治 43 年）3 月 20 日、1916 年（大正 5 年）11 月 15 日曾發生三次大規模的地震。

日本《山口縣史》對於山口縣的自然環境方面描述，則僅有位置與地勢、土地、氣象三方面的概略記載。在位置與地勢方面說明山口縣的地理位置及其地勢走向，指出縣內 2000 公尺以上的高山計有 49 座，以寂地山與羅漢山為代表；長度 5 公里以上的河川計有 24 條，以錦川、佐波川、厚狹川、阿武川為主要河川。其次，在土地方面則記載山口縣的土地面積與使用情形，指出雖然縣內的土地使用扣除官有地外，在民有地方面可分成水田、旱田、宅地、山林、鹽田、池沼、原野、雜種地等不同類型，但受限於境內多山地形，山林地佔全縣土地的百分之六十，故在土地利用上，是以山林地的利用為主，在農業生產上使用梯田式的集約耕作方式，農產品的種類也較多元。最後，在氣象方面則指出山口縣具有三面環海的地理位置，受到海洋的溫度調節，因此全年氣溫並未呈現劇烈變化；且多於夏秋之交侵襲日本的颱風，亦因山口縣在地理位置上受蔭於九州與四國各主要山脈的遮蔽，因此受災情形往往較為輕微，反而是在每年 6、7 月間梅雨季帶來的豪大雨，常造成縣內嚴重的水患災情。

相較於《台中市史》對於台中市的自然環境有深入討論與記載，《山口縣史》對於山口縣的自然環境描述，在內容上似乎稍嫌不足。但值得注意的是，《山口縣史》對縣內自然環境之記載是屬於以當時山口縣現況為依據的常態性質記錄，而《台中市史》則是著重將與全台各地的自然環境作細部整理與分析，以突顯台中市自然環境的特色。筆者認為《台中市史》之所以對台中市的自然地理與環境有詳細記載，為史家應有本職的表現，但似亦不排除與當時日本正為大東亞戰爭作準備，必須進一步掌握熱帶氣候環境的資訊，而將台中市作為南進時的前哨基地有關，因此格外重視台中市的地理環境與氣候水文之變遷記錄，以作為戰爭時的參考依據。

（二）人文活動

人文活動的記錄向來是志書纂修的重點，因而不論是《台中市史》或是《山口縣史》有關人文活動的記載均佔相當份量。其中，《台中市史》記載項目包含了台中市的統治機關、社會事業、風俗習慣、宗教與傳說遺蹟等，並以政治方面的統治機關記述占有相當篇幅，表現出強烈的殖民地政治色彩。例如在第二編「統治機關」的「官治」一章中，首述台灣建省後之行政組織與行政區域，次述日治時期歷任台中廳知事與台中市尹任內之大事，並按時間順序陳述任內的施政建設、民間組織、活動與市政情況等等。

　　《台中市史》記載台中市的行政、治安、軍事、自治制度、司法、教育
與工商業的實施狀況，其主旨不在說明台中市固有的政治與產業概況，而是
著重記述日本領台後的台中市內之現代化工、商、金融，或是交通等事業的
開展情形，並與台中市在清領時期所修的道路、橋樑、河川、陸運、交通機
關做比較，突顯日治時期台中市的現代化成果。強調日本領台後，將西方資
本主義的各種現代化制度和設施引進台灣，使台灣得以逐漸斷除過去社會的
纏足、辮髮等等文化糟粕所形成的陋習，而一變為現代化社會，這點若與同
時期的中國社會相比，更足稱道。書中也強調台中市的教育、衛生與風俗習
慣等在日治時期時因官方努力，才能大幅提昇改善民眾不良的衛生與風俗習
慣，且因引進西方的醫療衛生觀念與設施，才有效降低各類傳染病的流行。

　　《台中市史》有關人文活動的相關記載，還包括神社宗教、口碑傳說遺
蹟等。其中，有關神社宗教的記載，著重記錄在台中市的日式神社（如台中
神社與台中稻荷神社）之參拜儀式與日式宗教（如神道教、金光教等）的佈
教概況，而自清朝開始普遍流行於台灣民間的中國宗教信仰與寺廟，受到日
本國家政治力介入，使台灣民眾被迫改信日式宗教；加以台灣總督府施行廢
除台灣傳統寺廟措施的影響，導致市史有關台灣傳統宗教的敘述僅佔一小部
份，當可解為官方的選擇性記載。至於口碑傳說遺蹟，市史中除記述砲台山、
柳川、綠川、旱溪的口碑傳說外，亦記載北門樓、湧泉閣、台中舊城牆等與
軍事有關之遺蹟，並側重記載與日本軍隊有關的紀念亭和陸軍合葬墓地，以
彰顯日本軍隊在抵禦台灣人武裝抗日行動時的英勇，其欲藉由志書編纂達到
灌輸閱讀者日本國家意識的目的表露無遺。

　　另外，《台中市史》另設置有「社會事業」編，除記載日治時期台中市的
各種保護救濟事業外，更有「風俗教化」章來介紹當時台中市致力於推動國
（日）語教育、矯正風俗、社會教化的各種半官方團體，如國（日）語夜學
會、向陽會、家長會、婦女會、青少年團體、各種民間社團。該編指出當時
台中市已建設現代化的游泳場、運動場、劇場、圖書館，以提供市民從事各
項休閒與藝文活動，企圖以文化教育的手段消滅台灣人之文化意識，達到同
化目的。顯示日本當局欲藉由突顯台中市社會教化成效，彰顯其改善台中市
舊有風俗習慣的努力，以及如何以現代化的設施和觀念，給予台中市民進步
的觀念。其次，自內容中亦可看出日本人在施行保護救濟事業與風俗教化的
改革，運用政府力量組織各種社會團體為主要方式，採取以政府公權力直接

介入取代以往由民間團體自發性主導的模式，展現政府主導公眾事業的政治力與執行力。

從上述《台中市史》有關台中市人文活動的記載，可知其纂修目的實為宣揚台灣總督府如何對台灣社會環境進行現代化改造。例如書中強調台中市在日本治理下，不僅在生活上力圖廢除傳統中國遺制，並在工商金融業上驅逐外人商權，採用新設市場、金融機構、農會、商會，目的在使日本商社可以取得最大的經濟利益；在人口與交通上，著重進行戶口與土地清查，舖路造橋、建設電信電話系統等。並記載台中市設立的各級新式學校，以彰顯其普及教育的成效，尤其是以日語為統一國語，以便民眾吸收西洋近代文明科學知識等，在在彰顯台中市推行現代化的成效。

在《山口縣史》方面，對山口縣內人文活動方面的描述，是在〈縣勢概要〉記載1930～1934年（昭和5～9年）施行縣勢調查後的土地、氣象、人口、議會、交通、通信、產業發展、教育、衛生、社會事業等情形。例如在議會方面即記載山口縣在1933年（昭和8年）時在貴族院、眾議院、縣會、市會與町村會的議員人數；也記載了縣內的重要職事人員姓名錄，例如縣知事、市町村長、政府行政人員、各級學校校長等。此方式除了可以替縣內保留許多人事行政資料外，並可由縣政資料的提供與整理來還原山口縣的民政發展史。除此之外，縣史亦以縱向敘述的方式說明山口縣歷史發展，並大篇幅以中世時期大內氏的治理山口縣為開端，其後記載近世時期毛利氏的治理過程，最後以逐年條列的方式呈現在江戶幕府時期的近世史記載。雖然該部份的行文方式仍採平鋪直述的方式，但特別在目錄上標明各時期的重要人物或戰役，吸引讀者閱讀的注意。

《山口縣史》亦記述山口縣內的名勝古蹟與縣內民眾的宗教信仰。其中名勝古蹟是以縣內各市郡的著名古蹟為主，包含日本內務省指定的天然紀念物與歷史建築等，顯示縣內豐富的地理景觀與人文色彩；並以大量著名的神社佛閣為中心，記載設立原因、宗派、祭神與住持姓名，有助民眾對縣內宗教信仰演變的瞭解。關於宗教信仰的記載，是以日本神道教為主，其次為佛教，至於一般民間信仰與基督信仰則較少數，此由書中記載神社、寺院與教堂數量的多寡可知悉。可知此時日本神道教已成為民間普遍信仰，至於由中國傳來的佛教雖然在當時也轉變成日本式的佛教，但仍與神佛合流之神道教有所不同；而基督教的傳佈在當時仍有侷限，故流傳範圍不廣，民間主要是

以神道教信仰爲中心，因此縣史特別詳細介紹縣內各級寺社的歷史與宗教祭典。

（三）寫作形式

1、《台中市史》

1934 年（昭和 9 年）出版的《台中市史》除了強調台灣總督府的政績外，並強調台中市現代化成果。就寫作形式而言，《台中市史》是採分門別類的敘述方式，著重日本領台以來對台中市進行一連串政治、經濟等措施的成效記載，但實質上仍兼有修史事業的實用性。曾有學者認爲《台中市史》的「台中建置」與「台中發達之概觀」兩單元是屬於施政記錄性質，爲日治時期其他志書所未見，實爲該書的特色。〔註25〕在內容的敘述脈絡上，《台中市史》是以「略古詳今」的方式爲著眼點，除了凸顯台中市現代化方面的具體成效外，主要表現志書編纂時應具備的時代性與地方性。

進一步探討《台中市史》記載的台中市之制度、教育、衛生、殖產、勸業、通信、人情、風俗內容時，可發現書中所載錄之台中市的人文現象，其實是一個以日本人社會爲主體的生活樣貌，即爲以台灣總督府的角度來編纂，內容中看不到台中市原本社會的實際樣貌，也就是以一種日本人爲中心的論述，建構出日本人眼中的台中市。例如，市史闡述日本人致力於改善台中市的風俗習慣或教育制度時，只記載屬於官方體系的御用團體之貢獻，刻意忽略台中市自 1921 年（大正 10 年）後，即成爲由台灣籍的社會領導階層組成之「台灣文化協會」中部集會中心。〔註26〕當 1934 年（昭和 9 年）出版的《山口縣史》對於縣內各神社的描述是如此詳細時，《台中市史》中有關宗教信仰方面，則僅是以日本式的宗教與神社爲記載中心，甚至在敘述佛教信仰時，亦是以日式佛教的傳播爲重心，全書不曾見到台灣民間宗教（如道教）的記載。此外，市史亦刻意忽略大量台灣傳統寺廟在台中市的記錄，僅保留一些較具代表性的寺廟，如樂成宮與萬春宮，此種記載方式容易讓人誤以爲

〔註25〕鍾淑敏、林麗華，〈(昭和) 台中市史〉，收入曹永和、王世慶總纂，吳文星、高志彬主編，《台灣文獻書目解題（第一種方志類四）》，頁 120。

〔註26〕1921 年（大正 10 年）成立的「台灣文化協會」，是由台籍社會領導階層組成，以台灣人的主體思考爲出發點，致力於台灣人民精神生活的向上，以及社會風俗的改善，欲藉由宣傳新時代觀念，以求台灣人文化之提昇。其中，台中市即爲文化協會在中部地區的主要集會處。

台灣人民信仰的宗教亦是以日本式的神道教為中心。可知市史採取選擇性的記載方式，並有意識地忽視台灣傳統社會中普遍存在的宗教信仰，企圖在文化上影響台灣人民意識型態的意圖相當明顯。

《台中市史》呈現的台中市，不僅是一個具現代化建設的都市，且是一個不論在政治、經濟、文化，或是教育水準方面均已到達相當水準的台中市。但是台中市民的生活環境若是真如市史記載的進步與繁榮，則為何在當時台灣籍人士的文學作品中呈現出的台中市民生活，仍是處於一個受到種種壓迫的樣貌，例如現代化帶給台灣人民的不是優渥的生活環境，而是勞力的被榨取與工資的被剝削。故進一步探討市史編纂的意識型態，可清楚發現日本殖民者是如何以現代化的包裝來掩飾其剝削台灣人民的痕跡，顯示日本官方全以戰略體制考量來進行台中市現代化建設。誠如時任台中州知事的竹下豐次在市史〈序言〉所記，台灣雖為一蕞爾小島，但實為帝國南方之要地與帝國向南發展的堡壘，並且為確保東亞和平之鎖鑰，日本負有維護亞洲大陸和平之責任；而欲知台灣的真實面貌，則必須透過史志的記載不可，此即為《台中市史》編纂之目的。〔註27〕

2、《山口縣史》

《山口縣史》為使閱讀者能溫故知新，故著重置縣以前歷史發展之記載，不論是在章節編排或是在撰述內容，多採用「詳古略今」的原則。由於《山口縣史》是以民政方面的記載為主，因此除了第一編「縣勢概要」之第一章與第二章中，對縣內的土地、人口、產業、財政、教育等現況有較為詳細的敘述外，自第四章歷史發展開始，即對具重要位置的中世時期與近世時期史實概觀的敘述多所著墨，由於其是以代表性的戰爭發展為記載脈絡，而非自經濟或社會發展層面去重建史實，故僅能看出當時的政治發展演變，無法看出山口縣在社會、經濟，甚至是藝文活動方面的現況或發展情形。再者，此種收錄原則與編纂方向亦導致其在「第二編」與「第三編」的纂修內容上，自然偏重在與戰爭有關之史蹟名勝的記載。正如該書編纂者大橋良造在〈緒言〉裡所說，此部縣史的編纂主要是以提供縣政資料為主，希望能完善山口縣民政資料的不足，以期做為日後政府施政的參考，故其在編纂上應多著重在民政方面的記載。〔註28〕

〔註27〕竹下豐次，〈台中市史‧序〉，收入氏平要等編，《台中市史》。
〔註28〕大橋良造，〈緒言〉，收入大橋良造編輯，《山口縣史》上卷。

　　歷來有關山口縣的記述，多是以《防長史談》等通俗性史料爲主，不僅缺少民政方面的記載，對於史實的收錄亦不盡完善。但《山口縣史》的編纂除了著重山口縣之文獻整理與收錄外，亦偏重於民政資料的記載與提供，以作爲民眾研究山口縣歷史時的參考。例如，縣史藉由探討社會內部的階層分解、村內行政人員和貧農的對立等問題，或是萩藩的文教政策與地方文藝興盛關係等課題，試圖以小地域的社會描繪出日本整體的政治、經濟、社會生活樣貌；而縣史對於山口縣內各市郡的史蹟名勝、各市郡之重要町勢概要與著名神社佛閣，更是多所記載。因此，藉由《山口縣史》的記載可清楚瞭解山口縣的過去與現在，對縣內各地的地理位置與各項施政概況亦能有效掌握，爲初識山口縣者提供一部清楚且詳實的歷史書、地理書，或可稱爲百科全書的參考資料。

　　值得一提的是，《台中市史》與《山口縣史》在寫作形式上有明顯的分別點，即在於對人物事蹟的記載。傳統志書通常存在有對該地域有特殊貢獻的人物立傳之原則，《山口縣史》對縣內有貢獻的人物，如政治家、教育家、實業家、木材商、水產業者、製肥業者，甚至是助產士、公司職員等，不論其身份或職業貴賤，只要是對山口縣有特殊貢獻者，均將事蹟入傳，並盡可能附上入傳者的照片與傳主的居住地。希望藉由這些入傳者事蹟的記載，爲山口縣民樹立榜樣，使其成爲縣民學習的對象。然而，同一時期位屬日本統治下台灣在從事《台中市史》的編纂時，卻未設有人物傳記項目。若自寫作形式的角度來探討，可知日本在編纂地方志書時，對於在日本國內與殖民地台灣之志書纂修，實隱含著不同的政治意識型態。即雖屬日本政府領導下編纂而成的方志，位處殖民地的台中市，市史的纂修是在爲日本的殖民統治作宣傳，因此編纂中處處顯現日本意識型態，編纂重點放在日本統治下的台中市現況；而反觀《山口縣史》的纂修，卻是在當時國內盛行在地人纂修在地史的風潮下，忠實反映山口縣的政治社會現況與歷史樣貌。由此可知，雖然同屬日本政權下，其在志書纂修方面實有殖民地與非殖民地的差異。

第三節　編纂者

　　歷史學者在撰寫史書時，重視秉筆直書的原則，根據事實記錄，不隱諱；同樣地，地方志書的編纂，亦具有資治、教化與存史的功能與責任，其編纂

內容與過程，亦是取決於編纂者的態度。然而，不論是撰寫史書或是編纂方志，執筆者或編纂者因掌握歷史書寫的權利，因此也就掌握歷史的解釋權。根據王衛平的研究指出，日本的地方志書在編纂時往往會採取編輯委員會和執筆者共同負責的組織形式，其中又可再細分爲四種情形，即：1. 分別聘請或任命編纂委員會成員與執筆者；2. 編輯委員會成員即是執筆者；3. 編輯委員會直接聘請或任命執筆者；4. 不設編輯委員會，直接聘請或任命執筆者。〔註29〕因此，筆者在本節以《台中市史》與《山口縣史》兩部志書編纂者的組成形式與身份、編纂人數兩方面，探討台日地方志書的纂修是否會因編纂者國籍與身份不同、編纂人員的多寡而出現不同的纂修角度與樣貌。

在《台中市史》的編纂者方面，該書採取由主政者（即市尹）倡議並組成編輯委員會，之後由編輯委員會的委員擔任執筆者之形式纂修。就編纂者的人數與身份而言，據資料統計先後參與《台中市史》編纂的市尹（市長）、助役（副市長）、纂修委員、編輯者與校閱者共 47 人，其中除了台中公學校「訓導」〔註30〕謝宗賢、台中女子公學校訓導邱雲艷、台中師範學校囑託（顧問）黃腹三人爲台籍人士外，其他均爲日本籍的官員與教育工作者。其中又以小、公學校之校長與訓導佔大多數，可知《台中市史》纂修人員的組成在國籍方面，是以日本官方與日本教育者爲主要成員，握有實際志書的編寫權，而台籍人士雖也有參與市史的纂修，但因人數僅有三名，縱使對市史內容有不同意見，亦無法發揮實質作用，充其量只是扮演點綴裝飾的角色。（表 3-2）

自《台中市史》的倡修者與協助者，到市史的編纂者，甚至是編輯與校閱者，成員多爲政府官員與學校的教育者，其中台籍人士僅有三人，且身份亦只爲公學校或師範學校的訓導或囑託，未具實質的撰寫權。代表《台中市史》在纂修過程中，不論是編輯權或是書寫權均是掌握在日本官方與日本教育者手中。若將《台中市史》的內容與當時台籍作家的作品相比較，可以發現《台中市史》中記載的具備高度現代化建設台中市，其實只是日本人眼中的台中市，是台中市役所宣傳下的台中市，因此未呈現在現代化建設背後中的台灣人民實際生活樣貌。可說此志書的纂修目的是在宣揚日本人如何帶領

〔註29〕王衛平，〈日本地方史志編纂的理論與方法〉，《國外社會科學》2008 年第 5 期（2000.05），頁 39。

〔註30〕「訓導」一詞係指第二次世界大戰前的日本教育制度（舊制小學校等機關的正規教員職階的一種）。

台灣人民步入先進的資本主義社會，彰顯台灣總督府如何改善台灣人民的生活環境與品質，欲藉市史的編纂來彰顯日本人治理的苦心與功勞，要台灣人民對其心存感激，故市史內容中處處可看到日本官方誇示其對台中市實行現代化建設與新式教育成果的影子。

表 3-2　《台中市史》編纂關係者

	人 名	職 稱
倡修者	遠藤所六	台中「市尹」（市長）
	小島仁三郎	台中市尹
	名和仁一	台中市尹
	古澤勝之	台中市尹
	曾根原弘	台中市尹
監修者	園部薰	台中市「助役」（副市長）
	古澤勝之	台中市助役
	河野十郎	台中市助役
	宗藤大陸	台中市助役
	福田看	台中市助役
	拔井光三	台中市助役
委員	氏平要	台中師範學校「教諭」（二次大戰前日本舊教育制度的中等學校教員）
	高濱利久	台中師範學校教諭
	野末誠一	台中師範學校教諭
	田村勉	台灣公立公學校「訓導」（二次大戰前日本舊教育制度的小、公學校等的教員）
	木下莊太郎	赤十字社「書記」（秘書或事務員）
	田中米藏	台中第一尋常小學校校長
	安倍英喜	台中州公立小學校校長
	財津吉隆	台中第一尋常高等小學校訓導
	洲濱文太郎	台中第二尋常高等小學校長
	荒木三郎	台中第二尋常高等小學校訓導
	大山正名	台中第二尋常高等小學校教育「心得」（代理教員）
	杉本圭二	台中公學校校長
	小野一郎	台中公學校訓導
	肥後杉雄	台中公學校教員心得

	長井實一	台中女子公學校校長
	小川滋	台中女子公學校訓導
	中島勝利	台中女子公學校訓導
	吉田作太郎	曙公學校校長
	加藤虎太郎	曙公學校訓導
	赤木虎雄	曙公學校訓導
	高澤三平	台中市社會書記
	石垣孫保	台中第一尋常高等小學校訓導
	本島信重	台中第二尋常高等小學校訓導
	謝宗賢	台中公學校訓導
	西川政藏	台中女子公學校訓導
	內田賢吉	台中女子公學校訓導
	邱雲艷	台中女子公學校訓導
	黃腹	台中師範學校「囑託」（顧問）
	角田哲雄	台中公學校訓導
	渡邊壽昌	樹子腳公學校校長
	星萬壽雄	台中市視學；昭和 6 年任台灣公立公學校訓導
	北橋千代作	台中市社會書記
編輯者	原田芳之	台灣公立小學校訓導
	丸尾秀夫	台中市統計主任
校閱者	星萬壽雄	台中市視學；昭和 6 年任台灣公立公學校訓導
	中袴田熊吉	台中市視學；昭和 7 年補台中州公立公學校訓導兼台中州公立公學校校長
	大岩榮吾	台中師範學校校長
	宗藤大陸	台中市助役
	名和仁一	台中市尹
	豬口安喜	台灣總督府史料編纂囑託

資料來源：彙報，〈教育事項〉《台中市報》第 119 號（昭和 3 年 5 月 3 日），頁 54；
彙報，〈教育事項〉，《台中市報》第 52 號（昭和 2 年（1927）6 月 24 日），
頁 72；原田芳之，〈台中市史編史後感〉，《台灣時報》昭和 7 年 6 月號
（1932.06），頁 104。辭令，《台北州報》第 9 號（大正 9 年 10 月 9 日），
頁 22。

其次，就編纂人數與編纂時間而言，《台中市史》的編纂自市尹遠藤所六於 1927 年（昭和 2 年）倡議修纂開始，到 1934 年（昭和 9 年）曾根原弘擔任市尹時完成纂修，期間歷經五任台中市尹，花費 6 年 7 個月，編纂關係者先後總計達 47 人。其花費之時間長久、參與人員之多皆為日治時期台灣其他地區纂修方志時所無法比擬，故不論是在質或量上皆具相當代表性。

另一方面，有關《山口縣史》的編纂者身份、人數與纂修時間，是由山口縣史編纂所的大橋良造負責主持編纂工作，是屬於採用不設編輯委員會，而是直接聘請或任命執筆者的纂修形式，花費不到一年即成書。雖然受限於此成立於二戰前的山口縣史編纂所相關資料多已散失，導致無法確切得知當時縣史編纂所的組織沿革與縣史編纂的規模大小，甚至是實際參與縣史編纂的人數。〔註 31〕然而，有鑑於地方志書的編纂工程均十分浩大，多耗費相當的人力與物力，故可推測當時《山口縣史》在編纂時應亦具有相當規模，特別是加上其纂修時間又甚為短促，亦可推知當時參與縣史編纂者的人員應不在少數，纂修的成員應為與山口縣有深厚地緣關係者，或是長期對山口縣歷史有研究者，否則要如何在數個月的纂修時間中，單憑少數人力，一方面對山口縣的現況作調查研究，另一方面又要從事縣史的編纂工作，故若非有相當的人力配置，要在短時間內完成縣史的編纂實為不易之事。

有關兩部志書的出版方式，《台中市史》是由台中市役所主導纂修，並交付「台灣新聞社」出版；〔註 32〕《山口縣史》則是自纂修到出版皆由山口縣史編纂所全程負責。此一現象代表日治時期台灣的出版事業雖然名義上是交由民間出版社出版，但因台灣新聞社具有濃厚的官方色彩，實質上整個出版事業是掌控在政府手中，而《台中市史》由台灣新聞社出版，亦間接代表其具有官修志書的身份。至於《山口縣史》的出版事宜，則是由山口縣史編纂所負責，代表在昭和時期的日本國內志書纂修，政府介入的色彩已明顯淡薄，主要交由各地方民間團體自行辦理，可說是殖民地與殖民母國的不同。

〔註31〕 有關山口縣史編纂所的規模，以及縣史編纂人員的名單，由於目前所存的史料記載不多，因此筆者曾訪問成立於戰後的山口縣史編纂室相關人員，但該編纂室人員卻表示對於戰前曾有過的縣史編纂事業不甚熟悉，且亦無相關資料留存下來，因此無法得知當時縣史編纂所的實際情況，只知該部縣史應為民間人士所倡修，其組成之山口縣史編纂所亦應較具有民間色彩。

〔註32〕 台灣新聞社為台灣日日新報社在台中的分社，具有濃厚的官方性質。

小　結

　　方志可以作爲國家的施政參考依據，並且具有資政、存史、教化的功用，因此歷來不管是中國、日本或是台灣的主政者均極重視志書的纂修。方志是一門綜合的科學，一部理想的方志亦可被視爲一定區域的百科全書，所以纂修時必須注意要使纂修成的志書兼顧專業和整合學術與通俗之性質。然而，在專制體制的國家與政權中，爲了配合國家政策的宣揚與政令的實行，方志內容往往會因爲國家政治權力的介入或是有心人士的刻意影響而有所偏倚，導致其應該具有的社會功能也隨著纂修者的意識型態與目的改變。

　　本章藉由同時於1934年（昭和9年）出版的《台中市史》與《山口縣史》兩部志書作比較探討，得知日本政府由於在殖民地台灣與國內採取不同的治理模式，導致有不同的志書纂修方式。即台灣在日本統治期間，台灣總督府雖也曾對台灣作各種深入且廣泛的基礎調查，但皆導因於殖民統治之需要。由《台中市史》的編纂方式與內容，可知台灣總督府在殖民地台灣注重的是政令宣導與政績宣揚，希望運用市史的編纂來證明統治權力的穩固與成效。由於《台中市史》的編寫權與審查權均是由日本官方與一些高級士紳所掌控，是以在地的日本人纂修台中在地的歷史，故內容上相當誇示日本人對台中市的各項現代化建設與社會措施，並刻意忽視台中市在日治時期以前的各項建設成果與一般台中市市民實際的生活情況。嚴格來說《台中市史》記錄的台中市只能說是日本人眼中的台中市，而非台灣人實際生活中的台中市，其纂修市史的出發點與觀點，皆導致整部市史具有濃厚的殖民地政治色彩。

　　《山口縣史》的纂修則可看到志書的編纂容易受到社會風氣影響，亦即縣史編纂當時，國內以在地人纂修在地史的風氣已相當成熟，因此《山口縣史》亦是以山口縣的歷史沿革與現況發展爲主軸。在內容分配上誠如縣史的編纂者大橋良造所言，主要是以提供縣政資料爲主，希望能完善民政資料的不足，以做爲日後施政的參考，因此對於山口縣的社會與經濟發展的敘述雖略顯不足，但對於山口縣的歷史發展敘述卻相當詳細。再者，《山口縣史》纂修時政治力量介入的色彩亦較薄弱，因此展現在縣史內容，是詳細記載與介紹山口縣內的人文與歷史發展，除了對縣勢概況有詳細說明外，並描述縣內各地著名歷史建築與名勝古蹟的由來，顯示其記述方式都是以喚醒山口縣民的鄉土情懷爲目的，不似同時期殖民地台灣的《台中市史》編纂是以政治目的爲取向。因此纂修目的不同，可說是殖民地台灣與殖民母國日本在志書纂修上最大的差異。

第四章　新修《台中市志》與新修《山口縣史》纂修規劃與體例綱目的比較

　　二次大戰後台灣在中華民國統治之下，一方面沿襲中國的修志傳統，一方面延續清領時期、日治時期的修志工作，對地方志的纂修相當重視。60 多年來，不論是《台灣省通志》、台北與高雄兩直轄市志、縣（市）志、鄉鎮（市、區）志，或是 2003 年（民國 92 年）開始纂修的《台灣全志》，此四級志書纂修均獲得相當豐碩的成果。而戰後的日本因初嘗明治維新改革以來的敗戰滋味，加上面臨被聯合國佔領的窘境，國內開始對皇國史觀產生懷疑，漸漸發展出以自身立場探求生長地域歷史的地方史研究，自 1950 年代興起一股地方史的纂修風潮。

　　本章係以戰後新修《台中市志》與新修《山口縣史》兩部史志為例，探討戰後台灣與日本在地方史志上纂修的異同。文中除了論述兩部史志的纂修緣起與規劃外，並比較兩部史志的體例綱目與編纂者，試圖以兩部史志的實際纂修經驗，論述編纂地方志書時應有的認識與作法。

第一節　纂修緣起與規劃

一、新修《台中市志》

　　中華民國於 1912 年（民國元年）成立之後，承襲中國修志纂傳統，各省

均進行志書的新修或增修。1929 年（民國 18 年）12 月中華民國內政部呈奉行政院轉奉國民政府令准通行的〈修志事例概要〉（附錄一），將省通志的纂修予以制度化與法制化。當時因台灣正處日本治理之下，故此規定對台灣並無影響。1945 年（民國 34 年）台灣隸屬中華民國政權後，國民黨政府在台灣依據 1944 年內政部頒布的〈地方志書纂修辦法〉，展開台灣的地方志纂修。1946 年 10 月內政部為了加強全國各地文獻的採集與纂修工作，發布修正後之該辦法明文規定地方志書為省志、市志及縣志三種，且各省市縣纂修志書事宜，應由各省市縣政府督促各省市縣文獻委員會負責辦理，使〈各省市縣文獻委員會組織規程〉也成為各省市縣在組織與設置文獻委員會的依據。〔註1〕1947 年（民國 36 年）台灣省政府成立，隔年設立「台灣省通志館」展開《台灣省通志》的纂修；1949 年台灣省政府將台灣省通志館改組為台灣省文獻委員會，負責辦理纂修地方志書的業務。1951 年（民國 40 年）台灣省文獻委員會主任委員黃純青倡議「全面修志」〔註2〕，加上中央政府發起「中華文化復興運動」〔註3〕，故內政部乃於 1952 年以內第 11042 號函囑台灣省政府轉飭各縣（市）政府應積極設立文獻委員會，以保存蒐集地方史料與纂修書。

〔註1〕 鄧憲卿主編，王世慶、郭嘉雄、廖財聰總纂，《台灣省文獻委員會志》（台灣南投：台灣省文獻委員會，1998），頁 13。

〔註2〕 黃純青對於修志事項，提出（1）法定省志三十年纂修一次，縣市志十五年纂修一次，由編纂技術而言，縣市志為省志之根據，本省縣市志之纂修，本應先於省志，現本省各縣市志不能先省志纂修，亦應與省志同時纂修，使上下之計畫貫通，工作配合，以收事半功倍之效。先後分別纂修，浪費財力與時間至大。（2）省志與縣市志及縣志與市志之內容的歸屬，甚多有爭執之處，省與縣市同時修志，既得以妥善劃分，又可免除內容上若干重複與欠缺的毛病。（3）修志必須有專門人才，始能達成任務，縣市在這方面可得到省方之幫助。（4）日本佔據時期，所見文獻記載，甚多歪曲者，耆老次第凋謝，應即向其採集當時真實資料，省在這方面可得到縣市之幫助。當時適為首任民選縣市長，或有願為地方自治奠定良基，或有據服務桑梓之熱忱者，對於這項歷史性的事業都十分關懷，且也希望在其任內完成志書，以彰顯功績。王世慶，〈光復後台灣省通志之纂修〉，《機關志講義彙編》（台灣南投：台灣省文獻委員會，1993.08），頁 225～226。

〔註3〕 1966 年（民國 55 年），中國國民黨為反制中共發動文化大革命對中華文化的摧殘，乃有「中華文化復興運動」之議，中華文化復興運動推行委員會即因此於翌年（民國 56 年）7 月 28 日成立，以發揚傳統中華文化與倫理道德為宗旨，鼓勵公私立文化學術機構從思想上、學術上宏揚中華優良文化，並推行各項深入民間的文化建設與活動。資料來源：中華文化總會，〈歷史沿革〉：http://1066324.2at.com.tw/（2012/12/19）

　　戰後的台中市為配合政府設立文獻委員會以蒐集地方史料與纂修地方志的政策，於 1952 年（民國 41 年）1 月 15 日成立台中市文獻委員會，由市長楊基先兼任主任委員，聘請陳積中、張煥珪為副主任委員，設委員 13 人，並聘請市府有關人員及社會賢達人士兼任之；另編制有編纂、採集、整理、總務各組組長一人，組員三人，皆由市府有關人員調派擔任。然而，委員會人員均為兼任或調派性質，加以經費無著，導致一切採集資料與纂修志書之業務皆未能順利進行，僅於 1952 年 8 月擬訂出台中市志的綱目為沿革、疆域、城垣、街道、山陵、水道、氣候、戶口、官制、警政、自治、財政、司法、教育、兵備、交通、外交、食貨、禮俗、方言、宗教、列傳、藝文、大事記，合計 24 項。〔註4〕

　　1962 年（民國 51 年）台中市議會通過第四屆市長邱欽洲所提之台中市文獻委員會經費預算，市政府即以邱欽洲為主任委員，蔡志昌、張煥圭為副主任委員，延聘地方耆碩為委員，重組台中市文獻委員會，以王建竹為編纂組長，再度進行《台中市志》纂修工作。此時的市志纂修是在舊有綱目基礎上重新修訂，計分卷首、土地志、人民志、政事志、經濟志、文教志、人物志、革命志、雜志與卷尾，志下分篇章節目，合計共 10 卷 44 篇。（表 4-1）其中最具特色者為卷 7〈革命志〉與卷 8〈雜志〉的設置，〈革命志〉記錄台中市民在清領時期與日治時期的抗清拒日活動，具有濃厚民族主義思想；〈雜志〉是將台中歷史上發生的天災地變與人禍獨立出來，顯示先民開拓台中的辛勞。惟重組後之文獻會僅有人員二人，在人手不足的情形下，僅能從事志書綱要擬定，未有具體的採訪與資料蒐集。〔註5〕

　　1964 年（民國 53 年）6 月第五屆市長張啟仲在致力於地方建設之餘，因感於台中市在設治之前隸屬更迭極大，導致文物資料多已散失，故極為留意台中市文獻的蒐集與纂修，乃再度委請編纂組長王建竹繼續負責市志纂修。1965 年為廣徵意見與搜集資料，故將已完成的卷首上、中、下三冊初稿以打字印製，送請地方耆老與各界賢達，惠予教正；〔註6〕 1968 年（民國 57 年）6

〔註4〕　林麗華，〈（民國）台中市志〉，收入曹永和、王世慶總纂，吳文星、高志彬主編，《台灣文獻書目解題（第一種方志類四）》（台北市：國立中央圖書館台灣分館，1987），頁 133～134。

〔註5〕　張啟仲，〈台中市志稿·序〉，收入王建竹主修，林猷穆編纂，《台中市志稿·卷首（上冊）》（台灣台中：台中市文獻委員會，1965），頁 1～8。

〔註6〕　張啟仲，〈台中市志稿·序〉，收入王建竹主修，林猷穆編纂，《台中市志稿·

月林澄秋就任第六屆市長，以「纂修志乘書，追述先猷，闡揚先德，蓋爲地方建樹重要之一端也」〔註7〕，繼續推動市志纂修。然而，總計自 1964～1972 年間，台中市文獻委員會只先後完成《台中市志》卷首開發、疆域、概況、大事記等 4 篇，另有卷 3〈政事志〉行政篇、卷 5〈文教志〉教育與藝文 2 篇，合計 3 卷 7 篇的編纂，由於送交打字油印分裝時尚未送呈內政部審核通過，故以《台中市志稿》命名。

表 4-1　1962 年《台中市志》綱目

卷名及志名	篇　名	章　　　　節
卷首	序、凡例、綱目、圖表	
	第一篇　開發	一、本省之發現；二、本省之開發；三、本市之開發
	第二篇　疆域	一、方位、面積、形勢；二、地方行政區域沿革
	第三篇　概況	一、本市概況；二、各區概況
	第四篇　大事記	一、明鄭時代；二、清領時代；三、日據時代；四、光復以後
卷一：土地志	地理	一、地形；二、地名沿革；三、地質；四、土壤
	氣候	一、氣候大要；二、風；三、雨；四、溫度；五、濕度；六、氣候變率
	物產	一、動物；二、植物；三、其他
	第四篇　勝蹟	一、名勝；二、古蹟
卷二：人民志	第一篇　人口	一、概述；二、人口分佈；三、人口動態
	第二篇　氏族	一、氏族之沿革；二、氏族概況
	第三篇　語言	一、概述；二、語系之形成；三、國語與方言
	第四篇　禮俗	一、生活習慣；二、歲時風俗；三、禮儀；四、娛樂
	第五篇　宗教	一、概述；二、道教；三、佛教；四、天主教；五、耶穌教；六、通俗信仰
卷三：政事志	第一篇　行政	一、概述；二、行政區域；三、行政機構；四、地方自治

卷首（上冊）》，頁 1～2。

〔註7〕　林澄秋，〈台中市志‧序〉，收入王建竹主修，林猷穆、張榮樓編纂，《台中市志‧卷首》（台灣台中：台中市文獻委員會，1972），頁 7。

	第二篇　建設	一、概述；二、都市計劃；三、道路；四、橋樑；五、下水道；六、公園綠地；七、公有建築；八、公用工程；九、防護工程
	第三篇　交通	一、概述；二、鐵路；三、公路；四、郵電；五、航空；六、其他
	第四篇　財政	一、概述；二、賦稅；三、財務；四、公賣；五、公產；六、糧政；七、計政
	第五篇　地政	一、概述；二、地籍管理；三、地權登記；四、土地制度；五、實施耕者有其田；六、其他
	第六篇　衛生	一、概述；二、衛生行政；三、醫療設施；四、保健；五、防疫；六、禁毒；七、環境衛生；八、生命統計
	第七篇　社會	一、社會行政；二、人民團體之組織與訓練；三、社會運動；四、社會福利；五、勞工保險與勞工安全；六、社會救濟；七、合作事業；八、國民義務勞動
	第八篇　司法	一、制度；二、機構；三、刑罰；四、其他
	第九篇　保安	一、概述；二、軍事；三、憲警；四、役政；五、民防；六、其他
	第十篇　政黨	一、概述；二、光復前之政治運動；三、光復後之政黨組織與活動
卷四：經濟志	第一篇　農業	一、概述；二、農作物；三、作物改良；四、畜產；五、農場；六、其他
	第二篇　林業	一、概述；二、自然林；三、造林；四、保林、五、伐木製材；六、其他
	第三篇　工業	一、概述、二、重工業、三、輕工業；四、手工業、五、特產（包含糖廠）；六、其他
	第四篇　商業	一、概述；二、市集交易；三、市內交易；四、省內交易；五、其他
	第五篇　金融	一、概述；二、銀行；三、合會儲蓄；四、信用合作事業；五、其他
	第六篇　物價	一、概述；二、工資；三、一般物價；四、生活指數
卷五：文教志	第一篇　教育	一、清代以前之教育；二、清代之教育；三、日據時代之教育；四、光復以後之教育
	第二篇　文化事業	一、概述；二、文獻委員會；三、圖書館、四出版事業；五、新聞事業；六、廣播事業；七、電影事業；八、其他
	第三篇　藝文	一、文學；二、藝術

卷六：人物志	第一篇	先烈	一、拒清；二、抗日
	第二篇	名宦鄉賢	一、名宦；二、鄉賢
	第三篇	忠義節孝	一、忠義；二、節孝
	第四篇	學藝流寓	一、學藝；二、流寓
	第五篇	其他	一、開拓；二、外人
卷七：革命志	第一篇	拒清	一、概述；二、清軍進佔台灣；三、拒清思想；四、拒清運動
	第二篇	抗日	一、概述；二、台境官民反對割台及抗日活動；三、抗日運動之延續；四、參加祖國抗戰及台灣光復
卷八：雜志	第一篇	天災地變	一、水災；二、旱災；三、颱風；四、震災；五、雷禍；六、飢饉；七、疫癘
	第二篇	人禍	一、火災；二、空襲；三、交通事故；四、其他
卷尾：志餘	第一篇	纂修經過	
	第二篇	資料	
	第三篇	索引補遺	

資料來源：王建竹主修，林猷穆編纂，《台中市志稿·卷首》上冊（台灣台中：台中市文獻委員會，1965），頁 9～21。

　　1972 年（民國 61 年）12 月台中市政府陸續就內政部審定後之志稿增刪修訂排印，以《台中市志》之名稱將原修志稿之〈卷首〉4 篇、卷 3〈政事志〉、卷五〈文教志〉分別於 1972 年、1977 年、1976 年分冊出版；加上其後出版的卷 1〈土地志〉地理、氣候、生物、勝蹟 4 篇，卷 2〈人民志〉氏族與禮俗 2 篇，合計共 5 卷 12 篇。可知此部《台中市志》自 1972 年 12 月至 1984 年 6 月爲止，因受限政策與經費問題，導致當時出版之市志並未齊全，僅出版了〈卷首〉、〈土地志〉、〈人民志〉、〈政事志〉、〈教育志〉而已。〔註8〕隨著經濟發達、政治民主化、自由化的影響，雖然政府主導的志書纂修受到人員編制和經費編列縮減的限制，呈現日漸萎縮的情況。惟中央政府所訂頒之〈地方志書纂修辦法〉至 2001 年（民國 90 年）12 月 31 日後已不復適用；且依據 1999 年公告之〈地方制度法〉規定地方文獻事項爲自治事項，即規範全國地方志書之纂修的法規命令予以調整，而將地方志書纂修改由直轄市政府及各縣（市）政府自行制定。〔註9〕因此各縣（市）政府紛紛自定組織條例，以文

〔註8〕黃秀政總主持，新修《台中市志編纂計畫案服務建議書》（台灣台中：國立中興大學，2003.05），頁 1～2。

〔註9〕中華民國立法院全球資訊網／法律資料庫／〈地方制度法〉（1999 年 1 月 25 日頒布）第 62 條。http://lis.ly.gov.tw/lghtml/lawstat/version2/04818/0481888011

化局掌理該縣（市）的文化、藝術與志書纂修等事宜。台中市政府乃於 2000年將台中市立文化中心改制為台中市政府文化局，負責辦理台中市的志書纂修，並於 2001 年 12 月 5 日公布〈台中市志書纂修作業要點〉（附錄二）。

圖 4-1　2002 年台中市地理位置圖

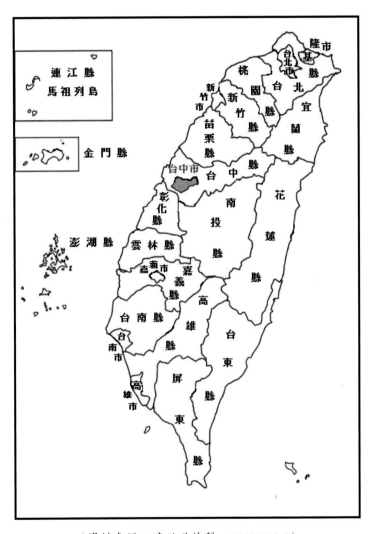

（資料來源：陳幼欣繪製，2012/11/10）

2001 年 12 月 20 日胡志強就任台中市第十四屆市長後，有鑑於台中市雖曾於 1964～1984 年間陸續推行《台中市志》的纂修，惟僅刊行部份志稿；即

使是已出版的部份卷志，其記載內容已相隔多年，政經社會各方面均有長足進步，為免相關細節與史料日久散亂，實有續修市志之必要。〔註 10〕為期完整記錄台中市自開拓以來的政治、經濟、社會變遷情形，胡志強乃指示台中市政府文化局規劃新修《台中市志》的編纂。2002 年台中市政府文化局遂積極辦理新修《台中市志》纂修的籌劃，除聽取學者專家與社會各界建議，擬定市志纂修計畫書外；並編列市志纂修經費預算，經提送台中市議會審查後，以新台幣九百五十萬元通過纂修預算編列。

2003 年（民國 92 年）2 月台中市政府上網公開徵求新修《台中市志》編纂團隊，經兩度的徵求，最後確定由國立中興大學得標。時任中興大學歷史學系教授兼文學院院長黃秀政擔任總主持人，邀請具有志書纂修實務經驗與對志書理論深有研究的學者們組成新修《台中市志》編纂團隊，共同承接新修《台中市志》編纂的重任。〔註 11〕希望藉由編纂團隊的學術專業，系統性地蒐羅相關文獻、田野調查、訪談耆老等，從地理沿革、經濟政事、人文教育等面向，完整建構台中市自開闢以來的歷史脈絡及發展概略，並推動台中市的文化建設，增進台中市民對台中市發展與變遷歷程的認識與關懷。依據2003 年（民國 92 年）5 月的市志服務建議書與歷次審查會議決議，新修《台中市志》決定採取中型規模的篇章，內容兼採政典和風物並列之原則，把握客觀立論，文字典雅、淺顯易懂，對於台中市各區特殊情況作增減取捨；同時也接受地方紳耆的意見（尤其太平洋戰爭末期及戰後初期）以豐富內容。依其編纂「凡例」，知其編纂需包含下列十二項方針：〔註 12〕

    （一）本市志的編纂，旨在蒐集、整理並保存本市史料，推動本市
          文化建設，增進市民對本市發展與變遷歷程的認識與關懷。

    （二）本市志的編纂，本著學術研究的新觀念與新方法，一面承襲
          傳統的志書體例，以分志體裁為主；一面突破傳統的侷限，
          以科學方法求創新，務期成為一部兼具學術性與普及性的集
          體著作。

    （三）本市志體例與綱目的擬定，採中型規模的篇章，其內容兼採

〔註 10〕胡志強，〈台中市志・市長序〉，收入黃秀政總主持，孟祥瀚主持，新修《台中市志・沿革志》（台灣台中：台中市政府，2008）。

〔註 11〕黃秀政，〈台中市志・總主持人序〉，收入黃秀政總主持，孟祥瀚主持，《台中市志・沿革志》。

〔註 12〕台中市政府，《台中市志》「凡例」。

政典與風物並列、詳近略遠之原則，把握客觀的立論，文字
典雅、淺近易懂，對於轄境各區特殊情況作增減取捨；同時
也接受地方紳耆的意見，以豐富市志內容。

（四）本市志除卷首、卷尾外，共分八志，依序是沿革志、地理志、
政事志、經濟志、社會志、教育志、藝文志、人物志，各志
單獨成冊出版；卷首附於沿革志，卷尾附於人物志。各志下
分若干篇；篇之下依序為章、節。

（五）市志各志之時間斷限，上起開闢，下迄民國九十三年年底為
原則。

（六）本市志以現行行政區域（八區）為撰述範圍，轄區之外與本
市有關者，依其內容與性質，酌量列入撰述範圍，但篇幅不
超過百分之十。

（七）參考資料以公、私文書檔案及相關著作為主，並輔以田野調
查所得結果，務期豐富詳盡。

（八）本市志採語體文撰述，引用資料均於當頁下方附加注釋，說
明資料來源，藉以徵信查考。注釋之序號，以章為單位。

（九）時代先後依台灣歷史發展之實況，分別稱史前時代、荷西時
代、鄭氏時代、清代、日治時代、戰後等；年號以使用當時
稱呼為原則，並於各章第一次出現時附註西元，以便參照。

（十）本市志之撰述，使用當時地名，並附註現今地名，以便閱讀。

（十一）本市志之圖表，因應各志篇章印刷，儘量以隨文方式編排，
俾便讀者參閱。

（十二）本市志如有未盡妥善之處，敬請社會各界人士及市民隨時
向台中市文化局提出改進意見，以作為修訂之參考。

新修《台中市志》在過去的纂修基礎上，分成〈沿革〉、〈地理〉、〈政事〉、
〈經濟〉、〈社會〉、〈教育〉、〈藝文〉、〈人物〉等 8 個分志，每志約須撰 30 萬
～40 萬字，且需涵蓋下列內容：〔註13〕

1、沿革志：記載台中市的古代歷史、設置經緯、行政區劃沿革、族群關
係、歷史事件、各區發展等，並對漢人入墾台中市，建立漢人社會的

〔註13〕黃秀政總主持，〈《台中市志》編纂計畫案服務建議書〉，頁 2～3。

經過詳加記載。「大事紀」斷限則以 2004 年底為基準。〔註 14〕

2、地理志：記載台中市的位置、面積、地質、地形、氣候、土壤、動植物、水文、地名、聚落、市街、名勝古蹟（含遺址）、自然災害、城市景觀、環保等，以說明台中市的自然與人文景觀。

3、政事志：記載台中市的行政組織、民意機關、地方治安、地方自治等各項政事之推展情形，藉以明瞭台中市政治建設與公共行政發展之沿革與實況。

4、經濟志：記載台中市的水利工程、農業、交通建設、工業、商業、金融財稅、公營事業、服務業及私人企業、家庭手工業等之發展，以說明台中市在經濟方面的發展。

5、社會志：記載台中市的人口分佈、氏族（或家族）發展、宗教信仰、社會行政與設施、社會團體與社區發展、民俗（風俗習慣）等實況，並記述其發展脈絡與貢獻。

6、教育志：記載台中市各級學校及社會教育機構的沿革、組織、行政、教學、教育團體、考試、學制、教師等資料，以彰顯台中市教育之發達與普及。

7、藝文志：記載台中市的文化機關、民間文化團體、大眾傳播媒體、出版事業、文物、詩文、書法、戲劇、音樂、美術、攝影、建築、雕刻、傳統工藝、藝文社團等之發展；並摘錄相關作品，略述重要藝文社團之活動。

8、人物志：以「生人不立傳」為原則，就台中市先賢中對地方有特殊貢獻，足堪記載者，分別就政事、墾殖、工商、金融、紳耆、學藝、教育、醫術、義行、節孝、抗日、科技等項目，略述其生平事蹟，藉以彰顯先賢遺德。

新修《台中市志》的纂修是本著學術研究的觀念與方法，一面承襲傳統

〔註 14〕新修《台中市志》的纂修期程自 2003 年 5 月起至 2006 年 5 月止，為期三年。其記載下限，依台中市政府「《台中市志編纂計畫案》服務需求建議書」，大事紀斷限於 2003 年底。2004 年 12 月 24 日在台中市政府舉行的初稿審查會議，會議主席林輝堂參議建議各分志內容記載下限延至 2004 年底，惟遇特殊情況時亦可適時地增補與延長記載年限的下限。此建議後經該次會議討論後作成決議，列入會議記錄中，由編纂團隊執行。詳見台中市文化局整理，2004年 12 月 24 日初稿審查會議紀錄。

的志書體例，以分志體裁爲主；一面突破傳統的侷限，以科學方法求創新，蒐集台中市的史料。因此，其內容以當時台中市八個行政區域爲纂修範圍，轄區之外與台中市有關者，則依其內容與性質酌量列入。〔註 15〕可說是採用「區域研究」的學術論文型態爲纂修取向，內容並兼顧時代的變遷和地方實際狀況。

二、新修《山口縣史》

　　二次大戰後日本受到西方社會國民主權與住民自治等民主主義與自由主義理念影響，國內興起自社會經濟史與民眾生活史著手來研究歷史的地方史纂修風潮。〔註 16〕使戰後的志書纂修是以保存該地域的史料與資料爲中心與民眾生活史的記載爲主軸，以重現該地域的歷史發展軌跡。〔註 17〕例如 1951 年（昭和 26 年）《千葉縣史》的編纂即是有鑑於二戰後的社會混亂和農地改

〔註 15〕 2010 年 12 月 25 日，台中市自省轄市升格爲直轄市，轄區包含改制前的台中市與台中縣之行政區域。其中，台中市爲八個區，包括東區、西區、南區、北區、中區、北屯區、西屯區、南屯區；台中縣爲三個市、五個鎮、十三個鄉，包括豐原市、大里市、太平市、大甲鎮、清水鎮、沙鹿鎮、梧棲鎮、東勢鎮、大安鄉、外埔鄉、后里鄉、霧峰鄉、新社鄉、石岡鄉、神岡鄉、大雅鄉、潭子鄉、龍井鄉、烏日鄉、大肚鄉、和平鄉。

〔註 16〕 「地方史」一詞的出現，是來自於 1950 年（昭和 25 年）11 月成立的地方史研究協議會，並於翌年發行會誌《地方史研究》。地方史研究協議會是結合各地的地方史研究者與研究團體，以日本史研究爲基礎來推進各地的地方史研究，以突顯出該地域的歷史特色。中村政則，《日本近代と民眾》（東京：校倉書房，1984），頁 48～49；木村礎，〈鄉土史・地方史・地域史研究の歷史と課題〉，收入朝尾直廣等編集，《日本通史・別卷 2 地域史研究の現狀と課題》（東京：岩波書店，1994），頁 15～18。

〔註 17〕 日文中的「地域」是「地域社會」的簡稱，是指「地域社會住民的集團」。它不單只是「地理的、非中央的、鄉土的」而已，還包括生態系、文化財，它絕非靜止不動的，而是會引發各種不同抗爭。因此，地域社會史研究是試圖自國史與鄉土史，中央史與地方史的對立模式中解脫出來，強調平等、自治、和平，重視的是支配結構與住民生活與當地住民與研究者雙方的互動關係。森正夫指出，所謂地域社會，是指爲了掌握歷史上形成的社會而設定的用語，其內含包括意識領域的認同與掌握地域實體，故其空間範圍是可流動的框架。邱琡雯，〈民眾史的思想與建構：以日本地域史的編纂爲例〉，《歷史月刊》2001 年 1 月號（2001.01），頁 103；森正夫，〈中國前近代史研究における地域社會の視点——中國冊史シンポジウム《地域社會の視点——地域社會とり－ダー》基調報告〉，《名古屋大學文學部研究論集：史學》第 28 期（1982），頁 201～223。

革，造成地方歷史資料不斷散逸，因此必須自哲學的觀點來獲得縣民支持；
1952 年《廣島縣史》的編纂亦指出其從追求進步的立場出發，為了正確把握
社會發展的動向，掌握與現代相適應的歷史意識和意義，故有必要先瞭解人
民周遭環境的歷史。〔註18〕

　　日本在戰後全國各都道府縣進行各自治體史纂修風潮下，自治體史的編
纂已有相當成果，甚至已曾有多次纂修者，如福井縣於 1956～1957 年（昭和
31～32 年）與 1982～1998 年（昭和 57 年～平成 10 年）曾有過兩次的《福井
縣史》編纂；福岡縣於 1962～1965 年（昭和 37～40 年）與 1981～2002 年（昭
和 56 年～平成 14 年）亦曾有過兩次的《福岡縣史》編纂。特別是戰後伴隨
著縣史編纂事業，各地均有《縣史研究》雜誌的發行，介紹縣史編纂的史料
或是相關的學術論文報告，有的地方在完成縣史編纂後，更將其編纂經過製
作成書，如 1962 年（昭和 37 年）的《福島縣史編纂記錄》與 1982 年（昭和
57 年）的《群馬縣史編纂的記錄》，為志書纂修過程留下記錄。

　　山口縣自明治維新設縣以來並非未曾從事過縣史編纂，日本學者廣田暢
久就曾將山口縣的縣史編纂事業劃分為四個時期。第一個時期為 1871～1885
年（明治4～18 年），此期間為配合明治政府推行皇國地志與國史的編纂事業，
曾有過地志、史料、舊記等的編纂事業；第二個時期為 1937～1945 年（昭和
12～20 年），此時期曾設立縣史編纂所於山口縣圖書館內，刊行有《防長歷史
曆》與《防長鄉土資料文獻解題一、二》等書；第三個時期為 1951～1959 年
（昭和 26～34 年），此期間是以《山口縣文化史》的編纂為中心，並整理出
「毛利家文庫」即「長州藩藩制史料」共五萬份交由「山口縣文書館」〔註19〕
保存、管理與公開展示；第四個時期為 1966～1980 年（昭和 41～55 年），此
期間是以紀念明治維新百年編纂的《山口縣政史》與《山口縣史料》為中心。
〔註20〕但就志書編纂形式而言，廣田氏所指的四個時期，僅能說是史料整理

〔註18〕王衛平，〈日本的地方史志編纂〉，《中國地方志》2000 年第 3 期（2000.03），
　　　　頁 50；木村礎，〈鄉土史・地方史・地域史研究の歷史と課題〉，收入朝尾直
　　　　廣等編集，《日本通史・別卷 2 地域史研究の現狀と課題》，頁 18～22。

〔註19〕山口縣文書館是以收藏山口縣的舊有文書與相關記錄，並提供民眾使用的場
　　　　所。於 1959 年（昭和 34 年）4 月成立，是日本最早成立的文書館，專門從事
　　　　有關山口縣行政文書與藩政史料的收集、保存、翻譯、編纂事宜。

〔註20〕廣田暢久，〈山口県歴史編纂事業史（其の一）〉，《山口県史研究》第 1 號
　　　　（1993.03），頁 135～137。

與編輯，不論是就文化史或是縣政史，均無法全面得知山口縣的歷史發展與近況。

　　不論是明治維新以後，抑或是在二次大戰後，當日本全國各地方自治體多已有從事都道府縣史編纂事業時，山口縣除了曾在 1934 年（昭和 9 年）刊行過 2 卷《山口縣史》，未有一部完整詳細的縣史。爲了使山口縣能自二戰後的混亂中實現對本國的再建與鄉土文化的再認識，並促進文化振興事業，山口縣終於在 1953 年（昭和 28 年）出現「山口縣地方史學會」，並協助縣內各市町村成立地方史研究團體，從事山口縣歷史的研究。〔註 21〕1981 年（昭和 56 年）7 月「山口縣地方史學會」召開臨時理事會，決議向山口縣政府提出縣史編纂的要求，同年 9 月草擬出〈關於山口縣史編修的請願書〉。〔註 22〕其後歷經數次的提案與修正，1984 年（昭和 59 年）「山口縣文書館」才在館內設置職員一名，從事有關新修《山口縣史》的編纂基本方針、組織機構與其他基本事項的調查研究，以作爲政府編纂縣史的參考。

　　1989 年（平成元年）山口縣地方史學會的名譽會長三坂圭治、會長臼杵華臣、副會長高橋政清與八木充四人正式向山口縣知事（縣長）平井龍提出編纂新修《山口縣史》的請願書。指出山口縣位於本州的西端，是連結本州、四國、九州的要道，也是對中國大陸和朝鮮半島的要衝地與門戶；因此山口縣不僅在中世時期有大內文化的蓬勃發展，甚至在幕末動亂時期，位居山口縣的長州藩更是推動明治維新的重要據點。爲了使縣民能對山口縣有更深層認識，實有編纂完整《山口縣史》的必要性。〔註 23〕可知山口縣地方史學會推動新修《山口縣史》纂修，除了回顧山口縣的歷史發展並展望未來外，主要希望藉由縣史編纂加深山口縣民對鄉土的關心與認識，以振興縣民文化；並欲將縣史做爲縣民財產的貴重歷史資料，傳諸後世。在各方人士的努力奔

〔註 21〕　「山口縣地方史學會」的前身爲 1929（昭和 4 年）成立的「防長史談會」。「防長史談會」爲最早從事山口縣歷史研究的地方團體，其後在 1937 年（昭和 12 年）改稱「防長文化研究會」，因受第二次世界大戰影響而中斷研究活動。戰後，在國家重建與鄉土文化再認識的風潮下，1953 年（昭和 28 年）在「防長史談會」的基礎上，成立「山口縣地方史學會」，其後並在山口縣內各地成立支部，帶動縣內各市町村成立地方史研究團體，全面展開對山口縣歷史與文化的研究。〈学会だより〉，《山口県地方史研究》創刊號（1954.11），頁 44。

〔註 22〕　〈山口県史編さんについて（要望書）〉，收入山口縣地方史學會編，《山口県地方史学会の 50 年》（日本山口：編纂者，2003），頁 19。

〔註 23〕　〈山口県史編さんについて（要望書）〉，收入山口縣地方史學會編，《山口県地方史学会の 50 年》，頁 19。

走下，山口縣政府終於在 1990 年（平成 2 年）於縣政府企畫部下配置專任職員，負責新修《山口縣史》相關的各項調查工作，1991 年（平成 3 年）在縣廳（縣政府）召開山口縣史編纂準備委員會，由知事平井龍宣佈以 16 年時間編纂 41 卷縣史的決定，並於 1992 年（平成 4 年）5 月 8 日在縣廳召開第一回山口縣史編纂委員會，結合各領域的專家學者，展開大規模新修《山口縣史》的編纂。〔註24〕

圖 4-2　1992 年山口縣地理位置圖

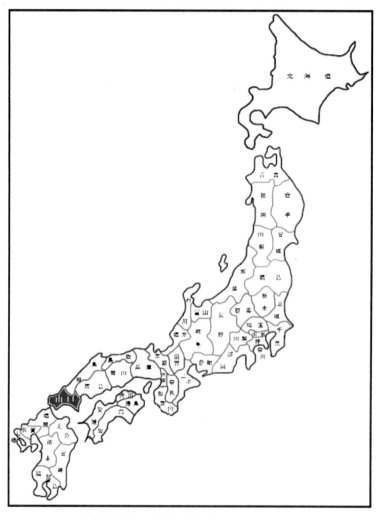

（資料來源：陳幼欣繪製，2012/11/07）

〔註24〕臼杵華臣，〈県史編纂への道程〉，《山口県史研究》第 1 號（1993.03），頁 12。

新修《山口縣史》的編纂於 1992 年（平成 4 年）正式啓動後，隨即於 4
月份制定縣史編纂委員會設置要綱，同時開設縣史編纂室，制定有「山口縣
史編纂大綱」以資遵循；5 月舉辦編纂委員會、企畫委員會與專門委員會，展
開縣史的編纂；6 月再任命調查委員與協力委員，完成了編纂組織體制的確
立。〔註 25〕《山口縣史》的編纂應包含下列七項方針：〔註 26〕

> （一）明確闡述山口縣自原始、古代至現代多彩的發展過程，指出
> 　　　其在歷史長流中扮演的角色與位置，以彰顯地域特色；
> （二）以山口縣的地理位置爲基礎，擴大進入世界史及國際關係的
> 　　　視野；
> （三）伴隨目前學界累積的豐富研究成果，以平易的文字敘述；
> （四）有關資料方面，需採取縣內與縣外大範圍的調查與收集，並
> 　　　有效利用；
> （五）以資料的提示爲重點來構成全書；
> （六）多加利用照片、插圖、統計資料等，以利縣民理解；
> （七）有關市町村各方面的相關資料，需依縣史編纂的狀況或成果
> 　　　按時向縣民公開，並期得到縣民的理解與協助。

　　山口縣政廳依據「山口縣史編纂大綱」設置編纂委員會，以縣知事任編
纂委員會會長，由相關學識經驗者、縣議會議員、行政機關職員擔任委員，
合計 17 人，另含顧問 1 人，任期爲四年一任，負責決定編纂過程中的重要事
項，一年召開一次會議；設置編纂企畫委員會，由專門部會的部會長組成，
內含委員長 1 人，委員 7 人，全由縣知事任命之，負責縣史編纂的企畫與調
整，此委員會一年召開 3 次會議，檢討大層面的問題；另有縣史編纂專門部
會，負責縣史各卷志的編集，各部會由部會長與專門委員 4～5 人組織而成，
負責縣史的調查、收集、執筆、編集事項，各部會一年召開 3 次會議，討論
縣史編纂過程遭遇到的困難與問題，其下編制有專門委員、調查委員、協力
委員三種職位，專門委員負責縣史的企畫、調查、收集、撰寫、編集；調查
委員負責縣史資料情報的提供與特定資料的調查；協力委員則是負責縣史的
資料調查、收集與撰寫，專門委員的任期爲三年一任，調查委員與協力委員

〔註 25〕〈編さん室報告〉，《山口県史研究》第 1 號，頁 166。
〔註 26〕〈山口縣史編纂大綱〉，收錄於山口縣環境生活部縣史編纂室編，《山口縣史
　　　　講演會講演錄》（日本山口：編印者，1997），頁 124。

的任期則均為二年一任。總計山口縣史編纂委員會至 2013 年（平成 25 年）6
月為止，編纂委員合計共有 208 人；此外，在山口縣史編纂過程中，另有事
務局，由縣府人員組成，隸屬於山口縣廳環境生活部縣史編纂室，負責縣史
編纂的行政相關事宜。由於新修《山口縣史》的纂修是屬於臨時性任務編組
型態，因此當縣史完成纂修後，編纂委員會與事務局亦需同時解散。

　　新修《山口縣史》共分成「通史編」、「史料・資料編」、「別編」；編纂
委員會依歷史時代的不同，將縣史析分為 8 個專門部會。其中，「原始・考
古部會」負責原始時代的資（史）料與歷史編纂；「古代部會」負責奈良時
代和平安時代的史料與歷史編纂；「中世部會」負責鎌倉、南北朝、室町、
安土桃山等時代的史料與歷史編纂；「近世部會」負責江戶時代的史料與歷
史編纂；「明治維新部會」負責幕末維新時期的史料與歷史編纂；「近代部會」
負責明治、大正、昭和前期的史料與歷史編纂；「現代部會」負責昭和後期
到現在的史料與歷史編纂；「民俗部會」則是負責有關山口縣的民俗事項編
纂。由於縣史纂修工程浩大，不僅纂修時間很長，參與編纂的人員亦不少，
因此必需要有相關的經費支持此一編纂事業的進行。新修《山口縣史》係結
合各領域的專家學者從事修志工作，於 1996 年（平成 8 年）起，陸續出版「史
料編」、「資料編」、「民俗編」、「通史編」、「別編」等各若干卷，目前仍在編
纂及出版中，預定於 2017 年（平成 29 年）完成全部卷志的編纂。〔註27〕

　　有關新修《山口縣史》的刊行總卷數，山口縣史編纂室原本預計縣史的
編纂期程為 1992～2007 年（平成 4～19 年），即以 16 年時間刊行 41 卷縣史，
其中包含通史編 7 卷（含民俗 1 卷）、資料與史料編 32 卷、別卷 2 卷（含統
計 1 卷、年表・索引 1 卷）。（表 4-2）然而 1998 年（平成 10 年）7 月時，編
纂人員有鑑於編纂工程浩大，部份卷志無法按原訂計畫編纂與刊行，故縣史
編纂委員會決定將縣史的編纂期程自原訂的 2007 年（平成 19 年），再延長十
年至 2017 年（平成 29 年）為止，預計總編纂時間為 26 年，並同時將卷志規
劃略作調整，使總刊行卷數由 41 卷增為 42 卷。〔註28〕（表 4-3）其後，在 2009
年時，又因編纂委員有感於「別編・統計」卷的內容與其他各卷在內容上的
同質性太高，故決定將該卷刪除，並將部分卷志的內容略作調整，因此刊行

〔註27〕有關新修《山口縣史》的編纂期程延長，以及經費預算追加等資料，係由山
　　　　口縣史編纂室相關人員提供。
〔註28〕〈県史編さん室からのお知らせ〉，收入山口縣史編纂室編，《山口県史の窓》
　　　　史料編・現代 1（日本山口：編印者，1998.09），頁 8。

總卷數又自 42 卷縮減爲 41 卷。〔註29〕（表 4-4）

　　新修《山口縣史》的卷志佈局是依照縣史編纂室的組織構成，分成「史料・資料編」等四大部份；其後，在「史料・資料編」之下，以編年體方式再細分爲原始・考古、古代、中世、近世、明治維新、近代、現代、民俗 8大部份。值得注意的是，由於在幕府末年許多推動政府改革的重要人士均出身長州藩（今山口縣境內），如大村益次郎、吉田松陰、木戶孝允、井上馨、山縣有朋、高杉晉作、伊藤博文等，山口縣可說是幕末時期推動改革的重鎮，故在編纂規劃時，特別將「明治維新」時期獨立出來，以顯示山口縣在幕末維新時期的角色及其要性。在刊行計畫中，除了「通史編」出版「原始・考古」、「古代」、「中世」、「近世」、「明治維新」、「近代」、「現代」部份的通史各 1 卷外，並出版「民俗編」1 卷。其中，「史料編」與「資料編」的不同在於，「史料編」是以公文書、檔案、日記等資料，而「資料編」則是指考古遺址出土的文物與口述訪談的資料。

　　「史料・資料編」計畫出版「考古」時期 2 卷，卷 1 爲山口縣的原始時代，卷 2 爲古代以後的的考古資料；「古代」時期 1 卷，收錄山口縣的古代相關史料；「中世」時期 4 卷，卷 1 爲中世史料的記錄、卷 2 與卷 3 爲山口內文書的收錄、卷 4 則爲縣內外文書與文學資料的收錄；「近世」時期 7 卷，卷 1與卷 2 爲政治史料的收錄、卷 3 與卷 4 爲經濟史料的收錄、卷 5 爲文化史料的收錄、卷 6 與卷 7 則爲諸家文書史料的收錄；「幕末維新」時期 7 卷，卷 1～卷 4 爲政治與社會史料的收錄、卷 5 爲經濟史料的收錄、卷 6 爲軍事史料的收錄、卷 7 爲文化與海外資料的收錄；「近代」時期 5 卷，卷 1～卷 3 爲政治、社會與文化史料的收錄、卷 4 與卷 5 爲產業與經濟史料的收錄；「現代」時期 5 卷，卷 1 與卷 2 爲記錄縣民的口述資料、卷 3 爲言論與文化史料的收錄、卷 4 爲產業與經濟史料的收錄、卷 5 爲政治與社會史料的收錄；「民俗」2 卷，卷 1 爲民俗志的考察與確認、卷 2 爲有關生活與環境資料的收錄。

　　由新修《山口縣史》纂修的規劃內容，可知是依資料性質的不同來分類，如劃分成史料編、資料編、民俗編；其次再在「史料・資料編」之下以時代先後爲劃分依據，自各時期的政治、法制、社會、經濟、產業、文化等不同面向從事編纂，待完成該時期史料或資料編的纂修後，就以各時期的史料與

〔註29〕〈山口県史の構成・刊行計画〉，收入《山口県史だより》第 22 號（2005.10），頁 8。

資料爲基礎纂寫通史，來重現與還原山口縣的歷史。可知新修《山口縣史》在編纂上已突破傳統方志「以類繫事」的模式，而是轉變爲注重史料的搜理與整理，並以時間的縱向的「以時繫事」方式來編纂，以還原歷史樣貌。

表 4-2　1992 年新修《山口縣史》編纂規劃

通史編		原始・古代、中世、近世、近代 1、近代 2、現代、民俗
史料・資料編	考古	考古 1（原始）、考古 2（古代以降）
	古代	古代（古代史料）
	中世	中世 1（記錄）、中世 2（縣內文書 1）、中世 3（縣內文書 2）、中世 4（縣外文書・在銘資料）
	近世	近世 1（政治 1）、近世 2（政治 2）、近世 3（法制）、近世 4（經濟 1）、近世 5（經濟 2）、近世 6（文化）、近世 7（社會）
	明治維新	幕末維新 1（政治・社會 1）、幕末維新 2（政治・社會 2）、幕末維新 3（政治・社會 3）、幕末維新 4（政治・社會 4）、幕末維新 5（政治・社會 5）、幕末維新 6（政治・社會 6）、幕末維新 7（政治・社會 7）
	近代	近代 1（政治・社會・文化 1）、近代 2（政治・社會・文化 2）、近代 3（政治・社會・文化 3）、近代 4（產業・經濟 1）、近代 5（產業・經濟 2）
	現代	現代 1（縣民的證言／體驗手記編（感想手札編））、現代 2（縣民的證言／聞き取り編（詳述編））
	民俗	民俗 1（民俗誌再考）、民俗 2（くらしと環境（生活和環境））
別　編		統計、年表・索引
合　計		41 卷

資料來源：「山口縣史編纂大綱」，收錄於山口縣環境生活部縣史編纂室編，《山口縣
　　　　　史講演會講演錄》（日本山口：編印者，1997），頁 124。

表 4-3　1998 年新修《山口縣史》編纂規劃（更新版）

通史編		原始・古代、中世、近世、幕末維新、近代、現代
民俗編		民俗
史料・資料編	考古	考古 1（原始）、考古 2（古代以降）
	古代	古代（古代史料）

	中世	中世 1（記錄）、中世 2（縣內文書 1）、中世 3（縣內文書 2）、中世 4（縣外文書・在銘資料）
	近世	近世 1（政治 1）、近世 2（政治 2）、近世 3（經濟 1）、近世 4（經濟 2）、近世 5（文化）、近世 6（諸家文書 1）、近世 7（諸家文書 2）
	幕末維新	幕末維新 1（政治・社會 1）、幕末維新 2（政治・社會 2）、幕末維新 3（政治・社會 3）、幕末維新 4（政治・社會 4）、幕末維新 5（政治・社會 5）、幕末維新 6（政治・社會 6）、幕末維新 7（政治・社會 7）
	近代	近代 1（政治・社會・文化 1）、近代 2（政治・社會・文化 2）、近代 3（政治・社會・文化 3）、近代 4（產業・經濟 1）、近代 5（產業・經濟 2）
	現代	現代 1（縣民的證言／體驗手記編（感想手札編））、現代 2（縣民的證言／聞き取り編（詳述編））、現代 3（政治・社會）、現代 4（產業・經濟）、現代 5（文化）
	民俗	民俗 1（民俗誌再考）、民俗 2（くらしと環境（生活和環境））
別　編		統計、年表・索引
合　計		42 卷

資料來源：〈縣史編さん室からのお知らせ〉，收入山口縣史編纂室編，《山口県史の窓》史料編・現代 1（日本山口：編印者，1998.09），頁 8。

表 4-4　2009 年新修《山口縣史》編纂規劃（再更新版）

通史編		原始・古代、中世、近世、幕末維新、近代、現代
民俗編		民俗
史料・資料編	考古	考古 1（原始）、考古 2（古代以降）
	古代	古代（古代史料）
	中世	中世 1（記錄）、中世 2（縣內文書 1）、中世 3（縣內文書 2）、中世 4（縣內文書 3、縣外文書、文學資料）
	近世	近世 1（政治 1）、近世 2（政治 2）、近世 3（經濟 1）、近世 4（經濟 2）、近世 5（文化）、近世 6（諸家文書 1）、近世 7（諸家文書 2）
	幕末維新	幕末維新 1（政治・社會 1）、幕末維新 2（政治・社會 2）、幕末維新 3（政治・社會 3）、幕末維新 4（政治・社會 4）、幕末維新 5（經濟）、幕末維新 6（軍事）、幕末維新 7（文化、海外資料）

	近代	近代1（政治・社會・文化1）、近代2（政治・社會・文化2）、近代3（政治・社會・文化3）、近代4（產業・經濟1）、近代5（產業・經濟2）
	現代	現代1（縣民的證言／體驗手記編（感想手札編））、現代2（縣民的證言／聞き取り編（詳述編））、現代3（言論・文化プランゲ文庫）、現代4（產業、經濟）、現代5（政治、社會）
	民俗	民俗1（民俗誌再考）、民俗2（暮らしと環境（生活和環境））
別編		年表
合計		41卷

資料來源：〈山口県史の構成・刊行計画〉，《山口県史だより》第26號（2009.10），頁8。

第二節　體例綱目

一、新修《台中市志》

　　體例是方志纂修時組織歸納材料的方式，綱目是將紛紜繁雜的資料分門別類，使安排於合乎邏輯的、全面的、系統的、主題突出的架構裡，以掌握歷史發展主軸。〔註30〕一般來說，方志質量的好壞多視志書的體例與綱目是否有其法度，惟有設定好編纂體例並擬定好完整綱目，才能有利志書的順利纂修。

　　戰後台灣的方志以新的內容、新的方法、新的體例為基本方針，以促進生活改進為目的，運用科學方法，著重實地調查研究，並廣泛觀點，重視政治經濟外的社會文化因素。而各學派所提倡的修志觀點與體例雖然不盡相同，但大致皆主張方志記載內容必須包括人類社會的一切活動與現象。〔註31〕

〔註30〕來新夏，《中國地方志》（台北市：台灣商務印書館，1995），頁194～196；洪敏麟，〈編輯地方志心得報告：以《草屯鎮志》、《大肚鄉志》為例〉，《台灣文獻》第49卷3期（1998.09），頁211。

〔註31〕為了因應時代與環境變遷的不同與纂修者觀念差異，因而出現許多不同的編纂體例與綱目，若承續「史志異同」的觀點，可將其體例區分成地理學派、歷史學派、社會科學派、綜合新體派、古體新例派、百科全書派、分科叢書派、復古正史派等八種。其中，地理學派以張其昀為代表，主張以新地理學的觀點來修志，著重利用土地資源；歷史學派以盛清沂、尹章義為代表，主

目前台灣的新修方志因受限於纂修人力和經費不足,甚至是各項學術專業與行政規範的問題,在纂修上多傾向採用分科叢書式的纂修方式;況且新修方志在纂修上既然採用以現代科學分類體系作為類目制訂標準,以求真的態度,運用新興社會科學視角,對特定區域歷史作研究,故在體例與綱目編排上,多已採用新式的章節體例纂修模式,不再拘泥於傳統的志書纂修方式,甚至出現以按照時代發展特性與各地域的特殊性,將志書纂修以專題探討方式來個別呈現,使志書在內容分類上更加精細。

新修《台中市志》是以 2004 年(民國 93 年)為纂修下限,在內容上是兼採政典和風物並列與「詳近略遠」的原則,著重台中市在戰後發展的記述,並以當時台中市轄有的八個行政區域為纂修範圍,轄區之外與台中市有關者則依其內容與性質酌量列入,是採用「分志體」的纂修方式將新修《台中市志》劃分成沿革、地理、政事、經濟、社會、教育、藝文、人物八分志各別纂修。〔註 32〕新修《台中市志》編纂團隊為符合「新修《台中市志》服務建議書」的規定,在 2003 年(民國 92 年)8 月提出的《台中市志編纂計畫案期初報告書》,先是以「分志體」將新修《台中市志》分成八個分志,採用各分志皆有獨立負責的主持人之編纂模式;其次,各分志主持人再依分志內容需要採用「章節體」列出纂修篇目,且大致能符合服務建議書的要求。〔註 33〕惟在纂修過程中不斷有新資料出現與補充,加上編纂團隊為期纂修順利,因此均會不定期召開纂修工作會報來討論各分志內容與分類標準。纂修工作會

張以史法來修志;社會科學派以陳紹馨為代表,主張新修方志應以社會科學觀點來著手,倡導區域研究;綜合新體派以林熊祥為代表,主張以科學方法修志,重證據、除偶像、務客觀,綜合地理學派、歷史學派與社會科學派對志書性質的主張;古體新例派以駱香林為代表,主張仿古志書之體例加以改造,強調古體新例;百科全書派以周憲文、張勝彥等人為代表,認為方志為區域之百科全書;分科叢書派以劉枝萬為代表,主張每一種書皆為獨立知識體,各有其體裁和撰述方法,因而須將某類屬二種以上的書籍彙合為一系列;復古正史派則是主張以正史體裁修志者,戰後台灣修志,議論者雖多,修志者亦眾,但尚不見有人持正史體例修志者。陳紹馨,〈新方志與舊方志〉,《台北文物》第 5 卷 1 期(1956.04),頁 2～3。高志彬,〈台灣方志之纂修及其體例流變述略〉,《台灣文獻》第 49 卷 3 期(1998.09),頁 199～201。

〔註32〕《台中市志》凡例,收入黃秀政總主持,孟祥瀚主持,新修《台中市志‧沿革志》。

〔註33〕黃秀政總主持,新修《台中市志編纂計畫案期初報告書》(台灣台中:國立中興大學,2003 年 8 月修訂版),頁 2-1～9-6。

報除了總主持人與各分志主持人可進行纂修意見交換與理念溝通外，編纂團隊在實際工作中遇到的困難，也需要尋求列席工作會報的台中市文化局人員給予行政協助，並參考審查委員對於團隊繳交之各期報告書所提供的意見相互討論，俾便適時對各分志內容作調整。

　　新修《台中市志》在歷經多次工作會報與審查會議，爲求能更加完善，因而經過台中市政府人員與學者專家多次討論，在市志規模與經費考量下配合時代發展與演變，後確定卷志佈局爲沿革志、地理志、政事志、經濟志、社會志、教育志、藝文志、人物志共 8 分志。志下分篇，爲發展沿革、大事紀、自然環境、都市發展、地名、古蹟與名勝、行政與自治、選舉、財政、地政、衛生及環境保護、警政與戶政、役政、司法、水利建設、農業、交通、工業、商業、金融、人口與姓氏、社會行政與設施、人民團體、社區發展、社會救助與社會福利、宗教信仰與風俗習慣、社會變遷、教育行政、教育設施、各級教育機關與社會教育、文學、藝術、文化行政、人物傳，合計 8 志 34 篇，篇下再細分章節目等項目，即是採取「以志統篇、分門別類」的「章節體」纂修方式。（表 4-5）新修《台中市志》各分志的篇、章、節皆爲獨立單元，尤其在「篇」的劃分是先行依內容屬性分類；在「章」的纂修上是以時代順序爲經，依統治政權不同，分成史前時代、荷西時期、鄭氏時期、清領時期、日治時期、二次大戰後六個時期，其次再按各分志的性質分列章次，各章之下按內容來分項訂定細目，是採取因事立篇，依篇分章與分章統節的纂修方式，以符合「以志統篇」的章節體纂修型態。

　　新修《台中市志》在體例上雖然是採用「分志體」分成 8 分志獨立編纂以志統篇的章節體纂修方式。但實際上各分志的體例與綱目擬定受到戰後不同學派提倡的修志觀點影響，並依照各分志性質與特色在內容上略作調整，在纂修體例與分類上實有差異性，可約略分爲三種體例。第一種爲使用「詳古略今」的纂修體例，此以〈沿革志〉爲代表。〈沿革志〉的纂修是爲了說明台中市的歷史沿革與發展，因此在體例與綱目編排上是以時間發展爲纂修依據，說明台中市在各時期的歷史沿革演變過程；特別是在下篇〈大事紀〉的內容編排，是採用以「時間爲經、事件爲緯」以時繫事的編年體方式將台中市發生過的重大歷史事件作記錄。就體例上而言，由於〈沿革志〉是在記述台中市的歷史發展，在人民對發生於近代的事情會較熟悉的條件下，重視過去歷史的探討與記錄，以收鑑往知來之效。故在章節安排是採取以統治者的

不同爲撰述主軸，將台中市的沿革發展以「詳遠略近」纂修模式作記錄，具有較濃厚的「史書」編纂性質，有別於其他分志採取「詳近略遠」的傳統「志書」纂修規範。

　　第二種爲採用傳統志書「詳近略遠」的纂修體例，包含〈地理志〉、〈政事志〉、〈經濟志〉、〈社會志〉、〈教育志〉、〈藝文志〉。〈地理志〉在體例綱目上，由於奠基於早期編纂的《台中市志・土地志》，故體例乃循〈土地志〉模式採取「以類繫事」纂修方式；但在綱目擬定上，除傳統自然環境、地理概況等綱目外，另設置有「都市發展篇」，將〈地理志〉的內容向上提升，顯示「地理志」的編纂不再只是侷限於傳統地理書著重自然地理方面的記錄，而是著重描述台中市的地理發展除自然環境的影響外，如何受到近代，特別是二次大戰後人文環境變遷而呈現出不同樣貌，爲其有別於傳統地理志之處。另外，〈政事志〉、〈經濟志〉與〈社會志〉亦是以「略古詳今」的原則與區域發展觀點來檢視台中市的政治、經濟、社會變遷。從綱目上可看出此三分志的纂修重心是放置於二戰後的台中市，如〈政事志〉的綱目除了有台中市政治發展過程外，尚包含選舉、地政、衛生等篇章，範圍雖廣泛，仍可發現是以二戰後的發展爲立基點；或是如〈經濟志〉的綱目是在說明台中市的經濟與各項產業發展間的特性，甚至是與產業發展相關的內外在條件。而由新修《台中市志・社會志》綱目可發現設置有「人民團體」與「社區發展」等專章，此誠爲配合台中市社會變遷發展出的新章節，爲早期編纂〈社會志〉時所罕見，深具時代發展的特殊性。至於〈教育志〉與〈藝文志〉也不同於早期將文化與教育合而爲一的〈文教志〉纂修方式，而是將教育與藝文獨立出來另成一志。自〈教育志〉的綱目可知其是以闡揚台中市教育發展的歷程，展現教育發展特色爲訴求，因而將重點放置在台中市的教育行政、教育設施、各級教育機關與社會教育方面；而〈藝文志〉的綱目亦是配合時代發展趨勢，分成「文學篇」與「藝術篇」、「文化行政篇」三部份，其中在藝術部份採取分章記錄台中市的美術、音樂、戲劇、舞蹈、建築的現代化發展過程，指出台中市的藝文發展如何在中國傳統藝文社會與西方藝文社會之影響下取得平衡，以彰顯台中市的藝文都會特質。

　　第三種爲專以人物記載爲中心的人物傳記纂修體例，此以〈人物志〉爲代表。該志的纂修多涉及傳主的事蹟與功過，許多評論需待其蓋棺後才能論定，因此是以「不爲生人立傳」原則，將歷史上對台中市有貢獻者依其屬性

不同，劃分成政治、經濟等十二個項目逐一入傳；再依傳主的生年先後排列撰寫，至於未知生年者，則依其事蹟之年代納入適當位置。自古以來，〈人物志〉的編修為志書纂修不可或缺的部份，過去歷史上的人物事蹟資料，特別是以地方為撰寫範圍時，除非是有過重大功績者，否則若僅以地域人物而言，資料實為有限，因此歷來的習慣多是採取將重心放在近代人物的記載，以便即時為後世留下珍貴史料。縱觀目前台灣出版的地方志在撰寫人物事蹟時，可發現多採取不同的編纂形式，如或有採取按生年排序撰寫；或有按卒年排序者，甚至有按傳主姓氏筆劃順序排序，乃至以統治時期的不同為劃分，再依性質不同作分類記載的撰寫方式。新修《台中市志‧人物志》採取先依屬性作分類再以傳主生年先後撰寫，誠如該分志主持人王振勳教授所言，是因為台中市的碩德耆老甚多，各領風騷且特質不同所致，故惟有分類記載才能更加彰顯其功績。〔註 34〕由於此種分類方式是採取依屬性分門別類的方式，重點放在人物記載上，因此在編纂時有別於其他分志以章體的方式呈現，而僅是改用分章統御不同領域貢獻卓越的人物專篇，書中計分 12 類。尤值稱道者，亦敘及對台中市卓有奉獻的外籍人士。

新修《台中市志》各分志之所以在綱目出現體例不相同的情形，是因為各分志的屬性原本就不同（如〈沿革志〉為歷史敘述；而〈人物志〉為人物撰述），故在體例上必須有所區別；再者，各分志的章節分類亦會避免內容的重複性太高，而採取「詳此略彼」與「詳彼略此」的模式，以配合方志纂修慣例，例如〈地理志〉與〈藝文志〉均有設置「建築」一章，但〈地理志〉是著眼於建築硬體設備的記載，如建築形式與特色；而〈藝文志〉則是著重於建築物的歷史沿革與人文利用之記錄。

綜合來說，新修《台中市志》的體例與纂修方式，仍是採用以類統篇，以時敘事的撰寫模式，先使用「分志體」將市志分門別類劃分出不同纂修主題，再依時間先後次序採用篇、章、節的「章節體」書寫形式來分層呈現出各分志的內容與特色並期畢載全史；而由各分志的綱目可知新修《台中市志》大多是採取「略古詳今」書法觀念，忠實記錄台中市在各領域的發展，見證其如何孕育各類思潮與文化，而這種纂修方式正是說明出志書為何必須在二十年或三十年後就要從事續修或重修的主要原因之一。

〔註34〕 王振勳，〈人物志主持人序〉，收入黃秀政總主持，王振勳、趙國光主持，新修《台中市志‧人物志》（台灣台中：台中市政府，2008）。

表4-5　2008年新修《台中市志》綱目

志　名	篇　名	章　節
沿革志	上篇　發展沿革	一、史前時代；二、荷西鄭氏時代；三、清代；四、日治時代；五、戰後時期
	下篇　大事紀	史前時代；荷鄭時代；清代；日治時代；戰後時期
地理志	第一篇　自然環境	一、區域；二、地質與地形；三、水文；四、土壤；五、氣候；六、環境變遷與自然災害
	第二篇　都市發展	一、清代台中地域的發展；二、日治時代台中市街的形成；三、戰後台中都市的變遷；四、台中都市的發展特色
	第三篇　地名	一、市名、區名沿革；二、傳統地名和街道名；三、地名的歷史、地理和文化意義
	第四篇　古蹟與名勝	一、古蹟；二、歷史建築；三、名勝
政事志	第一篇　行政與自治	一、行政；二、自治；三、戰後民主政治的發展
	第二篇　選舉	一、清代鄉治人員的舉充；二、日治時代的自治與選舉；三、戰後的自治選舉
	第三篇　財政	一、清代之稅捐；二、日治時代的地方財政；三、戰後的財政
	第四篇　地政	一、台灣初期的土地開發；二、清代的發展；三、日治時代的演變；四、戰後
	第五篇　衛生及環境保護	一、衛生行政概述；二、醫藥管理；三、醫療設施；四、防疫工作；五、衛生保健；六、環境保護
	第六篇　警政與戶政	一、清代的戶口與保安；二、日治時代的警政與戶政；三、戰後的警政；四、消防與救災；五、戰後的戶政
	第七篇　役政	一、清代台中地區的軍政設施；二、日治時代；三、戰後
	第八篇　司法	一、司法制度概述；二、台中地方法院；三、台中地方法院檢察署；四、台灣高等法院台中分院；五、台灣高等法院台中分院檢察署；六、獄政
經濟志	第一篇　水利建設	一、農田水利；二、水利工程
	第二篇　農業	一、自然環境；二、清代農業；三、日治時代農業；四、戰後農業；五、農民組織
	第三篇　交通	一、清代交通；二、日治時代交通；三、戰後交通
	第四篇　工業	一、日治前工業；二、日治時代工業；三、戰後工業
	第五篇　商業	一、日治前商業；二、日治時代商業；三、戰後商業
	第六篇　金融	一、金融概況；二、重要金融機構沿革

社會志	第一篇	人口與姓氏	一、人口；二、姓氏（氏族）與組織
	第二篇	社會行政與設施	一、前言；二、社會行政機構與組織；三、社會活動
	第三篇	人民團體	一、前言；二、社會團體；三、職業團體；四、宗教團體；五、合作事業
	第四篇	社區發展	一、社區發展組織；二、社區建設
	第五篇	社會救助與社會福利	一、社會救助；二、社會福利
	第六篇	宗教信仰與風俗習慣	一、宗教信仰；二、風俗習慣
	第七篇	社會變遷	一、前言；二、社會變遷；三、社會問題
教育志	第一篇	教育行政	一、清代以前；二、清代；三、日治時代；四、戰後
	第二篇	教育設施	一、清代以前；二、清代；三、日治時代；四、戰後
	第三篇	各級教育機關與社會教育	一、各級教育機關；二、社會教育
藝文志		文學篇	一、中區原住民族群與口傳文學；二、明清時期台灣中部漢文化的傳播與發展（1662～1894）；三、日治時代台中州的人文現象（1895～1945）；四、戰後台灣中部的人文現象（1945～1960）；五、從現代化思潮到多元文化的起興（1960～2005）
		藝術篇	一、美術；二、音樂；三、戲劇；四、舞蹈；五、建築
		文化行政篇	一、台中市的文化行政
人物志		人物傳	一、政事；二、軍事；三、經濟；四、宗教；五、醫術；六、教育學術；七、藝術；八、文學；九、志士義行；十、紳耆；十一、社會運動；十二、外籍人士

資料來源：黃秀政總纂，新修《台中市志》（台灣台中：台中市政府，2008）。

二、新修《山口縣史》

　　二次大戰後，受到敗戰影響，日本地方史志採取從地方立場來研究庶民生活史、社會經濟史；並以社會史的角度來強調國家鄉土特質，以建構世界史面貌。〔註35〕1940 年代末期，爲了紀念行政制度改革後的町村合併、慶祝新市誕生、紀念市制或是町制施行週年等因素，日本興起以編纂地方自治體

〔註35〕福尾猛市郎，〈地方史研究序說〉，《山口縣地方史研究》創刊號（1954.11），頁21。

歷史爲主軸的地方史志編纂事業；1960 年代初期，各自治體爲慶祝「明治維新一百周年」或是「廢藩置縣百年」，全國再度興起以「百年榮光」爲史觀的志書編纂熱潮，以展現對過去歷史的反省與肯定。此次編纂風潮是由各地方行政部門主動展開大規模村史、町史、市史，甚至是縣史的自治體史編纂工程，以描繪出該自治體的歷史發展與現況，並形成人民新的歷史意識，具有濃厚的「官製」自治體史傾向。〔註36〕

　　戰後日本的志書纂修爲了引起社會大眾的興趣與關注，書寫方式漸漸轉型成以保存地方史料爲基礎。此種書寫體例的差異，直接制約了志書的記載方式，即前者較偏重揭示現狀，而後者則較側重於記述歷史，並影響日後各自治體史的編纂。以 1971 年（昭和 46 年）出版的《福島縣史》爲例，《福島縣史》在編纂初期，即明確指出編纂目的是企圖以活用歷史資料方式來還原與重現福島縣的歷史發展軌跡，因此在體例上是使用可使縣民理解的各類型公私史料爲主，並彙集成「資料編」，再自「資料編」基礎上重建福島縣歷史；此種編纂方式不僅可增進縣民對鄉土的理解與發揚縣民的文化精神，更有助於新史料的發現。〔註37〕

　　新修《山口縣史》的纂修於 1992 年（平成 4 年）展開，體例綱目摒除傳統志書「以志統篇、分門別類」的纂修方式，分成「民俗編」等三類，並以「史料‧資料編」的史／資料搜集與整理爲編纂基礎，再將該編資料以時代先後劃分爲民俗、考古、古代、中世、近世、幕末維新、近代、現代等不同時期，最後再將各時期以社會、經濟、文化，或是政治角度從事內容編纂，以彰顯時代發展與特色。可知在體例綱目編排上是採用「以時繫事、以事分類」的編纂形式，即是以時間爲分類依據，再將各時代重要部份進行分類探討，形成「體例決定綱目、綱目反映體例」，不特別強調現況的記載，而著重過去歷史的還原與再現；且從綱目特別將「幕末維新」自近世編獨立出來，亦可知山口縣在幕末維新改革時曾扮演重要角色。

　　新修《山口縣史》雖然在整體上是以通史角度來從事編章規劃，但亦有

〔註36〕藤本篤，〈地方史誌の編纂事業〉，《山口県地方史研究》第 26 號（1971.11），頁 58；大濱徹也，〈近現代地方史の課題：地域の農民・兵士像をめぐって〉，收入齊藤博、來新夏主編《日中地方史誌の比較研究》（東京：學文社，1995），頁 107。

〔註37〕福島縣廳，《福島県史編纂記録：県史編纂十年の歷史》（日本福島：編纂者，1972 年），頁 1～11。

不盡相同之處。若就至 2013 年（平成 25 年）6 月底已出版的新修《山口縣史》
各卷編章綱目來看（表 4-6），各編的分類方式實不盡相同，例如在「通史編」
的「原始‧古代」卷，是分屬於「資料編」的「考古」卷與「史料編」的「古
代」卷。「資料編」是指在從事各類調查或研究時作為依據的證據，或是考察
時參考的調查統計結果與數據，包含既存文獻或是統計圖表等，在歷史學分
類上可通稱為「史料」，就性質又可再細分為一次資料與二次資料等不同層
級。〔註38〕「史料編」則是泛指歷史學者據以證明歷史事實存在或不存在的
資料，或是從事歷史研究不可或缺的材料，因此可以是文字性紀錄、口語傳
說，也可以是實物資料。但嚴格來說，「資料」與「史料」的差異性並不大，
甚至是可被視為同一屬性，因此有些地域在編纂治體史只使用「資料編」名
稱，例如 1977～1991 年（昭和 52 年～平成 3 年）編纂的《新編琦玉縣史》、
1982～1998 年（昭和 57 年～平成 10 年）編纂的《福井縣史》等；亦有使用
「史料編」名稱者，例如 1969～1981 年（昭和 44～56 年）編纂的《新北海
道史》、1974～1998 年（昭和 49 年～平成 10 年）編纂的《兵庫縣史》等；也
有兩種名稱皆使用者，例如 1973～1984 年（昭和 48～59 年）編纂的《栃木
縣史》與此次的新修《山口縣史》等。〔註39〕從新修《山口縣史》「資料編」
的「考古」卷之綱目編排可知，綱目是對縣內的史前考古遺址進行確認調查
與情報搜集，製作成各類表格提供人類學者或社會學者研究山口縣史前人民
生活與古代王權興衰過程的參考依據。「史料編」的「古代」卷則是除了正史、
古文書、文學等文獻史料編纂外，亦以木簡、金石文，或是土器等作為文字
史料，以還原山口縣古代史整體面貌。因此，兩者雖然是分屬「資料編」與
「史料編」，但具有相當的同質性。

〔註38〕一次資料是指原典或是實物；二次資料指的是經由人為的運用將一次資料作
　　　　整理或評論而成者，或是在一次資料的基礎上發展出新的資料，此種即歷史
　　　　學上所通稱的一手史料與二手史料。

〔註39〕1977～1991 年編纂的《新編琦玉縣史》共有 35 卷，内含「通史編」7 卷、「資
　　　　料編」26 卷，以及「別編」2 卷；1982～1998 年編纂的《福井縣史》共有 25
　　　　卷，内含「通史編」6 卷、「資料編」17 卷、「別編」2 卷；1969～1981 年編
　　　　纂的《新北海道史》共有 9 卷，内含「通說編」6 卷、「史料編」3 卷；1974
　　　　～1998 年編纂的《兵庫縣史》共有 25 卷，内含「通史編」5 卷、「史料編」
　　　　19 卷、「別卷」1 卷；1973～1984 年編纂的《栃木縣史》共有 33 卷，内含「通
　　　　史編」8 卷、「資料編」2 卷、「史料編」23 卷。

　　新修《山口縣史》的纂修分爲「通史編」、「民俗編」、「資料編」、「史料編」、「別卷」五編。〔註40〕除了「別卷」是編纂年表與索引、「民俗編」是以民族志的體例來從事編纂外，其餘皆是依據時代先後爲編纂主軸再進行分類記述。其中，「通史編」是以時間先後爲編纂順序，在「資料編」與「史料編」基礎上，以歷史敘述方式說明山口縣歷史發展，屬於典型的史書記載方式。但「史料編」的編纂除了是以時代先後爲劃分基礎外，又依各時代特色分門別類從事史料整理，使其在內容上呈現差異性。例如在「史料編」的「古代」卷，雖然是以史料記載先後爲編纂方式，但在「中世」卷卻是以「橫向分類」的方式分成日記、記錄、雜史等項目，並以地域爲單位來從事史料編纂。

　　另外，「近世」、「幕末維新」、「近代」、「現代」的綱目則是以各時期的政治、經濟、社會等不同方向來從事史料編纂，例如「近世」卷是將中世時期劃分成政治、經濟、教育、文化四方面來從事編纂，闡述毛利藩的各項政策與發展；「幕末維新」卷則是分成政治、經濟、軍事三方面來說明山口縣在幕末維新時期扮演的角色；「近代」卷則著重明治維新以後政治、軍事、經濟、教育的史料整理；「現代」卷則偏向記錄二次大戰後縣民的生活情形與現代社會發展。整體而言，是以「詳古略今」的史料纂修方式作爲編纂方針，以引發人民關懷過去歷史的宗旨。值得注意的是，「史料編」各卷在從事史料編纂時，皆是將同一時代的各卷以數字順序作爲卷志名稱，如「近世」卷分成「近世1」、「近世2」、「近世3」、「近世4」、「近世5」、「近世6」六個部份，因此無法直接從卷名得知該卷的史料爲何，必須從綱目編排才能得知編纂主軸，是屬於在「通史」編纂概念下，將新修《山口縣史》的各時期分成數個面相來編纂，既能維持整體的連貫性，又能顯示出各時期的特色。

〔註40〕相較於日本其他的地區在編纂自治體史時大多只設置「通史編」與「史料‧資料編」的情況下，新修《山口縣史》在編纂上還特別設置有「民俗編」來記載山口縣的民俗與居住地，以及民俗與縣民生活間的關係。按此種將「民俗編」獨立編纂的方式，似與近年來日本各地在編纂自治體史強調要傳承文化體系以振興地域的風潮有關，因此日本自1990年代編纂的地方自治體史，已有特別將「民俗編」獨立出來的趨勢。而探究其體例，可發現該編的體例實有別於其他編採取通史的編纂方式，而是將其重心放在記錄山口縣從古至今來的各項自然民俗、生活用語、生活類型等事宜，且由綱目可知該編的纂修體例應屬於「民俗志」的記錄方式。

表 4-6　2012 年新修《山口縣史》綱目（已出版者）

編 名	卷 名		目　　次
通史編	原始‧古代	第一編 人與環境	一、生態系中的人；二、地球史中的山口；三、人類時代的環境史；四、原始‧古代的環境變化‧土地開發‧災害；五、中世以降的環境變化‧土地開發‧災害
		第二編 最古的狩獵民	一、岩宿時代的自然與文化；二、岩宿時代的石製工具；三、石頭搬運：環周防灘文化圈
		第三編 土器生活	一、土器製作與生活的變化；二、定住生活的開始；三、繩文人的祈求；四、繩文人的臉與身體；五、渡海的人們；六、自採集生活走向農耕生活
		第四編 稻作的開始	一、農耕社會的成立；二、村落的生活；三、綻放於本州西端的土器文化；四、各種的工具；五、地域間的交流
		第五編 大王陵的營造	一、自墳丘墓到高塚墓（前期古墳）；二、巨大前方後圓墓的時代（中期古墳）；三、群集墳的盛行（後期古墳）；四、住居與集落；五、生產與流通；六、祭典的變化；七、鐵的工具；八、與朝鮮半島的交流；九、古墳人的臉和身體
		第六編 周芳‧穴門與大和王權	一、傳承的周芳‧穴門；二、周芳‧穴門的國造和縣主；三、向律令國家邁進
		第七編 周防國‧長門國與律令國家	一、周防國和長門國的成立；二、國府的構成；三、律令財政和正稅帳；四、軍隊與士兵；五、山陽道和海上交通
		第八編 律令社會和產業	一、周防‧長門的氏族；二、進出中央的氏族；三、條里制和土地開發；四、周防‧長門的封戶和古代莊園；五、長登銅山和東大寺；六、周防‧長門的鑄錢司
		第九編 律令國家的變化和周防國‧長門國	一、地方支配的變化；二、受領的地方支配；三、變動期的瀨戶內海海域；四、攝關期的周防‧長門；五、宮城和周防‧長門
		第十編 周防‧長門地域與東亞	一、關門海峽的角色與臨海設施；二、周防‧長門與大陸‧半島的交流；三、渤海使、唐‧新羅商人的來航與周防‧長門；四、對外緊張和周防‧長門地方
		第十一編 周防‧長門地方的信仰和文化	一、周防‧長門地方的古代寺院；二、國分寺的創建；三、神祇信仰和周防‧長門的神社；四、末法的到來；五、自文學看周防‧長門地方

民俗編	總論	
	第一編 居住地和生活	一、自然的民俗；二、村落的組成和相互扶助；三、生活的用語；四、生活的類型；五、人類・工具・環境的相互關係；六、男女的角色；七、生老病死的民俗和人生的危機管理；八、死者和祭祀
	第二編 生存於變化中	一、依農爲生；二、生活改善和村落生活；三、島的生活和娛樂；四、舞蹈的傳承；五、故鄉的民俗；六、巨文島生活記；七、生活和民俗的方式
資料編	考古1	一、總論；二、自然環境；三、時代概說；四、個別遺跡解說；五、特論；六、集成圖；七、名所一覽；八、用語解說；九、遺跡地名表；十、文獻目錄
	考古2	一、總論；二、個別遺跡解說；三、特論；四、集成圖；五、個別遺跡解說補遺；六、名所一覽；七、用語解說；八、遺跡地名表；九、文獻目錄
	民俗1	一、島與海的民俗；二、山間地的民俗；三、自然與民俗；四、空間與民俗；五、村落的民俗；六、生老病死的民俗；七、女性和民俗；八、生活和民俗；九、物品和民俗；十、各行各業的民俗
	民俗2	一、山居生活；二、沿海生活；三、田園生活
史料編	古代	一、神話・傳承；二、飛鳥時代；三、奈良時代；四、平安時代；五、別編
	中世1	一、日記；二、記錄；三、紀行；四、傳記・家譜；五、實錄・雜史；六、軍記物語；七、說話・往來物；八、對外關係・國外史料
	中世2	一、大島地區；二、玖珂地區；三、熊毛地區；四、都濃地區；五、佐波地區；六、吉敷地區
	中世3	一、山口縣文書館；二、厚狹地區；三、美禰地區；四、大津地區；五、阿武地區
	中世4	一、文書編；二、豐浦地區；三、縣外所在；四、補遺
	近世1上	一、毛利三代實錄；二、毛利四代實錄
	近世2	一、幕藩關係史料；二、本支藩關係史料；三、萩藩近世前期主要法制史料集
	近世3	一、領知關係史料；二、檢地關係史料；三、財政關係史料；四、年貢・郡村費關係史料
	近世4	一、城下町的形成和展開；二、瀨戶內的地域特性；三、北浦的地域特性；四、水上交通和港町；五、經濟指標
	近世5	一、學問和思想；二、教育；三、宗教；四、朝鮮情報；五、祭禮；六、繪畫和工藝；七、俳諧；八、其他
	近世6	一、武家文書；二、萩藩領諸家文書

幕末維新 1	一、天保期的農民事件；二、天保期的村落
幕末維新 2	一、有關御儉約情況呈報官署一事之所有裁斷紀錄、二、御呈文書記錄；三、有關地方提出之御改政文書；四、流弊改正記錄；五、講歷秘策；六、防禦異賊津貼記錄
幕末維新 3	一、安政四丁巳日記（官記）；二、安政四丁巳日記（私記）；三、安政五戊午日記（官記）；四、文久二壬戌日記（公私記）；五、慶應二丙寅日記
幕末維新 4	一、藩廳中樞的動向；二、大島口之戰；三、藝州口之戰；四、石州口之戰；五、小倉口之戰
幕末維新 5	一、幕末期經濟關係史料；二、明治期經濟關係史料
幕末維新 6	一、諸隊關係編年史料；二、諸隊的組織
近代 1	一、山口縣的成立；二、地方行政和地方議會；三、地租改正；四、協同會社；五、士族授產；六、軍事・警察；七、萩之亂及其周邊；八、自由民權的各種運動；九、宗教制度的再編；十、新式學校和教育；十一、明治初年的社會情況
近代 2	一、縣政的展開；二、日清・日露戰爭和山口縣；三、日露戰後的地方改良運動；四、教育和文化；五、縣民生活和救濟；六、移民和移住
近代 4	一、經濟概況和勸業政策；二、農林畜產業；三、水產業；四、捕鯨業；五、鹽業；六、礦業；七、傳統產業的展開；八、近代工業的勃興；九、商業和金融；十、產業經濟基礎的整備
近代 5	一、經濟概況和產業政策；二、農林畜產業；三、水產業；四、傳統產業的展開；五、礦業和石灰業；六、工業區的形成和展開；七、商業和金融；八、產業基礎的整備
現代 1（縣民體驗編）	一、從軍和戰敗・拘禁；二、空襲和原爆被爆；三、戰前・戰時下的生活；四、戰時下的學校和青少年；五、戰敗回憶；六、自教育看昭和史；七、戰後的學校和小孩；八、激動的戰後生活；九、戰後的職業生活
現代 2（縣民敘述編）	一、關於縣政；二、關於產業；三、關於社會；四、縣民的戰後史
現代 3（言論・文化）	一、農村的民主化和青年；二、職場的言論和文化；三、學生和教育者；四、社會現象和輿論；五、戰後精神的各個面相

第三節　編纂者

　　志書質量的優劣多取決於編纂者的素質，其中尤以「總纂」的責任最爲

重大。傳統地方志纂修認為志書編纂者的任務只有忠實地搜集與編排資料，不可有個人觀點，因為方志編纂目的並非在仔細說明歷史發展的過程，而是要以詳實記錄的方式來反映該地域的自然與人文概況，以作為其他學科從事相關研究時的基礎資料，所以在志書纂修過程中不應該發表纂修者個人的見解或對事物的看法，只能忠實從事各項史料搜集與整理，以發揮方志的「存史」功能。但亦有學者提出，地方志的纂修特別是鄉鎮志的纂修，除了分析當地歷史趨勢並解釋其變遷原因與檢討傳統文化的優劣得失之外，也應該對未來發展方向提出展望和建言，所以在纂修上要採取「論述並重」的「撰修」，而非「述而不作」的「編纂」模式。〔註41〕

　　修志者的期許決定所修之志的功用面向。自古以來，地方志纂修不可避免地會受到人為因素影響，正如學者宋伯元指出，儘管方志的執筆者立場超然，但那也只是相對的說法，無論如何，仍不會失去基本立場，所記史事，雖是純客觀的事實記敘，但遣詞用字，仍含有褒貶的意義。〔註42〕特別是在志書編纂受到纂修期限的長短與纂修規模大小等外在因素限制，編纂者為了要在一定時間與篇幅內完成纂修工作，對於史料的選擇與應用必然要有所取捨，故而不免會涉及到編纂者的主觀意識，或是整體社會氛圍影響。因此，編纂者在從事志書纂修時，如何將主觀意識降到最低就成為極為重要的課題。

一、新修《台中市志》

　　戰後台灣的方志纂修，隨著政治、經濟及社會形勢變化而有不同的方式，特別是在 1987 年（民國 76 年）「解嚴」〔註43〕前所編纂的志書，內容受到當

〔註41〕 王良行，〈鄉鎮志撰修的新取徑〉，收入中興大學歷史系編輯，《海峽兩岸地方史志／地方博物館學術研討會論文集》（台灣南投：台灣省文獻委員會，1999），頁 244～245。

〔註42〕 宋伯元，〈漫談方志編纂問題〉，《台灣文獻》第 34 卷 4 期（南投：1983.12），頁 1。

〔註43〕 1948 年 12 月 10 日，由於國共內戰情勢對中國國民黨執政的中華民國政府趨於不利，中華民國政府在全國實行戒嚴，史稱第一次全國戒嚴令，而與戰場較遠未受到影響的新疆省、西康省、青海省、台灣省、西藏地方則不在範圍之內。直到 1949 年 5 月 20 日，台灣省全境宣佈戒嚴。《台灣省戒嚴令》頒布後，中華民國政府在中國大陸的統治情勢持續惡化，1949 年 7 月 7 日，代總統李宗仁發佈了第二次全國戒嚴令，中華民國政府於 1949 年 12 月遷抵台北市，而中國大陸大部分領土則被中國共產黨控制，兩岸開始進入長期對峙狀態，此戒嚴令開始成為中華民國政府在台穩固統治的重要法律，並等同宣布

政者政治力量干涉與整體社會氛圍影響，導致志書史料的選擇與運用、記載方式容易隨著纂修者的意識型態而有所不同。例如，二次大戰後的台灣，在國民黨統治下，是以「三民主義」為宗旨喚醒台灣人的「民族意識」，以建立台灣人民對國民黨政府的認同，因此纂修的志書具有官方色彩。尤其在戒嚴體制之下反共意識與中國教育籠罩一切，形成在政治上由「中央」主導「地方」；在教育上重視「國家課程」排斥「鄉土課程」；在情感上「國家意識」擠壓「鄉土意識」的情況，反映在志書的卷志佈局上，則可見到「革命志」、「光復志」等卷志的出現，不僅強調台灣人民遭受異族侵略或統治時的反抗意識，並陳述台灣人在戰後回歸中華民國政府時的歡欣之情，以激發民眾愛國愛鄉精神。〔註44〕更有甚者，則是在志書出現為特定政黨宣揚政績的文字，例如《台灣省通志·光復志》在論及戰後初期中國國民黨台灣省黨部成立及其對當時台灣人民國籍恢復給予行政協助時，除大力宣揚該黨政績外，並在行文中使用「本黨」等用詞，明顯是以中國國民黨黨員身份將黨務活動記錄於書中。〔註45〕

有鑑於此，志書編纂者如何在纂修過程避免淪於意識型態框架，並使用客觀性的用語來還原史實以纂修出質量並重的志書，就成為重要之事。新修《台中市志·教育志》主持人林時民在從事「教育志」纂修時，即指出其在纂修過程中發現早期纂修的志書中記載有悠久歷史之老學校，皆是使用民國

台灣處於如戰爭般的緊急狀態。〈台灣省戒嚴令〉正式名稱為〈台灣省警備總司令部佈告戒字第壹號〉，是中華民國台灣省政府主席兼台灣省警備總司令陳誠於 1949 年 5 月 19 日頒布的戒嚴令，內容為宣告自同年 5 月 20 日零時起在台灣省全境（當時包含台灣本島、澎湖群島及其它附屬島嶼）實施戒嚴，至 1987 年 7 月 15 日由總統蔣經國宣佈解嚴為止，共持續了 38 年又 56 天之久。在台灣歷史上，此戒嚴令實行的時期又被稱為「戒嚴時代」或「戒嚴時期」。1980 年代中期開始，台灣開始出現要求徹底解嚴的運動，尤其以 1987 年 5 月 19 日民主進步黨於台北市中山堂舉行的「五一九綠色行動」最為重要，示威抗議的民眾高舉「只要解嚴、不要《國安法》」、「百分之百解嚴」等標語。1987 年 7 月 14 日，中華民國總統蔣經國頒布總統令，宣告自同年 7 月 15 日凌晨零時起解除在台灣本島、澎湖與其它附屬島嶼實施的戒嚴令，簡稱「解嚴」，在台灣實施達 38 年又 2 個月的戒嚴令自此走入歷史。維基百科：「台灣省戒嚴令」http://zh.wikipedia.org/wiki/%E5%8F%B0%E7%81%A3%E7%9C%81%E6%88%92%E5%9A%B4%E4%BB%A4（2011/07/11）

〔註44〕郭佳玲，〈論戰後台灣縣（市）志的纂修（1945～2008）〉，《台灣文獻》第 61 卷 1 期（2010.03），頁 225～227。

〔註45〕張炳楠監修、林衡道主修，《台灣省通志·光復志》（台灣台中：台灣省文獻委員會，1970），頁 60。

紀元來記載日治時期的史事，舛訛明顯，不僅不能得其真實，反而易招致有大漢沙文主義之譏，因而欲藉此次「教育志」的纂修來回復其原本面目，並具體表述，以符合史筆之端。〔註46〕由上述可知，從事志書編纂除了編纂者要力求秉持客觀理性的立場與實事求是的態度外，亦須具備現代觀念，配合其他配套措施，如指導委員會成立與審查制度的施行等，使志書內容達到客觀與公平，具有一定的深度與廣度。

　　至於對志書編纂者的挑選與身份限制方面，理想的情況是認為惟有在地人才會對在地的歷史沿革有清楚認識，因而主張採用「以在地人纂修在地史」的方式來從事志書纂修。然而，此處所指之「在地人」除了指出身在該地者外，亦應泛指長期在該地生活與工作者，或是與該地域有一定地緣關係者，如此對於地域資訊才能有效掌握。但是，實際情況並不能盡如理想規劃的順利，尤其是修志人員的培養，需要一定時間的培育與訓練；再加上早期的志書纂修多由政府主導，纂修者由政府職員負責，雖不乏有豐富的修志經驗者，但若是遇到主其事者缺乏志書纂修的概念與經驗，難免會影響志書品質。有學者指出1970年代開始，台灣各縣（市）的文獻委員會陸續遭到裁撤，導致地方政府在從事志書纂修時，多改由各地方政府的文獻課負責，因而在人力有限與經費不足的條件下，執筆人大多為未受過文獻編纂訓練者，因而提出各個門類的編纂者最好是兼具史學涵養之各該門類的專家學者，不然至少必需是兼具史學涵養之具有各該門類學養或訓練者。〔註47〕

　　高志彬也曾指出台灣志書在1973年（民國62年）以前，因台灣省文獻委員會從事資料的調查與採集，部份縣市之主其事者勇於任事，本土學者與流寓人士之積極參與，修志成果斐然可觀；然而在1973年以後，由於各縣（市）文獻會陸續遭到裁撤，為進行志書重修，學院中人開始應聘主持修志工作，學術研究與志書纂修結合，理應為台灣方志纂修的新貌，然而戰後台灣編纂的地方志書，編纂人員可分成八大類型，即（一）集體編纂而由一人總其成（二）分篇纂稿有如叢書（三）公職人員編纂有如公牘文書（四）教師集體編纂（五）地方熱心人士編纂（六）研究專業人員編纂（七）「修志

〔註46〕林時民，〈台中市志・教育志主持人序〉，收入黃秀政總主持，林時民主持，新修《台中市志・教育志》（台灣台中：台中市政府，2008），頁5。

〔註47〕張勝彥，〈編纂地方志之淺見〉，收入東吳大學歷史學系主編，《方志學與社區鄉土史學術研討會論文集》（台北市：台灣學生書局，1998），頁71～78。

專家」〔註 48〕編纂（八）一人修志的類型；並指出志書編纂易受編纂單位的性質、修志人員的態度、纂稿人員素質的差異，而呈現不同特質。其隨後又指出戰後迄今纂修的志書，主其事或參與修志雖不乏勇於任事至神形俱困者，且所編志書不乏編纂嚴謹、考訂精詳、資料豐富、纂輯精審者，但爲數眾多的志書或於體例不知講求，或於纂述不知方法，甚至有不知志書爲何物而虛應故事，草率從事者更多。〔註 49〕戰後台灣方志因政府行政組織不同，纂修人員亦歷經過不同階段。其中，縣（市）志的纂修者共歷經過縣（市）文獻會修志、縣（市）民政局修志與學者主導修志三個類型；而鄉鎮（市區）志的纂修者，則可分爲（一）學者型（二）文獻委員型（三）「文化包商」〔註 50〕型（四）地方人士型（五）民間人士型（六）行政人員型（七）由上述兩種型態人員以上所組成的合成型，合計共七種類型。〔註 51〕值得注意的是，自 1987 年政府解除戒嚴後，受到台灣本土意識高漲影響，鄉土文化逐漸成爲社會大眾關注議題，各地方政府爲宏揚鄉土意識與發揚地方文化，在人力與經費等因素的考量下，1990 年代以後逐漸採用以「官學合作」的「政府主持、學者參與」之「學者型」委託研究案方式取代以往由文獻會主導的方式來從事纂修，使學界人士得已大量投入地方志書編纂行列。

〔註 48〕「修志專家」是學者方豪爲纂修志書在兩部以上者所創造出的專有名詞，方豪認爲當他們在修第二部志書時，必能運用前一部志書裡所獲得的經驗。方豪，〈修志專家與台灣方志的纂修〉，收入氏著，《方豪六十自定稿》上冊（台北市：台灣學生書局，1969），頁 647。

〔註 49〕高志彬，〈台灣方志纂修概況與內容特質〉，《台灣史田野研究通訊》第 15 期（1990.06），頁 40～43、〈台灣方志之纂修及其體例流變述略〉，《台灣文獻》第 49 卷 3 期（1998.09），頁 192～193。

〔註 50〕所謂「文化包商」是指以類似企業組織的形式來包覽「方志工程」，在台灣的文化包商代表爲中華綜合研究院，以及漢皇文化事業機構。「文化包商」的出現，意味著在社會富足、經費充裕、鄉鎮志纂修需求高，以及地方政府不再裁量或擔心「犯禁」的社會條件配合之下，方志這種地方知識的生產變成工廠式的生產，不但產品規格代、生產標準化，而且進行裁量，形成知識工業的新型態，且其編纂方志的共同現象是編志模式的一致化，甚至於不同地區的方志凡例、篇目，以及內容完全一樣，可以說是普遍使用電腦後的特有產物之一。林玉茹，〈地方知識與社會變遷：戰後台灣方志的發展〉，《台灣文獻》第 50 卷 4 期（1999.12），頁 257、264。

〔註 51〕黃秀政、郭佳玲，〈戰後台灣縣（市）志的纂修：以新修《台中市志》爲例〉，收入國史館台灣文獻館編輯，《方志學理論與戰後方志纂修實務國際學術研討會論文集》（台灣南投：國史館台灣文獻館，2008），頁 189～192；林玉茹，〈地方知識與社會變遷：戰後台灣方志的發展〉，《台灣文獻》第 50 卷 4 期，頁 241。

　　目前台灣各級地方政府缺乏常設性的地方（史）志行政部門（辦公室），故地方志書的籌畫常隨主政者政策與理念而有所不同，因此官學合作的學者型纂修方式亦呈現出不同的委託模式。黃秀政指出近十多年來國史館台灣文獻館纂修《台灣全志》與各縣（市）政府纂修縣（市）志，其纂修模式約可分為三種：（一）國史館台灣文獻館纂修《台灣全志》的模式。即《台灣全志》凡 12 卷，各志為 1 卷，加上卷首、卷尾，合計共 14 卷，字數約二千萬字。各志全部委外纂修，除卷首、卷 1 大事志、卷 10 職官志合為一個招標案外，其餘各志均獨立為一個招標案；（二）《續修新竹市志》、《嘉義市志》、《續修澎湖縣志》、《續修花蓮縣志》、新修《台中市志》、《嘉義縣志》、《南投縣志》、《桃園縣志》、《續修台中縣志》、《屏東縣志》之模式。即由各縣（市）政府委託一所大學或學術研究機構組成纂修團隊，承接該縣（市）志的纂修。這種模式對委託的縣（市）政府較為方便省事，故目前縣（市）政府較常採用。但缺點為縣（市）志卷帙浩繁，而纂修團隊因係臨時編組，協調不易；同時各志篇纂修品質與進度亦時見參差，部分志篇未能通過審查，反而造成委託單位的困擾，甚至雙方對簿公堂，尋求解決方案。此則當非雙方原來願望。（三）《重修苗栗縣志》的模式。該除卷首、卷末外，共 34 志，各志僅一篇，每篇自成一個纂修計畫案，由縣政府直接委託；另由苗栗縣文化局（2007 年更名為國際文化觀光局）聘請該縣文史專家、前苗栗縣大成高中校長陳運棟為總纂，協助文化局推動縣志纂修事宜。〔註 52〕

　　不論是何種的纂修委託模式，有鑑於地方志書的纂修不僅是單純抄錄資料，而是要經過考證後去偽存真、汰蕪取精的研究，才能史料編入志書，故為了確保志書品質，漸漸會對纂修者有身份與資格上的限制，且此身份資格的限制已成為台灣各級政府機關在推動志書纂修的必要條件之一。〔註 53〕編

〔註 52〕黃秀政，〈《續修台北市志》纂修計畫〉，《台北文獻》續修台北市志纂修專輯（2012.03），頁 3～5。

〔註 53〕2003 年（民國 92 年）由台中市政府推動的新修《台中市志》纂修計畫案，即在投標須知中規定投標者之總編纂（總主持人）應具備現任教授，或是相當於教授之學術研究機構研究員資格，或是具博士學位，曾任政府機關（構）委託編纂志書、史書、文獻等之總編纂或相當於總編纂之職務，而各分志編纂（或主持人）則應具備副教授，或相當於副教授之副研究員以上資格，且對所負責卷志之主題學有專精、富有研究者；2006 年（民國 95 年）由國史館台灣文獻館推動的《台灣全志·教育志》纂修計畫，亦在招標文件中規定計畫主持人須具備國內外合法立案之公私立大學碩士以上學位並具該志纂修志篇研究專長領域（即學經歷）或有著作者，且計畫主持人並不得同時擔任二

纂地方志是工程浩大的文化建設事業之一，除了要有足夠的纂修經費物力，又要有高素質的修志團隊人力，故而如何選擇優良的纂修團隊就成爲政府部門在倡修方志時的優先考量，特別是總纂（總主持人）的聘請必須更加愼重其事，莊金德曾指出「此職最爲重要，自來修志者，得其人則成；不得其人則敗；千古一揆，可以爲鑑」。〔註54〕因此，若是能由富有編纂方志經驗的學者專家來擔任總纂，必能組成具有學術水準和責任心的纂修團隊，除了能在纂修期程內完成志書編纂，亦能兼顧志書品質。

2003 年（民國 92 年）2 月，台中市政府依法上網公開徵求新修《台中市志》一事，最後由國立中興大學組成的團隊得標。進一步解析新修《台中市志》纂修團隊，可知該纂修團隊的總主持人黃秀政在此纂修案之前即曾擔任《鹿港鎮志》纂修計畫的總主持人兼「沿革篇」主持人、《戰後大里的經濟發展與社會變遷》、《台中縣海線開發史》、《九二一震災災後重建實錄》等多部史志書的纂修經驗，可說具有豐富的修志與志書總纂實務經驗。〔註55〕其經歷簡述如下：〈沿革志〉主持人孟祥瀚曾參與過《台東縣史·開拓篇》與《成功鎮志·歷史篇》的志書纂修；〈地理志〉主持人陳國川則曾有《台東縣史·產業篇》與《鹿港鎮志·地理篇》等志書的編纂；〈政事志〉主持人王志宇則是先後參與過《集集鎮志·政事篇》、《竹山鎮志·政事篇》、《苑

個以上（不含本案）之政府機關委辦修志計畫主持人、參與該計畫之撰稿人員須具備各該纂修志篇研究專長領域（即學經歷）或有著作者；2010 年（民國 99 年）由台北市文獻委員會推動的《續修台北市志·文化志》纂修計畫，亦在招標文件中即明文規定其撰稿人必須爲現任／曾任國內公私立大學（含獨立學院）歷史學系所或各篇內容相關系所助理教授（含具博士學位的講師）以上之教師；或是現任／曾任國內學術研究機構歷史學或各篇內容相關研究所助理研究員（含具博士學位的研究助理）以上人員。清楚規範各志主持人及撰稿人的資格。台中市政府，《〈台中市志〉編纂計畫案委託專業服務投標須知〉、國史館台灣文獻館，《〈台灣全志·教育志〉委託專業服務招標須知〉、台北市文獻委員會，《〈續修台北市志·文化志〉纂修計畫補充投標須知〉。

〔註54〕莊金德，〈台灣省通志稿增修的經過與整修計劃的擬訂〉，《台灣文獻》第 20 卷 2 期（1969.06），頁 176。

〔註55〕民生報記者樊天璣指出：「黃秀政這次邀集編纂《台中市志》的學者都是一時之選，並且都有編纂方志的經驗，黃秀政八十三年擔任《鹿港鎮志》纂修總主持人，曾獲得國史館台灣文獻館前身的台灣省文獻委員會文獻書刊類的特優獎；另外八位學者孟祥瀚、陳國川、王志宇、蕭景楷、陳靜瑜、林時民、陳器文、王振勳都各有專長。」樊天璣，〈四縣市編修地方志冷熱有別〉，《民生報》CR2 版，2003 年 8 月 2 日。

裡鎮志‧政事篇》等十三種鄉鎮志〈政事篇〉的纂修；〈社會志〉主持人陳靜瑜曾有《芳苑鄉志‧社會篇》的纂修經驗；〈藝文志〉主持人陳器文曾參與《重修台灣省通志‧藝文志文學篇》的纂修；〈人物志〉主持人王振勳曾擔任《苑裡鎮志》纂修計畫總主持人，皆有豐富志書纂修經驗。除上舉之外，〈經濟志〉主持人蕭景楷、〈教育志〉主持人林時民、〈人物志〉的共同主持人趙國光皆是首次參與實務性的志書纂修，但三位學者均為在其研究領域中夙有聲望並具實際研究成果。例如蕭景楷長期以來即關注台中市的經濟發展，以經濟學的專業結合方志學理論來從事〈經濟志〉的纂修，彰顯志書纂修科際整合（interdisplined）的重要性；林時民則是長期對中國方志學理論的建立者章學誠（1738～1801 年）素有研究，對章氏參與多種方志纂修的經驗有深入瞭解，藉此可將中國傳統的修志理論有效運用在〈教育志〉的纂修並檢證章氏理論；趙國光則是除了具有深厚的史學素養外，擅於訪求逸文軼事且有獨特的見解，實有助於〈人物志〉的纂修。所舉之例，皆可驗現戰後撰志需求的演變，至於其他縣市亦如然，合乎時代新需求，則不復贅舉其例，可由此覘一知百。

　　凡上可悉 1980 年代以後台灣的方志纂修傾向採取以某一個學術單位為主體，組成纂修團隊去承接志書纂修事宜，或是由委託單位聘請一位學者或文史專家擔任總纂，協助推動志書纂修事宜。不論是採取何種委託方式，待志書纂修完成後，該纂修團隊即同時自動解散，均是屬於任務編組的性質。新修《台中市志》纂修團隊，是由台中市政府文化局文化資產課以上網公開招標方式，在多個投標團隊中評選出最具纂修實力且與台中市有深厚地緣關係的中興大學團隊來承接纂修事宜。由表 4-7 可知中興大學團隊是以科際整合的趨勢結合歷史學、地理學、經濟學、社會學、文學等不同學術專長的教授，就台中市的開拓與發展詳予記錄與探討，分程立限，分工合作，屬於典型科際整合下的「官學合作」纂修模式。就整體上來說，雖然新修《台中市志》係屬中型規模的纂修計畫案，但其纂修團隊對於修志理論均有深厚研究並富修志經驗；加之總主持人與各分志主持人除具學術專業背景外，兼有豐富行政經歷，實大有助於在志書的完成竣事。搜集史料與佐撰工作，對研究生日後撰史功力的培養與工夫的冶煉，均大有補益，此則又是撰志之外，值得稱道的盛事。

表 4-7　新修《台中市志》纂修團隊名單

主 持 卷 志	主　持　人	助　理
卷首、卷尾 全志纂修事宜	黃秀政 　國立中興大學歷史學系教授、前文學院院長	盧文婷、李春美 郭佳玲
沿革志	孟祥瀚 　國立中興大學歷史學系副教授	盧姿錦、萬雅筑
地理志	陳國川 　國立台灣師範大學地理學系教授	葉韻翠、劉怡君
政事志	王志宇 　逢甲大學歷史與文物管理研究所副教授	李朝凱、沈昱廷
經濟志	蕭景楷 　南開技術學院財務金融學系講座教授 　（前國立中興大學應用經濟學系教授、系主任）	張孟秋
社會志	陳靜瑜 　國立中興大學歷史學系教授	張志平、陳菁菁 洪玉儒、李巧雯
教育志	林時民 國立中興大學歷史學系教授	郭佳玲、高嘉琪 蘇博群、楊婷雅 吳政台、陳立武
藝文志	陳器文 　國立中興大學中國文學系教授、前系主任	廖堂智、傅素春 林瓊玉、陳雅貞 陳峻誌
人物志	王振勳 　朝陽科技大學通識教育中心副教授 趙國光 　朝陽科技大學通識教育中心助理教授	蘇珮儀、王興菊 陳希珉、趙佳春

資料來源：《台中市志‧卷尾》「新修《台中市志》纂修團隊名單」，收入黃秀政總主
持、孟祥瀚主持，新修《台中市志‧沿革志》（台灣台中：台中市政府，
2008），頁459。

二、新修《山口縣史》

　　二次大戰後日本地方史志的纂修，重視以社會經濟史與民眾生活史來作
為編纂內容，且各級地方政府採取成立編纂委員會或是編纂室來統籌自治體
史編纂事宜的形式已成為一種慣例。可舉1962年（昭和37年）籌劃纂修的

《福島縣史》即是在福島縣政府主導，成立福島縣史編纂委員會的方式來從事縣史纂修；另舉 1968 年（昭和 43 年）《廣島縣史》亦是在廣島縣政府總務部主導下，採取成立編纂室的模式來總攬縣史纂修事宜。〔註 56〕可知二次大戰後日本自治體史的編纂，皆是由政府以成立編纂委員會或是編纂室的方式從事纂修。特別是 1970 年代以降，以戰敗爲契機，在保證歷史研究的自由與科學地建構歷史的基礎上，在與過去「鄉土史」不同的意義上，以科學、客觀的精神來探求地方的歷史，並利用地方的史料進行歷史研究，使「地方史」取代「鄉土史」成爲人們的通用語言。日本自治體史的纂修歷經了自戰前以鄉土史的編纂爲中心，到戰後以地方史的編纂爲中心的階段，逐漸走向著重史料的解讀與利用，形成以編纂通史編與資料編的模式，並成爲各級地方政府纂修自治體史的通則，具有濃厚地域性與資料性色彩。〔註 57〕

　　大濱徹也亦曾經對由各級地方行政部門大規模展開縣史、市町村史的纂修方式提出質疑，認爲當時的自治體史編纂，大多是把編寫過程與編纂目的看作是行政機構的政績宣傳，必須在有限時間內完成編纂計畫，所以多採取將編纂工程交給某些學者專家，這些學者專家的學生或助手便開始透過行政窗口收集資料，並分析與描繪出該地的大致形象，以致編纂完成的自治體史與民眾的實際生活不僅沒有什麼關聯性，也沒有什麼具體內容，若是除去一些專有名詞後，便與一般出版社出版的概論書性質沒有什麼差別；因而大力倡導要使用以在地人纂修在地史的編寫方式來纂修，強調唯有在地人編寫的在地史才能有助於使該地域的近代歷史成爲有特色，有個性的歷史。〔註 58〕此一論點明顯與兒玉幸多的觀點背道而馳，因爲兒玉早在 1951 年發表的論文中指出，若僅以在地人從事在地史的編寫，很容易止步於對某一地域歷史現象的追求，而失去站在全國視野進行比較和綜合觀點，故提出不分中央或地方，應該站在較廣闊的視野來進行自治體史編寫，使編纂完成的地方史志能爲社會大眾利用，而非僅侷限於吸引某些特定人士，如歷史學者或是鄉土史家。〔註 59〕齊藤博則曾指出由市民創造的市史編寫可不偏不倚，不分內行外

〔註 56〕福島縣廳，《福島県史編纂記錄：県史編纂十年の歷史》，頁 162；廣島縣廳，《広島県史》古代中世資料編 2（日本廣島：編纂者，1976）。

〔註 57〕王衛平，〈日本地方史志編纂的理論與方法〉，《國外社會科學》2008 年 5 期（2008.05），頁 37。

〔註 58〕大濱徹也，〈近現代地方史の課題：地域の農民・兵士像をめぐって〉，收入齊藤博、來新夏主編，《日中地方史誌の比較研究》，頁 107～108。

〔註 59〕兒玉幸多，〈地方史研究の動向〉，《地方史研究》創刊號（1951.03），頁 6～7。

行，比較沒有上下之別，可以冷靜觀察並認真挖掘地域歷史。〔註60〕

　　有別於現階段台灣的地方志書承接工程是以政府公開招標、公開評選的形式來徵求最佳纂修團隊承接志書纂修事宜，目前日本的方志纂修則是採取直接委託形式，由各級地方自治體先行成立自治體史編纂委員會或編纂室（如縣史編纂室或是市町村史編纂室）負責各自治體史編纂事務，其後再由編纂委員會或編纂室聘請與任命各領域的學者專家參與纂修，如此才能將對該地域有深入研究者盡數納入編纂團隊。特別是自1960～1970年代以後，大量的研究人員，尤其是大學教授的參與修志數量大幅增加，有助於充實志書內容。雖然大學教授參與地方史志編纂的情形早在戰前就有，但此時期不僅是參與修志的學者人數增加，纂修人員也不再侷限於歷史學者，而是擴及到考古學、人類學、民俗學、地理學等不同領域的學者專家，呈現多元面貌。

　　日本自治體史編纂通常採取由編纂委員會與執筆者共同負責的組織形式，其中可再區別為（一）分別聘請或任命編集委員會成員與執筆者；（二）編集委員會成員即是執筆者；（三）編集委員會的一部份成員是執筆者；（四）不設編集委員會而直接聘請或任命執筆者四種類型。〔註61〕至於執筆者的聘請與任命則又可區分成三種模式，即是以傳統的本地鄉土史家為中心的編寫模式、完全由中央專家學者來統籌的編寫模式、由專家與鄉土史家共同合作的編寫模式，其中又以第三種編寫模式可獲得較理想的纂修成效，因為由地方自治體的行政長官擔任召集人成立自治體史編纂室，有其他個人研究者、

〔註60〕 齊藤博，〈市史づくりの問題点：地方史研究の諸潮流の成果と欠陥を考えながら〉，收入齊藤博、來新夏主編，《日中地方史誌の比較研究》，頁151。

〔註61〕 中國學者王衛平曾指出日本各級自治體在纂修自治體史時，作為議決機構與執行機構的編集委員會，一般由地方擁有一定權力的人組成，主要是考慮到這些人對於獲得經費，以及在編集過程中的協調與史料收集的便利等方面具有不可忽視的作用。因此，這一類型的編集委員除了行政首長外，一般還包括圖書館、博物館、工商會所、報社的成員，以及大學教授、中小學教師、鄉土史家等人物。但是其缺點在於編集委員與執筆者相互之間不易溝通，編集委員的想法未必能得到較好的反映，甚至會出現執筆者受制於編集委員會的情況。然而，若編集委員同時又是執筆者，雖然工作易於展開，但行政部門的想法是否能得到完全的貫徹則很難預料，甚至可能出現編集委員一意孤行的情形。因此王衛平認為，日本的自治體史編纂惟有不設編集委員會，而是由各級自治體的公部門直接聘請或任命執筆者，才可在最大程度上解決上述類型的問題，但就實際情況來看，此一類型目前在日本自治體史的編纂上，卻是最少被採用的。王衛平，〈日本地方史志編纂的理論與方法〉，《國外社會科學》2008年5期，頁39。

大學研究室，以致於鄉土史聯誼會等無法得到的權威性，可享受到許多調查研究時的便利性。因此，若要編寫以社會地域發展爲主體的自治體史，便是要建立思想一致性且能夠協調工作的編纂團隊，而這個團隊必須要以地域居民爲主體，包含鄉土史家、學者專家、研究生、市民、民間史料收藏家等人士。由政府給予行政協助，有助於資料取得；而鄉土史家與學者專家則除了負責解讀與翻譯史料外，並可藉機培訓旗下的研究生，使其有機會參與修志，爲日後的修志做人材培育；至於市民與民間史料收藏家則可就其所見所聞，適時提供該編纂時的方向與建議，有助內容的完善。

照片 4-1　《山口縣史》編纂室

（資料來源：作者拍攝，2010/08/11）

　　目前日本各級自治體史的編纂團隊組成方式，傾向採取由各級地方自治體的行政長官來聘請或任命各領域學者專家組成編纂委員會。因此，新修《山口縣史》編纂團隊組成方式，亦是採取先行成立專屬的縣史編纂室，並以聘請各領域學者專家，結合縣府相關行政人員組成編纂委員會的形式來從事纂修。整體而言，新修《山口縣史》纂修團隊除了有編纂委員會外，委員會之下又可析分八個以不同時代或性質爲主題的專門部會，每個部會皆設一位部

會長來統籌與協調該部會的編纂事宜，且各專門部會的部會長皆由編纂委員會內成員兼任之，以便隨時瞭解編纂委員會的纂修進程，可說是屬於在一種「官製」自治體史的包裝下，將山口縣過去歷史發展與沿展、民眾生活百態作詳細記錄的縣史。新修《山口縣史》纂修團隊是在山口縣政府主持下，先行在環境生活部下獨立成立「山口縣史編纂室」，專司縣史編纂事宜；其後再由編纂室人員負責規劃與聘請纂修者從事編纂、協調與任命相關行政人員，以處理纂修過程中各項行政事宜，是採取政府主導、民間參與的形式推動纂修事業的進行。由表 4-9 與 4-10 可知，新修《山口縣史》纂修團隊的組成雖是以當時的縣知事擔任編纂委員會會長，但亦聘請著名學者擔任副會長與顧問，給予縣史編纂期間學術專業方面的指導；另外，部份編纂委員會委員亦同時擔任各編纂專門部會的部會長，統籌各專門部會的纂修事宜，部分委員則由是縣政府的各級行政主管、縣轄下的市町村長兼任，以便適時給予行政協助。

　　新修《山口縣史》編纂委員會的委員除了有由各級行政主管兼任外，主要仍是以各領域的學者專家為主要委員，並兼任各專門部門的部會長。例如在纂修初期即受聘為考古部會部會長的金關恕，當時除了同時擔任山口縣文化財保護審議會的委員外，由於其長期從事有關日本早期彌生文化的各項研究，並編著有《解謎考古學》、《邪馬台國之謎的挑戰》、《彌生文化的研究》等書籍，因而特聘其主持考古部會的纂修事宜，從事山口縣早期文化的研究。古代部會的部會長八木充則是對日本古代政治組織與文化發展素有研究，編著有《古代的地方史》、《古代日本的都城》、《律令國家成立過程的研究》等書，再加上其當時亦擔任山口縣文化財保護審議會的委員，對山口縣的古代歷史相當熟稔。近世部會的部會長小川國治則是除了在具有深厚地緣關係的國立山口大學任教，專精日本近世時期的經濟與社會發展研究外，特別對山口縣的中世時期歷史有深入研究，亦為山口縣文化財保護審議會的委員，著有《江戶幕府輸出海產物的研究》、《長州藩地方史料的基礎研究：以大谷家文書為中心》、《有關萩藩的史料收集與研究》等書籍。民俗部會的部會長波平惠美子、中世部會的部會長木村忠夫、明治維新部會的部會長田中彰、近代部會的部會長田村貞雄、現代部會的部會長松永昌三等人雖然不為山口縣文化財保護審議會的委員，但皆為素有聲望的著名學者。其中波平惠美子長期從事日本民間習俗與信仰的研究，對於文化人類學與民俗學研究有獨特見

解，曾擔任日本民俗學會的評議員、日本民族學會長榮職，編著有《生活中的文化人類學》、《傳說誕生的時期》、《病與死的文化》等多部書籍；木村忠夫則是對中世時期九州以大友氏為中心的家書、日記等皆有深入研究，有助於解讀位居山口縣的毛利氏在中世時期留存下來的史料，並編著有《九州大名的研究》、《古代中世史論集》、《戰國大名論集》等書；田中彰則是出身本居地的著名學者，專精日本近代史的研究，特別是對幕末維新時期位居山口縣的萩藩有深入研究，編著有《明治維新政治史研究：維新變革的政治主體之形成過程》、《幕末的藩政改革》、《幕末的長州：維新志士出現的背景》等書；田村貞雄則是曾參與 1975 年（昭和 50 年）《濱中町史》、1989 年（平成元年）《靜岡縣史》23「資料編‧近現代 1 」等志書纂修，具有豐富修志經驗，編著《地租改正與資本主義論爭》、《近代日本的國家與思想》、具方志性質的《山口縣自由民權運動史料集》等書籍，亦有助於新修《山口縣史》近代歷史的纂修；松永昌三不僅對日本近代思想史的自由民權運動有深入研究，更是研究江戶與明治時期著名思想家中江兆民的第一人，著有《中江兆民的思想》、《以自由和平等為目標的中江兆民和植木枝盛》等多部書籍。

新修《山口縣史》各專門部會部會長的選擇與聘任可謂皆是一時之選，即使是在進入纂修中期，編纂委員會的成員因各種因素而略有變動，繼任的部會長人選亦皆為在該領域學有專精的學者專家。諸如 2010 年（平成 22 年）時，中世部會的部會長秋山伸隆即專精於日本中世史，特別是戰國時期位居山口縣的諸侯毛利氏之研究，著有《戰國大名毛利氏的研究》、《戰國大名毛利氏關係史料的調查與研究》等多部專書，分別自政治、經濟、文化層面來探討山口縣的地域文化與歷史發展。近世部會部的部會長脇田修則為研究日本近代史的著名學者，編著有《近世封建社會的經濟構造》、《近世封建制成立史論》、《近世身分制與被差別部落》等書。明治維新部會的部會長三宅紹宣則曾為山口縣地方史學會成員，曾參與過 1983 年（昭和 58 年）《大和町史》）、1989 年（平成元年）《萩市史》、1990 年（平成 2 年）《宇部市史》史料篇下卷等多部志書的纂修，編著有《有關幕末維新期對外的危機與諸階層對應的研究》、《幕末的變動與諸藩》、《幕末‧維新期長州藩的政治構造》等多部與山口縣歷史有關的書籍。近代部會的部會長相良英輔則不僅是專精於近代日本經濟史的研究，並曾擔任過藝備地方史研究會、和歌山地方史研究會、廣島史學研究會的評議員；相良氏亦曾參與過 1978 年（昭和 53 年）《平生町史》

與《福山市史》下卷、1994 年（平成 6 年）《海南市史》第 1 卷、1995 年（平成 7 年）《田邊市史》第 9 卷「史料編」VI 近現代卷、1989～1993 年（平成元～5 年）《和歌山縣史》近現代卷與近世卷等多部志書的編纂，具有豐富修志經驗，著有《關於中國地方近代在來產業的展開與地域之特性》、《近代瀨戶內鹽業史研究》、《德島藩鹽業政策的展開》等多部書籍。現代部會的部會長則由高嶋雅明繼任，高嶋氏爲研究日本近代經濟史學者，長期從事和歌山縣的地方史研究，曾參與過 1978～1993 年（昭和 53 年～平成 5 年）《和歌山縣史》近現代史料 1・2・4・5・6・7 卷、1979～1990 年（昭和 54 年～平成 2 年）《和歌山市史》3、7・8・9 卷、1994 年（平成 4 年）《新修大阪市史》第 6 卷、2000 年（平成 12 年）《守田市史》「本文編」第 4 卷等多部地方志書纂修，編著有《近世近代的歷史和社會》、《和歌山縣的百年》、《企業勃興與地域經濟：和歌山縣域的檢證》等多部著作。

由表 4-11 可知，新修《山口縣史》是由縣知事聘請與任命各領域的學者專家編成編纂委員會；且編纂室的縣史纂修團隊成員，除了以各大學不同學科的教授爲主體外，尚包括中學教師、歷史家、其他學術單位的學者專家，其成員組成重視各領域的專業性，對於是否有過編纂志書的經驗並未如台灣在執行志書委託時有許多限制與要求。而且，如果是對於該地域歷史發展或是某歷史斷代有研究者，即使非在地人也大多會被聘請參與該地域的地方史書纂修團隊，即如任教於山口大學東亞研究科的田中誠二，因爲長期從事日本近世史，特別是山口縣近世歷史研究，不僅受聘爲新修《山口縣史》近世部會的編纂委員之一，其後又受攬成爲《山口市史》〈近世編〉的纂修成員，可謂得乎其人。另外，由於新修《山口縣史》編纂室的成員無硬性的學位與資格限定，但探討其組成人員的結構，仍可發現還是具相當程度的地域性，即以出身本地的學者或是在境內執教的學者爲主要延攬對象，另也擴及到其他地方的學者，使整個纂修團隊成員結構呈現出在地化與多元化，綜說是包含範圍廣泛，組織紮實，成員多學，所來皆爲完善縣史纂修事業。

表 4-8　1992 年新修《山口縣史》編纂委員會委員名單

職　稱	姓　名	職　　　　　　業
會長	平井龍	山口縣知事（縣長）
副會長	田中彰	北海道大學名譽教授、明治維新部會長

	三坂圭治	前山口大學教授、前山口縣地方史學會會長
顧問	國分直一	梅光女學院大學地域文化研究所教授
	奈良本辰也	歷史家
	臼杵華臣	山口縣地方史學會會長、山口縣文化財保護審議會委員
委員	河野良輔	山口縣文化財保護審議會委員
	古川薰	作家
	金關恕	天理大學教授、山口縣文化財保護審議會委員、考古部會長
	福田百合子	山口女子大學教授
	八木充	山口大學教授、山口縣文化財保護審議會委員、古代部會長
	松永昌三	岡山大學教授、現代部會長
	木村忠夫	九州產業大學教授、中世部會長
	小川國治	山口大學教授、山口縣文化財保護審議會委員、近世部會長
	田村貞雄	靜岡大學教授、近代部會長
	波平惠美子	九州藝術工科大學教授、民俗部會長
	吉井利行	山口縣議會議員、總務企畫委員會委員長
	水木英夫	山口縣市長會會長、光市長
	大石博英	山口縣町村會會長、旭村長
	高濱哲	山口縣教育委員會教育長
	岡田薰	山口縣警察本部長
	二井關成	山口縣總務部長
	秋本博之	山口縣企畫部長

資料來源：1992 年《山口縣史編纂委員會設置要綱》。

表 4-9　2010 年新修《山口縣史》編纂委員會委員名單

職　稱	姓　名	職　　　　業
會長	二井關成	山口縣知事（縣長）
副會長	脇田修	大阪歷史博物館館長、近世部會長
顧問	田中彰	北海道大學名譽教授
委員	古川薰	作家
	福田百合子	山口縣立大學名譽教授

金關恕	大阪府立彌生文化博物館館長、考古部會長
八木充	山口大學名譽教授、古代部會長
秋山伸隆	縣立廣島大學教授、中世部會長
三宅紹宣	廣島大學大學院教授、明治維新部會長
相良英輔	廣島經濟大學教授、近代部會長
高嶋雅明	四天王寺大學教授、現代部會長
湯川洋司	山口大學教授、民俗部會長
松浦正人	山口縣市長會會長
古木哲夫	山口縣町村會會長
藤井俊彦	山口縣教育長
御手洗伸太郎	山口縣警察本部長
岡田實	山口縣總務部長
吉崎英喜	山口縣環境生活部長

資料來源：山口縣史編纂室，〈山口縣史編纂委員會委員名簿〉（2010 年 1 月 1 日更新），
收入《山口縣史‧史料編》近世 5（日本山口：山口縣廳，2010），頁 1028。

表4-10　2012年新修《山口縣史》編纂委員會委員名單

職　稱	姓　名	職　　業
會長	二井關成	山口縣知事（縣長）
副會長	脇田修	大阪歷史博物館館長、近世部會長
委員	古川薰	作家
	福田百合子	山口縣立大學名譽教授
	中村友博	山口大學名譽教授
	八木充	山口大學名譽教授、古代部會長
	秋山伸隆	縣立廣島大學教授、中世部會長
	三宅紹宣	廣島大學大學院教授、明治維新部會長
	木村健二	下關市立大學教授、近代部會長
	高嶋雅明	和歌山大學名譽教授、現代部會長
	湯川洋司	山口大學教授、民俗部會長

資料來源：山口縣史編纂室，〈山口縣史編纂委員會委員名簿〉（2012 年 4 月 20 日更新）
http://www.pref.yamaguchi.lg.jp/cms/a193001/meibo/hensaniinmeibo.html
（2012/06/21）

表 4-11　新修《山口縣史》編纂專門部會歷任委員名單

部會名稱	部　會　長	專　門　委　員
考古部會	金關恕（大阪府立彌生文化博物館館長、前天理大學教授）	近藤喬一（山口大學教授） 中村徹也（山口縣埋藏文化財中心所長） 中村友博（山口大學教授） 乘安和二三（山口縣教育委員會文化課埋藏文化財股長） 松村惠司（奈良文化財研究所研究室室長） 渡邊一雄（梅光學院大學教授、前山口縣埋藏文化財中心文化財專門員） 前川要（中央大學教授、前富山大學副教授） 龜田修一（岡山理科大學教授）
古代部會	八木充（山口大學名譽教授、前京都學園大學教授）	平野博之（下關市立大學名譽教授） 館野和已（奈良女子大學教授） 下向井龍彥（廣島大學大學院教授） 本鄉眞紹（立命館大學教授） 倉住靖彥（九州歷史資料館助理參事官） 寺內浩（愛媛大學教授） 北條秀樹（九州工業大學副教授） 石上英一（東京大學史料編纂所教授） 田島公（東京大學史料編纂所教授）
中世部會	木村忠夫（九州產業大學教授） 森茂曉（福岡大學教授、前山口大學副教授） 秋山伸隆（縣立廣島女子大學教授）	國守進（山口縣立大學名譽教授、前山口女子大學教授） 黑川高明（東京大學史料編纂所教授） 近藤成一（東京大學史料編纂所教授） 森茂曉（福岡大學教授、前山口大學教授） 田中倫子（山口縣地方史學會會員、山口藝術短期大學副教授） 岩元修一（宇部工業高等專門學校教授）
近世部會	小川國治（山口大學教授） 脇田修（大阪立市大阪歷史博物館館長、前帝塚山學院院長）	兒玉識（水產大學教授） 利岡俊昭（下關西高等學校教師） 脇正典（學校法人脇學園理事長） 田中誠二（山口大學教授） 森下徹（山口大學教授） 木部和昭（山口大學教授）

明治維新部會	田中彰（北海道大學名譽教授） 三宅紹宣（廣島大學大學院教授）	廣田暢久（前山口縣文書館副館長） 三宅紹宣（廣島大學副教授） 青山忠正（大阪商業大學副教授） 松本良太（東高大學史料編纂所助理） 家近良樹（大阪經濟大學副教授） 又野誠（福岡市博物館學藝員） 梶原良則（福岡大學教授） 小川亞彌子（福岡教育大學教授） 岸本覺（鳥取大學副教授） 上田純子（山口縣文化振興課專員） 田口由香（大島商船高等專門學校講師）
近代部會	田村貞雄（靜岡大學名譽教授） 相良英輔（島根大學名譽教授）	古屋哲夫（京都大學教授） 木村健二（下關市立大學教授） 日野綏彥（字部短期大學教授） 川崎勝（歷史家） 山根勝（熊毛南高等學校教師） 勝部眞人（廣島大學大學院教授） 木京睦人（山口縣鴻城高等學校教師） 重松正史（和歌山工業高等專門學校教授） 杉山博昭（聖母清心女子大學教授）
現代部會	松永昌三（日本女子大學教授、前岡山大學教授） 來島浩（山口大學教授） 高嶋雅明（四天王寺大學教授）	林雅孝（山口大學教授） 古園井昌喜（下關市立大學名譽教授） 山本興治（下關市立大學教授） 河野健男（同志社女子大學教授、前山口大學副教授） 栗田尚彌（國學院大學講師）
民俗部會	波平惠美子（御茶水女子大學名譽教授、前九州藝術工科大學教授） 湯川洋司（山口大學教授）	岡野信子（梅光女學院大學名譽教授） 木下尚子（梅光女學院大學副教授） 坪鄉英彥（山口大學教授） 安室知（神奈川大學教授、前國立歷史民俗博物館副教授） 德丸亞木（筑波大學教授） 安井眞奈美（天理大學副教授）

資料來源：1992 年《山口県史編さん委員会設置要綱》、截至 2012 年 10 月已出版之新修《山口縣史》各卷志纂修名單。

小　結

　　本章藉由比較台灣新修《台中市志》與日本新修《山口縣史》兩部志書的纂修規劃與體例綱目，可理解「地方志」與「地方史」在編纂上雖有相似處，但仍爲不同的纂修方式。從內容來看，雖然兩者都是以特定地域爲記載對象，但地方志包含的門類齊全，包含各個學科，範圍較廣，如記載自然環境，又記載社會現象，雖有時要追溯過去，但乃以現狀爲主；地方史則較著重記載人文歷史的演變，依賴考古調查資料的發掘與採訪，以反映不同歷史時期推動社會發展的因素爲主要內容，偏重記錄重大政治與經濟政策或社會事件等。因此，「地方志」是記載該地的現狀，雖然也紀錄過去，但主要是幫助理解整個歷史沿革，所以所記內容往往可成爲同時代學者作爲直接徵引資料時的最好依據；而「地方史」則是記載該地域過去的歷史發展，以某一特定的時間或事件作爲線索來記載該地的政治、社會，或是經濟與文化活動，以論述的方式作爲纂修主體。

　　除書名略有差異之外，在「編纂緣起」亦可稍作比較，可知新修《台中市志》的纂修是以地方首長的意願爲依據，必須經由市長同意且交辦府下相關單位去執行該志編纂工作，全書始得以成立，且纂修市志與台中市長的文化政策兩者之間實有濃厚關聯性，亦可鑒知之；新修《山口縣史》的倡議，則是由民間人士聯合促請縣知事修志以保留山口縣的史料，作爲重現山口縣的歷史樣貌。基本上，新修《台中市志》的纂修是在市長指示下，交由市府文化局文化資產課（以下簡稱「文資課」）去執行的一項業務，當市志纂修完成後，該承辦人的職務並不會隨著計畫結束而被解除；新修《山口縣史》的纂修，雖亦是在縣知事主持下交由縣史編纂室全權負責，但當縣史纂修完成後，負責縣史纂修的編纂室亦同時解散，編纂室的行政與學術人員皆各自回歸原屬單位，日後有關縣史編纂相關工作就交給縣府環境生活部統籌辦理。

　　其次在纂修體例與綱目方面的比較，新修《台中市志》是採取中型規模的篇幅，內容兼採政典和風物並列之原則，對於台中市各區域特殊情況作增減取捨；同時也接受地方紳耆的意見，以豐富並端正內容。新修《台中市志》在過去纂修的《台中市志》基礎上，將內容配合現況略作調整，分成〈沿革志〉、〈地理志〉、〈政事志〉、〈經濟志〉、〈社會志〉、〈教育志〉、〈藝文志〉、〈人物志〉8個分志，再使用以志統篇的纂修方式獨立編纂。其中，各分志的篇、章、節皆爲獨立單元，先依內容屬性在「篇」的地方加以分類；在「章」的

擬訂上，多按時代順序為經，依統治政權的不同為緯，分成史前時代、荷西時期、鄭氏時期、清領時期、日治時期、二次大戰後六個時期，最後再自各章之下按內容資料來分項訂定細目。新修《山口縣史》的卷志佈局規劃，是依照縣史編纂室的組織構成方式，分成「史料·資料編」、「民俗篇」、「通史編」、「別編」四大部份；在「史料·資料編」之下，以編年體方式，細分為原始·考古、古代、中世、近世、明治維新、近代、現代、民俗 8 個部份，顯示在編纂上突破傳統方志「以類繫事」的模式，轉變為注重史料的搜集與整理，以時間的縱向方式來編纂，期還原歷史樣貌。其編纂順序先是依資料性質不同來分類，如劃分成史料編、資料編、民俗編；其次再在「史料·資料編」之下以時代先後為劃分依據，再自各時期政治、法制、社會、經濟、文化等面向從事編纂，待完成該時期史料或資料編的編纂後，就以各時期的史料與資料編纂為基礎編纂通史部份，來重現與還原山口縣歷史。

最後在纂修者的比較方面，台灣新修《台中市志》纂修團隊是由台中市政府文化局文資課以上網公開招標方式，在眾多投標團隊中評選出與台中市有深厚地緣關係的中興大學團隊來承接纂修事宜。而該團隊按分志性質結合學有專精的學者，即以科際整合方式結合歷史學、地理學、經濟學、社會學、文學藝術等學者專家分工合作，在「官學合作」模式完成該志鴻業。在纂修團隊之中，除了包括有多次參與地方志纂修實務經驗的「修志專家」與各學科學有專長的學者專家外，各志篇主持人帶領旗下多位研究生從事各篇志稿纂修工程的方式，除了給予研究生實際參與修志的機會，亦在無形中培育了日後地方志書的纂修人才。日本新修《山口縣史》纂修團隊則是在山口縣政府主持下，先行設置「縣史編纂室」專司編纂事宜；其後再由編纂室人員規劃與聘請纂修者從事編纂，協調與任命相關行政人員，以處理各項行政事宜。因此編纂委員會的委員除了有由各級行政主管兼任外，仍是以在各領域有顯著研究成果的學者專家為主，並以學者專家兼任修史各專門部門的部會長。綜言之，兩志可謂各具特色亦具共性。

第五章　新修二志史料、內容與審查的比較

　　藉由志書對於地方史事與行政建置沿革，或是自然地理的描述，可清楚該地的歷史發展與社會現況，或是自然地理發展演變過程等。對志書的記載內容與纂修方式作探討並檢驗內容是否有誤，或論述在纂修過程是否受到政治情勢，或是社會環境等外在因素影響，便成為從事方志研究必須注意之處。此外，志書亦要經過嚴謹審查才能確保內容正確，而志書的出版與流通更可使其容易被民眾使用，加速大眾化的效用。

　　本章對新修《台中市志》與新修《山口縣史》二部史志的史料搜集與運用、纂修內容、審查制度三方面作比較研究，探討台日兩國在志書史料的搜集與運用、內容記載與志書審查制度有何異同；並說明台日兩國對於志書的流通性與普及性是否有不同的措施或著眼點。

第一節　史料搜集與運用

一、新修《台中市志》

　　方志的纂修立基於資料取得，資料的多寡與是否正確，皆會影響內容的豐富性；縱使纂修者的學識與經驗再豐富，若是遇到資料取得困難，導致資料不足，則使纂修工作窒礙難行，如同巧婦難為無米之炊。為了有效對史料作採集與篩選，林衍經曾指出纂修方志時的搜集史／資料過程須把握三項原則，即「先遠後近」、「先內後外」、「先活後死」，也就是早期的少見資料要先

搜集,近期的資料由於量多,搜集範圍大,可以稍後;其次是要先搜集本地相關單位保存的資料,確定在本地無法找到後,才根據線索到外地去查訪搜集;最後是要先搜集口述資料,以文字、錄音或是錄影等方式將口述史料保存下來,日後再配合相關資料作深入研究,以免在纂修時因相關人物故去或是因天災人禍等不可預期的因素造成無法補救的資料損失,而且利用口述歷史往往會得到在一般情形下不易取得的資料。〔註1〕

有鑑於編纂志書時的史料蒐集存在許多不確定因素與困難度,宜蘭縣政府曾經在 1990 年(民國 79 年)成立「《宜蘭縣志》重修委員會」,對當時應如何系統性蒐集縣志必須使用的文獻史料擬定「七大基礎計畫」;並進行各個專項的深入研究,以「其他分支計畫」的施行來彌補基礎計畫不足之處,作為蒐集工作的具體內容。也就是期盼透過全面性、地毯式的田野調查、各種學術刊物的出版,喚起宜蘭縣民對鄉土歷史的興趣與關懷。〔註2〕可知資料取得分成「徵集」與「調查」兩大類型,其中「徵集」是指傳統的紙本舊籍徵求與檔案等有文字紀錄的史料,如檔案、公報、遊記、族譜、各種學術論著等;而「調查」則是指以實際行動方式來記載非文字資料,如古蹟、遺址、傳說、歌謠等。〔註3〕

尚有親自到現場實地記錄、調查與採訪歷史事件,並搜集、整理各地的史料;或是藉由耆老們的回憶,記錄未見於文字記載的口述歷史,以提高志書的史料價值。誠如林美容所指出,田野調查豐富了方志的資料,也提出對

〔註1〕 林衍經,《方志學綜論》(上海:華東師範大學出版社,2007),頁 164～165。

〔註2〕 1990 年(民國 79 年)啟動的《重修宜蘭縣志》纂修計畫,將宜蘭縣的史料整理與蒐集工作分成「七大基礎計畫」,即為「宜蘭縣文物採集計畫」、「宜蘭縣耆老口述歷史計畫」、「日文宜蘭資料翻譯計畫」、「宜蘭縣公文書暨出版品蒐集計畫」、「宜蘭文獻復刊計畫」、「宜蘭文獻叢書出版計畫」、「宜蘭縣史館籌備計畫」。配合「基礎計畫」的執行,另外設置有「其他分支計畫」,如「宜蘭縣史前遺址田野調查研究計畫」、「宜蘭縣地名沿革調查研究計畫」、「宜蘭縣泰雅人田野調查研究計畫」、「宜蘭縣民間傳說調查研究計畫」、「宜蘭縣鄉土歌謠採集研究計畫」、「蘇澳清兵古墓群田野調查研究計畫」、「宜蘭縣日據時代軍事布署調查研究計畫」、「宜蘭縣三七五減租之影響口述調查研究計畫」、「宜蘭縣二二八事件口述調查研究計畫」、「宜蘭縣日據時代教育調查研究計畫」、「宜蘭縣日本籍台灣兵口述調查研究計畫」、「宜蘭縣影響社會重要人物調查研究計畫」、「宜蘭縣各種專史資料編撰計畫」等。詹素娟,〈台灣各縣市方志纂修情形舉例〉,《台灣史田野研究通訊》第 20 期(1991.09),頁 21～22。

〔註3〕 吳文星,〈試論鄉土志纂修:以《頭城鎮志》為例〉,《史聯雜誌》第 22 期(1993.06),頁 65。

地方上深刻如實的認識，改善以往地方志史料傳抄的弊病，增加了對地方現況的瞭解，使地方志更像地方志，而不是偏向地方史的層面；〔註4〕再者，隨著科技不斷的進步，近年來在史學研究上也陸續出現使用「影像檔案」的情形，即是在事件發生時，使用攝影器材等影音設備記錄下來的檔案，並在學界形成「影視史學」的研究風氣。〔註5〕王世慶亦以其參與地方志纂修的經驗，提出纂修者在從事志書編纂時，須先擬就各志篇的架構、綱目，再按照綱目範圍，調查或蒐集相關文獻，再依據時代先後、項目內容蒐集資料，比較不會遺漏重要史料。雖然每個時代留下的資料質量多寡不一，但必定會有一些專屬的基本資料和比較特殊性質的資料留存，編纂志書時都應該盡可能蒐集資料以豐富內容。另外，有鑑於官方史料時常出現散落各地的問題，王世慶亦提出日治時期及以前的資料，由於年代久遠，資料十分零散，大部份要靠編纂者想辦法去蒐集；但是二戰後的資料，尤其是當代，除了小部份可能要由編纂者蒐集外，大多數則是必須透過委託單位代為向各機關、學校、團體要求提供資料，編纂者可依據需要將綱目與資料範圍製成表格，請委託機關交給相關單位填表提供。除此之外，各縣（市）政府應定期派員到各相關機構、圖書館，將有關各該縣（市）的資料全部影印帶回，除了可以做為施政的參考資料外，亦可作為重修或續修志書時的基本資料。〔註6〕

　　新修《台中市志》各分志主持人在進行史料搜集用時，除依循傳統文字史料的蒐集外，亦重視非文字記錄資料的訪求，以補充歷史文獻的不足，增加志書的廣度與深度。例如〈人物志〉主持人王振勳曾透過台中市文化局舉行多次「耆老座談會」〔註7〕的機會，取得陳和遠老先生回憶他與台灣共產黨

〔註4〕　林美容，《鄉土史與村庄史：人類學者看地方》（台北市：台原出版社，2000），頁19。

〔註5〕　所謂「影視史學」係指以使用視覺的影像（例如電影、電視等）、影片的論述來傳達歷史，期望運用各類「影視化」的圖像或史料來闡述位處時間洪流中的人、事和景物，並藉由影音媒體傳達出研究者對於歷史的論述和史觀。換句話說，就是指所有任何以靜態或動態的圖像傳達人們對於過去事實的認知者，都可算是影像視覺的歷史文本，使得歷史書寫不再只是傳統的受限於字紙的文本記錄；而對於這些影視文本的思維和論述所做的探討分析就是「影視史學」。周樑楷，〈影視史學：理論基礎及課程主旨的反思〉，《台大歷史學報》第23期（1999.06），頁445～470；王明志，〈地理資訊與擴增實境技術應用於台灣大眾影視史學之探究〉，《台灣文獻》第61卷4期（2010.12），頁108。

〔註6〕　王世慶，〈我的修志經驗和看法〉，《台灣史田野研究通訊》第20期，頁28～29。

〔註7〕　台中市文化局舉辦多次「耆者座談會」的目的，主要是有鑑於耆老們見多識

員謝雪紅是鄰居,二二八事件時,謝雪紅組織民軍攻打台中市政府,雙方對壘時投擲手榴彈之資料。〔註8〕但不論是使用「徵集」或「調查」方式所得到的史/資料,必須經過仔細的分類整理與詳細的考證以判別其真實性,避免發生誤用史料,導致出現以訛傳訛的情況。因此,王振勳亦表示耆老們提供的親身體驗的確為台中市過去的歷史提供最有力之佐證,因此其將根據耆老們提供的線索配合實際田野調查,與文字史料相對照,盡可能還原歷史現場,希冀為台中市先賢們的事蹟留下真實紀錄。

不論是從事歷史研究或是參與志書編纂,固然不可欠缺遺物與遺蹟的利用,但仍是以文字史料的搜集與運用為主,一部完善的志書應具有翔實齊全的史料,以完整記述該地域歷史沿革與事物發展的過程。然而,綜觀目前台灣的方志書纂修,最常遇到的困境即為文字史料取得不易。學者張勝彥以自身多次參與地方志編纂的經驗,指出在地方志書纂修過程,史料取得不易之原因可分為以下幾點:(一)由於一般大眾對地方志的性質不了解,也就不重視地方志;即使了解地方志為史地性質的書籍,但又不了解文獻資料對研究歷史的必要性,因此一般人對史料的保存有限,更不會致力於田野調查工作。(二)政府機關對史料不夠重視,導致公家機關資料保存不全;或是無定期整理檔案與史料的習慣,導致在修志時無法提供完整的史料與資料。特別是在早期台灣社會尚缺乏定期保存史料與資料的觀念,使得許多珍貴的史/資料並未獲得妥善保存,以致於呈現保存不全的情況。(三)有些政府機關不提供資料,使得在志書纂修過程中,不易取得公家機關資料。包括無資料,或有資料但未經整理,則自然無從提供資料;或是有資料且已整理,但有些公務員基於不願增加自身的工作量,故乃以無資料可提供作為搪塞推辭的藉口;或是有資料並已整理,但由於執事者多將資料視為機密文件處理,不願讓其外流,以致使編纂志書者無法取得。〔註9〕

中華民國內政部曾經在 1983 年(民國 72 年)以台內民字第 153235 號令

廣,並可能掌握有許多與台中市歷史發展有關的文件、照片,甚至是影音資料。因此,文化局一方面希望藉由座談會的召開,自耆老們的記憶中或手中蒐集到寶貴史料與資料;另一方面也同時讓耆老們知道台中市政府的新修《台中市志》纂修計畫,以方便日後市志各分志撰稿人能順利對其進行口述訪談。

〔註8〕 江良誠,「編市志 訪耆老 人物志 添新頁」,《聯合報》B2版台中市新聞,2003/08/08。

〔註9〕 張勝彥,〈編纂地方志經驗談〉,收入台灣省文獻委員會編,《機關志講義彙編》(台灣南投:編纂者,1993),頁142。

修正發布的〈地方志書纂修辦法〉中規定「編纂志書辦理機關，得向有關機關、團體洽請協助提供資料或約請專門人士協助完成之。」〔註10〕但有鑑於官方史料有設定保存年限或是屬於機密文件不得開放，因此是無法任意提供纂修人員使用的；再加上有些公務員為省去調閱資料的麻煩與減輕自身業務的負擔，有時也會出現配合度不高的情形；尚有可能因為公家機關的調動頻繁，職務交接不完全，導致史料或資料的去向不明等，皆導致修志書人員無法得到充足資料之因素。新修《台中市志》在史料搜集過程中，亦不免遭遇到上述的困難，總主持人黃秀政曾指出，要從頭編纂市志面臨最大的挑戰是因年代久遠，不少資料早已缺漏不全，尤其是清朝年間的資料找尋大不易，甚至連想要到市府檔案庫尋找市府相關檔案資料，往往也因早年政府較缺乏史料整理的概念，導致相關史資料或檔案保管不全或是沒有系統性的建檔，增加資料收集及查證的難度。所幸新修市志纂修團隊在台中市政府協助下，由市政府發函各機關團體，要求市政府的府內與府外單位配合，給予團隊最大支援，並透過召開多次耆老座談會等方式，使團隊能順利取得許多官方史料與私人資料。〔註11〕因而自新修《台中市志》內容可發現到此次修志除了重新整理舊有文獻外，更使用了許多新的官方資料與大量藏於民間的資料，以呈現台中市的自然、人文、政治、社會、經濟等各項發展樣貌。另外，挑選與運用史料亦為志書纂修不可忽視之事，因為歷史事件發生的原因與影響往往受到當事人的立場、記錄者的觀點、編纂者的角度、使用者的目的等因素，呈現不同的解釋方式，甚至出現偽造史料的情形，因而方志編纂者在利用史料時，就必須要能做到不感情用事，不牽強附會、不斷章取義，要有辨別與鑑定史料真偽的能力，做到以客觀的角度來纂修工作。

　　新修《台中市志》的史料搜集與運用可區分為六個主要項目，即基本史料、專書與論文集、期刊（會議）論文、學位論文、報章雜誌文章、網路資料。「基本史料」係指歷朝歷代的正史、筆記、檔案等，各級政府機關出版的文書檔案、地方志書、調查報告書統計要覽與手冊、口述訪談、各類型詩文集等；亦包括非官方性質的族譜、文學作品等，也就是第一手史料。「專書與

〔註10〕中華民國72年4月18日內政部（72）台內民字第153235號令修正發布〈地方志書纂修辦法〉。資料來源：中華民國內政部主管法規查詢系統，〈地方志書纂修辦法〉http://glrs.moi.gov.tw/LawContent.aspx?id=FL002012（2012/04/05）
〔註11〕蘇孟娟，「耗時5年編修　台中市志亮相」，《自由時報》電子報「中部新聞」http://www.libertytimes.com.tw/2009/new/may/22/today-center15.htm（2009/05/22）。

論文集」是指專家學者們運用第一手史料所得出的學術研究成果，並通過審查出版，具學術參考價值。「期刊（會議）論文」是指發表於學術刊物的研究型論文，文章規模較「專書」與「學位論文」為小。「學位論文」是指碩士學位或是博士學位論文。「報章雜誌」是指各時代刊載於國內外報章雜誌的相關資料，例如重大事件的報導，或是人物的訪談記錄等。「網路資料」則是指在網路科技發達、資訊爆炸的時代，許多資料已數位化，國內外均成立許多的公私立網路資料中心與資料庫，將重要史料檔案數位化，不僅有助於史料的保存，亦方便民眾透過網路檢索查詢與使用，其中亦包括電子媒體的新聞、照片、影音等記錄；另外，許多公私立政府機關團體亦會自行架設網站，透過發行「電子報」，記錄相關事宜，以方便資訊流通。然而，為避免網路資料容易面臨內容更新，導致該資料被移除的情形，因此在使用網路資料時必須特別註明網址，使用該筆資料的時間，以示負責。按此種分類方式，不但可使龐大資料能夠有系統的被分類，不致出現雜亂無章的情形，亦能方便民眾查詢相關資訊。

　　台中市歷史久遠，各分志主持人雖然長期關注台中市的發展並有專業能力，但受限於〈政府採購法〉而有纂修期程的規定，必須要在一定時間內記錄台中市各項發展的過去與現在，因此如何有效搜集相關史／資料以呈現台中市歷史、地理、政治、經濟、社會、教育、藝文活動的發展，並將歷史上對台中市發展有貢獻的人物事蹟作完整記錄，就成為纂修團隊的重要課題。以筆者曾經在新修《台中市志》纂修計畫案中先後擔任〈教育志〉主持人助理、總主持人助理的經驗，並與其他分志助理交換心得。可歸納出新修市志各分志在「基本史料」搜集上，是各分志助理在總主持人與各分志主持人的指導下，先行查閱與利用各種工具書、目錄，如考古挖掘調查資料、政府施政白皮書，或是各種目錄書籍與政府機關建置的網路資料庫，找到與台中市發展相關的史料。若遇到需要調閱相關公文檔案文件時，則是請求台中市文化局發函相關單位提供協助，再由各志主持人與助理至學術機構、政府檔案資料室等史料的保存地，或是自資料庫下載相關的數據資料與檔案，將台中市的相關史料影印取回或下載，由主持人判別史料內容的真實性與適切性後運用在各分志內容。筆者曾經在〈教育志〉纂修過程，透過台中市文化局人員協助，到台中市政府檔案室查詢並調閱戰後初期台中市教育政策與人事異動等方面的相關檔案。至於在「專書與論文集」或是「期刊論文」、「學位論

文」等學術資料的搜集上，則是採取先自網路上查詢關於台中市各面相的學術著作，除參考該學術論著的觀點外，是自該學術著作的參考書目得知其所使用的史料，再自這些記載追蹤相關史料，即是以資料找尋資料的方式逐步完善志書內容。市志纂修團隊亦曾透過例行性工作會報之召開，可將在纂修過程中遇到的困難請求文化局給予適當協助，更讓團隊間的史料資訊得到充份交流，甚至提供取得管道；而總主持人與各分志主持人亦可在工作會報中提供各分志參考的文獻資料，對各分志的纂修觀點加以討論，除了可掌握各分志的纂修內容與進度外，亦有助於各分志的史料搜集，可謂一舉數得。

綜觀新修《台中市志》史料搜集過程，筆者認為各分志雖然面臨許多人為與非人為因素的挑戰，但其中委實以〈人物志〉的困難度較高。因為該志的史料搜集雖可藉由「耆老座談會」取得部份口述史料，但還是必須由主持人與入傳人物的家屬溝通以得到更充份完整的資料，但若是遇到配合度不高的家屬，則往往就不易撰寫出完整的人物事蹟；再則，有些入傳的傳主年代久遠（特別是清代或是日治時期的人物），甚至是該傳主的後代子孫也不甚了解，使得可以參考與運用的資料又更加稀少，因此必須自該時期的相關文獻記載，配合相關手稿、筆記、日記、書信、傳記資料等，才能試圖勾勒出傳主的生平事蹟，但往往經過多方訪求，結果仍未能盡如人意。即在〈人物志〉的史料搜集過程，容易受人為因素與時空限制的影響，增加了纂修難度。

二、新修《山口縣史》

日本地方史志的纂修不僅有助於鄉土史料保存，亦可讓社會大眾認識鄉土的歷史文化，提升民眾的鄉土凝聚力與國家認同感。日本自古以來即重視史料保存，除了有大規模機關如資料館、文書館或是博物館等專職從事史料保存工作，地方上的許多小規模寺社或是私人藏書樓亦對各類史料多所保存，可藉由日記、信件、地契，或是帳冊等資料，了解當時的社會經濟發展概況。然而官方保存的資料實屬有限，特別是許多地方性的資料是散布各地，仍有待學者持續不斷地發掘與研究，故現階段日本各級地方自治體在纂修志書，除了呼籲民間收藏家應該將文獻資料公開以利流通與研究外；並指出私人藏書往往受限於典藏設備的缺乏，容易導致文獻資料損毀或殘缺，因而希望民間收藏家能將珍藏史料交到官方機構，使史料得到妥善的保存與利用。有鑑於此，位於兵庫縣的尼崎市早在 1977 年（昭和 50 年）就採取成立地域

史料館的方式從事市內各類型古文書整理與保存，並展開許多地域性歷史的
搜集與研究。由尼崎市立地域史料研究館的典藏史料可知，除了早期歷史資
料編集外，更著重尼崎市發生阪神大地震時的史料蒐集，即尼崎市在大地震
之後，由於在地居民的要求，官方與民間即快速搶救地方文史資料並成立史
料館，使與地震相關的第一手史料可完整保存，除了爲歷史留下見證外，並
可提供重建經驗作爲日後相關災害發生時的參考。〔註12〕

　　除上例外，羽田博昭曾以其於 1988 年（昭和 63 年）從事位於東京都內
北區的《北區史》纂修經驗，指出當時《北區史》在從事纂修時，由於該地
已先後在 1951 年（昭和 26 年）與 1971 年（昭和 46 年）分別完成《北區史》
與《新修北區史》的纂述，因此再次纂修《北區史》時，認爲有必要以前二
次出版的區史內容作爲纂修基礎，除考證史料或是內容是否有誤，對內容不
足之處作補充外，並在檢視過程發現有許多當時纂修時可供參考的史料如今
多已散逸，或是呈現保存不完整的狀態。羽田氏採取先刊行「資料集」的方
式來做爲北區歷史的纂修基礎，一方面在史料基礎上作歷史纂修，另一方面
希望利用纂修志書的機會，將早期史料妥善保存，並將焦點放置在以明治天
皇爲中心的近代部會與以大正天皇以降的現代部會。〔註13〕

　　日本纂修志書時所運用的史料與台灣從事方志纂修時相同，即是依據史
料性質的不同分爲非文字史料類型的考古遺址、出土文物與寫成文字形式的
文獻資料等類型。由於史料是不會變的，但保存史料的人物或是地點卻可能
消失，因而從事志書編纂時，就必須儘可能將各類型史料蒐集、編纂、出版，
並妥善保存起來，以供後人使用與研究。新修《山口縣史》的編纂，是以「史
料編」作爲纂修基礎，重視各時代史料的掌握狀況，故對於史料的蒐集與運
用就有責任將未發掘的史料透過現地調查等方式，使其能夠被發現與被利
用。然而，史料來源多元，甚至相同事件有不同的記載方式，如果不善加整
理，容易出現張冠李戴的情形；由於史料與資料來源與保存狀態各不相同，
甚至可能出現僞造情形，因此在完成初步史料的徵集後，需經過嚴謹的整理、
考辨、訂正等程序方可使用，以確保志書品質。因此如何對史料內容進行考

〔註12〕尼崎市立地域研究史料館，〈歷史沿革〉，http://www.archives.city.amagasaki.
　　　　hyogo.jp/kouza.html（2012/05/15）

〔註13〕羽田博昭，〈自治体史における近・現代資料の収集と活用：『北区史』の経
　　　　験をもとに〉，收入地方史研究協議會編，《地方史・研究と方法の最前線》（東
　　　　京：雄山閣出版公司，1997），頁 224～226。

證與調查，如何編制蒐集而來的資料，就成為纂修過程不可或缺的基本工作。

新修《山口縣史》的史料調查與蒐集是由「山口縣史編纂室」各部會調查委員與協力委員先進行初步的資料情報提供、特定資料調查，再由編纂室企畫部工作人員負責連繫相關事宜，確定各地典藏的史料後，交付編纂會議討論，再由編纂室工作人員根據會議結果從事實際的史料徵集，包含攝影、拍照、掃描、影印等工作。調查工作的展開是先自縣內的公私立資料館、文書館、博物館等開始，調查其典藏的史料；接著再從事縣內的民間收藏家，或是各類團體典藏的史料作調查採訪與徵集。再將史料徵集範圍擴張到縣外各公私立相關文書史料典藏地點，並尋求當地政府機關協助，擴大史料搜尋範圍，以完善史料取得。

山口縣史編纂室在「史料編」纂修過程，是先與縣史各部會專門委員開會討論，由調查委員與協力委員提供史料訊息，再由工作人員聯繫各地典藏與山口縣相關史料的單位，並透過辦理座談會方式，自耆老記憶取得相關資料訊息，再作進一步訪查。此種由縣史的調查委員與協力委員配合編纂室工作人員負責史料徵集的方式，雖然為編纂室增加許多作業上的不便，但相較於由負責纂修的專門委員實際從事史料蒐集工作，可免去許多不必要的行政程序；且由編纂室人員出面協商，亦可使民眾有較大意願將珍藏的史料交付處理。再者，執筆的專門委員不必負責史料搜尋，只需要將史料與相關訊息提供給調查委員與協力委員，再配合編纂室人員之行政作業取得史料即可，使專門委員有更多時間從事志書纂修。當工作人員陸續完成各類史料的初步訪查之後，山口縣史編纂室的纂修部會就開始對史料作進一步判別與利用以豐富志書內容。（照片 5-3）山口縣在編纂縣史時是以時間先後將蒐集來的史料作成史料長編，必然要將史料經過考證與篩選，再彙集成編纂基礎的「史料編」（或稱「資料編」），之後才在「史料編」基礎上完成「正編」歷史沿革的纂修。

在山口縣史編纂過程中，部份部會專門委員同時具有大學教授身份，故亦趁此編纂機會訓練旗下研究生，給予研究生接觸第一手史料的機會，並教導其如何判別史料真偽，如何篩選與翻譯史料以訓練其解讀原始史料的能力。此方式除了可使研究生在實務經驗中獲取史料閱讀與研究的能力，瞭解山口縣的歷史發展外，亦為編纂志書培育新一代的工作者與研究者。

照片 5-1　山口縣史編纂室人員調查實況

田萬川町大谷家文書的調查　　　　　　　開會協議用語解說的內容

縣史編纂事務室編集作業情形　　　　　　岩國市役所地籍圖調查情形

（資料來源：翻攝自〈編纂室報告〉，《山口縣史研究》第 7 號（1999.03），
　　頁 88～89、〈編纂室報告〉，《山口縣史研究》第 10 號（2002.03），頁 88
　　～89。）

　　　新修《山口縣史》的各時期史料數目龐大，「史料編」的編纂比重甚至超
越「正編」敘述歷史沿革與發展，可知縣史編纂是立基於史料長編的基礎，
而「史料編」的內容亦連帶影響「正編」內容。「史料編」的資料是以縣內公
私立機構的典藏史料爲主要對象，輔以田野調查研究，再將蒐集範圍擴大到
縣外相關地區；但目前日本國內各級自治體仍會依自治體內實際情形而有不
同的蒐集方式。色川大吉指出有些地方在編纂自治體史時是採取制定「自我

史年表」的方式，即是在纂修初期先將空白的「自我史年表」發給該纂修地域的民眾，讓他們填寫記憶中該地域近八十年來發生的各項事件，或是填寫民眾自身的家族史，之後再將民眾填寫的各種不同類型表格內容統一起來，交互參照比對。如此一來，除了許多編輯委員先前不知道的各種史料或事件被知悉外，亦可藉由史料的發掘逐步體現民眾對於自身周遭土地的歷史編纂參與感。〔註14〕爲了使在編纂過程搜集到的史料可充份被研究與被使用，山口縣史編纂室在縣史編纂期間，每年均會固定於春秋兩季擬定與縣史內容相關的課題作爲研究主題，例如經濟、政治或社會方面，並以專題方式與山口縣教育委員會共同舉行「山口縣史學術研討會」（「山口縣史講演會」），發表各研究者如何運用編纂過程整理出來的史料來獲得新研究成果，使纂修中收錄到的史料能發揮最大效用。縣史編纂室在縣史編纂期間，亦在山口縣文書館設置「史料保存中心」，保存縣史編纂的相關史料與資料，希望能藉由將史料保存於當地的方式，使史料能得到最妥善的保存與利用。山口縣史編纂室爲了掌握縣史編纂進度並與民眾分享編纂成果，在編纂工程啓動時，即決議定期將山口縣史的研究成果刊行成冊，固定於每年 3 月份出版《山口縣史研究》與《山口県史だより》（《漫談山口縣史》）兩種刊物；並在各期出版的《山口縣史研究》附上山口縣史編纂室提供的各部會年度纂修報告成果，記載各纂修部會於該年度的史料蒐集成果、內容纂修概況，並適時給予各專門部會行政層面的支援，以便編纂工作能順利進行，盡早完成全部卷志的編纂。

　　明治維新以前的日本在政治、社會、經濟、文化各方面皆深受中國文化影響，編纂的史書無論是纂修體例，或是纂修方法，都和中國方志相同。但明治時期在史書編纂時，開始接受歐美各國的理論而產生不同纂修方式，即是重視史料編輯與歷史場景的重現，使地方志書的功用不再是著重於歷史編修，而在傾向「史料編纂」，並認爲歷史的纂修，不應由政府去寫，實在是政府也不容易寫，政府在只要盡量蒐集史料即可。不過此種改變並不是說是立刻捨棄過去的中國志書纂修方式，而是從 1868 年（明治元年）到 1885 年（明治 18 年）間慢慢地轉變而成的。〔註15〕二戰結束後，日本的歷史研究受到西方史學思潮與社會科學編纂方式影響，開始傾向庶民社會生活史的探討，紛紛重視庶民的文字與史料，凡是有關商人（町人）與百姓（農民）的記錄，

〔註14〕色川大吉、芳賀登，〈地方史と民眾史：自分史の視座から〉收入齊藤博，來新夏編，《日中地方史誌の比較研究》（東京：學文社，1995），頁 100～101。

〔註15〕森谷秀亮，〈史料蒐集與歷史編纂〉，《台灣文獻》第 13 卷 1 期，頁 146～147。

都逐漸受到學界注意，並有學者嘗試自庶民的角度來建構日本歷史。這些文字史料與記錄，大多是指中古、近世，或是近代時期，某官署給某官署的命令、通知，或是一些喪失效力的檔案等，由於當時使用的文字較不易解讀，故統稱爲「古文書」。由於這些文獻資料都是要多方面去蒐集，且需要很多人力採取適宜的方法編纂，才能發揮最大效用。但由於各級地方自治體在從事自治體史纂修時，往往呈現出多各行其事的情形，無論是在編纂方法上或是步驟上，都不一定和中央政府的纂修方式一致，呈現有的是以文章寫成歷史，附以相關的史料或資料；有的則是和中央一樣，專門從事史料的編輯，再以史料爲基礎進行歷史沿革的書寫。綜觀現階段日本各級地方自治體所出版的自治體史，可發現大部份的編纂主軸已非傳統的歷史撰修，而是以編纂史料爲主要內容，但皆通稱爲「史」。〔註16〕

第二節　內　容

一、新修《台中市志》

　　特定地域在纂修地方志書時通常會參考相關資料以制定纂修內容，若是第一次纂修，在內容的時間斷限通常是始自該地域有人類活動之時，終至纂修當時的時間；若是面臨該地域的志書已曾纂修，需要再次進行纂修時，在纂修內容上是要使用新修與重修，或是續修方式，容易產生意見不一的情形。若是再次纂修，多會評估舊有志書內容的完整性，若是舊有志書已具相當質量，再行編纂時多傾向採用續修方式，在舊志書基礎增補新資料，以避免內容的重複性太高；然而，若是舊志書在編纂時即呈現不完整情形，則有必要重新編纂，以完整志書內容，豐富該地域的歷史發展與現況。過去台中市政府在多次編纂《台中市志》時，受限於政策改變與經費不足等因素，以致市志的編纂未能順利完成；故市政府特別重視新修《台中市志》的纂修，除嚴格審視投標纂修團隊的專業素質外，並要求市府內各局處要協助纂修團隊取得資料，並適時給予行政支援。

　　爲了符合台中市政府制定之新修《台中市志》服務建議書相關規定，中興大學新修《台中市志》纂修團隊在 2003 年（民國 92 年）8 月向市政府提出

〔註16〕森谷秀亮，〈史料蒐集與歷史編纂〉，《台灣文獻》第 13 卷 1 期，頁 148～149。

的《台中市志編纂計畫案期初報告書》（即「服務建議書」）架構中，於各分志明確列出纂修綱目，並經過市府召開審查會議的機會，使各分志主持人能與市志審查委員充分溝通，經過各方考量與數次協調後，呈現出完稿後的各分志內容如下：

（一）沿革志

計分上篇「發展沿革」與下篇「大事紀」兩部份。上篇「發展沿革」以時間為敘述主軸，記錄台中市各時期不同面貌與發展。首先記載台中市的史前時期考古遺址，說明台中市在有文字記載之前的史前文化與原住民族之活動範圍與生活情況；其次為荷蘭據台、鄭氏父子治台、清領時期，記載此三個時期位居台中地區的平埔族人如何與漢人交錯混居、平埔族人游獵與拓墾情況；第三為記載日治時期與戰後台中市的發展與建設。下編「大事紀」是以時間為經、事件為緯，將台中市自有歷史記載以來發生之重大事件，以中立客觀立場，簡單扼要採年、月的方式編排，以完備記錄台中市的歷史沿革。

（二）地理志

計分第一篇「自然環境」、第二篇「都市發展」、第三篇「地名」、第四篇「古蹟與名勝」四部份。第一篇「自然環境」闡述台中市都市形成與發展的自然環境背景，強調區域轄境、地質與地形、水文、土壤、氣候、環境變遷與自然災害等。第二篇「都市發展」以時間為經，空間為緯，透過時空的交互探討，說明台中市都市形成與發展過程，都市機能的變遷與內部空間結構的調整。第三篇「地名」著重台中市的地名調查、記錄與解說。透過這些地名的調查和解讀，呈現台中市民在台中市定居與生活的歷史、文化和地理意涵。第四篇「古蹟與名勝」探討台中市古蹟、歷史建築和名勝的分類、分布與特色，說明古蹟名勝的建築形制，展現時代意義。

（三）政事志

計分第一篇「行政與自治」、第二篇「選舉」、第三篇「財政」、第四篇「地政」、第五篇「衛生及環境保護」、第六篇「警政與戶政」、第七篇「役政」、第八篇「司法」八部份。由綱目可知政事志的編纂除了記載台中市的行政自治與地政等事務，並關注台中市的衛生及環境保護議題；此外，各篇內容是以時代先後為纂修依據，記載台中市管轄內各類政事推動的情況及沿革，著重在 1970 年以來台中市的警政、役政、戶政、司法等機關業務演變，針對許

多相關政策演變說明前因後果，以瞭解其中變化。

（四）經濟志

自 1970 年以來台中市的經濟情況分成六部份記載，即第一篇「水利建設」、第二篇「農業」、第三篇「交通」、第四篇「工業」、第五篇「商業」、第六篇「金融」，各篇再依據各時期發展，敘述台中市過去的經濟發展與實際狀況。即是針對台中市的經濟和產業特性，將產業發展相關的內在與外在條件做記錄；之後細分章節敘述同時期史事，以了解台中市整體經濟發展情形，政治、社會、文化間的關聯，呈現台中市經濟發展面貌。

（五）社會志

計分第一篇「人口與姓氏」、第二篇「社會行政與設施」、第三篇「人民團體」、第四篇「社區發展」、第五篇「社會救助與社會福利」、第六篇「宗教信仰與風俗習慣」、第七篇「社會變遷」七部份。記載台中市民生活點滴及相關活動，例如比較統計台中市的人口數量、出生與死亡率等比率，說明台中市的社會發展；敘述台中市的社會福利工作，宗教信仰演變過程，探討台中市的社會型態在人口結構、家庭觀念、道德觀念等與以往的清領時期、日治時期、戰後初期有何明顯不同。

（六）教育志

計分第一篇「教育行政」、第二篇「教育設施」、第三篇「各級教育機關與社會教育」三部份。第一篇「教育行政」與第二篇「教育設施」均依照時代先後，對清領以前、清領時期、日治時期、戰後台中市的教育宗旨與方針、教育人事經費、各級學校的教育設施與設備等作詳細記載；第三篇「各級教育機關與社會教育」則是就現行台中市內的學校分成各級教育機關、社會教育（包含補習教育、圖書館教育、博物館教育、社區大學教育，以及公共體育場所）兩部份，記載台中市歷年來在各級教育機關與社會教育的類型，歷史發展沿革，並述及相關教育政策在台中市的推行成效。

（七）藝文志

計分上篇「文學」、中篇「藝術」、下篇「文化行政」三部份。上篇「文學」始自原住民口傳時期，迄於 2005 年。分別就台灣中部原住民族群與口傳文學、明清時期台灣中部漢文化的傳播與發展、日治時期台中州的人文現象、戰後台灣中部的人文現象、從現代化思潮到多元文化的興起五部份，對台中

市的文學作記錄。中篇「藝術」則分列美術、音樂、戲劇、舞蹈、建築五部份，上溯自史前時期，記載台中市的各項藝術活動與特色。下篇「文化行政」是在撰述台中市文化局的沿革與大台中的文化藍圖。

（八）人物志

　　人物志的編纂主要考量修志的周延性與立傳標準甚難取捨，因而依循中國傳統志書「不爲生人立傳」〔註17〕的纂修原則，將傳主按性質分成政事、軍事、經濟、宗教、醫術、教育學術、藝術、文學、志士義行、紳耆、社會運動、外籍人士12部份來立傳。入傳的人物是以其主要生平事蹟發生在台中市現行的行政區域爲撰述範圍，原隸屬於台中市但之後遷出者，亦爲之立傳。此外，凡是在台中市出生，或在他處出生者，於戰後在台中市設籍，且主要事蹟在台中市者；非在台中市出生，但其事蹟有部份在台中市者，皆可酌情爲之立傳。由於〈人物志〉的傳主入傳名單素來極易引發爭議，因而此次的入傳名單，均經由新修市志總主持人與人物志主持人在台中市文化局的協助下，分別於台中市 8 個行政區召開耆老座談會，徵詢各界對於入傳的名單意見，並藉由座談會的召開，獲得一些散落於民間，不爲官方記載的珍貴資料；其後再由人物志主持人綜合各方意見，擬定人物志的傳主名單，交付審查委員審定後，正式抵定。

　　上述可知，新修《台中市志》內容編纂與規劃，是採取以志統篇的方式，其後再以時代爲劃分依據來纂修；篇下以分門別類方式制定相關細目，以完整呈現各分志內容與特色。此外，爲便利讀者使用，新修市志在各分志皆設有各分志主持人對分志內容作介紹的「概說」，並附有「卷首」、「卷尾」、「索引」、「參考書目」等項目。

〔註17〕「人物志」的纂修，秉持編史修志中「蓋棺論定」、「不爲生人立傳」的傳統原則。主要乃在避免因傳主尚存，難斷言其人其事之發展，故難以蓋棺論定；並且爲生人立傳，還容易產生誇飾、溢美等現象，有損志書價值。但是「不爲生人立傳」，不等於生人不能入志，生人事蹟可以因事繫人，來適時地列入志書其他篇章，如新修《台中市志·藝文志》就撰述有多位台中市著名藝文人士的介紹。

照片 5-2　新修《台中市志》書影

（資料來源：作者拍攝，2011/08/06）

　　新修《台中市志》各分志佈局與內容纂修等，雖然是在前人規劃的《台中市志稿》與《台中市志》基礎上進行，但已有部份內容規劃有別於舊市志中遵循的傳統志書纂修概念，有其特別之處。〔註18〕（表5-1）以下分別以「卷志規劃」、「綱目擬定」、「撰寫筆法」三方面論述。

（一）卷志規劃

　　新修《台中市志》的卷志除了有傳統志書「政事志」、「經濟志」、「人物志」的擬定外，尚在舊有卷志基礎上新增纂修內容，以合併成新的卷志。例如新修市志是將舊有《台中市志稿》與《台中市志》「卷首」的台中市開發、疆域、概況、大事記，加上「雜志」的天災地變與人禍記述，統一規劃在「沿

〔註18〕《台中市志》的纂修，是開始於1962年，由台中市長聘任地方耆碩爲委員，成立台中市文獻委員會，由王建竹著手進行市志纂修工作，惜因故中斷。1964年市長張啓仲再度聘任王建竹草擬市志綱目並負責市志纂修事宜，並於1965年刊行部份《台中市志稿》；1968年，市長林澄秋繼續推動市志的纂修，從1972年到1984年，曾先後出版五卷《台中市志》，其餘卷志則因地方財政經費與人事異動等因素而未能完成編纂與刊行。資料來源：張啓仲，〈台中市志稿·序〉，收入王建竹主修，林猷穆編纂，《台中市志稿·卷首（上冊）》（台灣台中：台中市文獻委員會，1965），頁1～2、林澄秋，〈台中市志·序〉，收入王建竹主修，林猷穆、張榮樓編纂，《台中市志·卷首》（台灣台中：台中市文獻委員會，1972），頁7。

革志」記述，說明台中市整體發展概況。

　　戰後初期台灣地方志書纂修在規劃卷志內容受到 1950 年代台灣省文獻委員會積極推動《台灣省通志》的纂修工作，並發動台灣各縣（市）設立縣（市）文獻委員會推行全面修志之影響，使得各縣（市）在編纂地方志多依照《台灣省通志》的卷志規畫，將「地理」項目劃歸於「土地志」編纂範圍，如 1965 年與 1972 年由王建竹主修的《台中市志稿》與《台中市志》、1993 年由黃耀能擔任總纂的《南投縣志》等皆是。〔註 19〕而針對在志書的命名上究竟是要使用「土地志」或是「地理志」，新修《台中市志・地理志》主持人陳國川曾在〈戰後台灣鄉鎮志地理篇內容的特色〉指出，針對居民營營其生活方式的舞台，大部份均設有地理篇以描述其特色。和舊志不同的是，今志地理篇的名稱顯得比較活潑而多樣，除有以「地理」命名者，其他「封域」、「土地」等和「地」有關的名稱，也不乏其數，多少展現傳統中求創新的色彩。〔註 20〕此次新修市志即是將舊志中「土地志」的內容，結合現代地理學與地質學的空間觀點，輔以自然與人文社會學門的研究方法，重新統籌規劃，另置於新設立之「地理志」範疇，使「地理志」纂修範圍能自傳統「土地志」的記載包括境域、地質、地形、氣候、土壤、聚落、地名、生物與自然保育、勝蹟等內容，選擇與台中市自然與人文地理發展過程中相關的地形、氣候、物產、勝蹟等主題記載其沿革變化；並增加撰修台中市在都市發展下的行政區劃與地名等人文地理之沿革與現況，以便在有限篇幅與纂修期程內，豐富呈現台中市的自然與人文地理發展。

　　第三，在《台中市志稿》與《台中市志》卷首可看到當時的卷志規劃，並無「社會志」的獨立項目，而是將社會相關史料編排在「政事志」的「社會篇」。但時間的推移及演變使台中市的社會發展快速，社會型態產生改變，

〔註 19〕 1993 年接下《南投縣志》纂修計畫案的總纂黃耀能曾指出，土地為人們提供生活空間，其生態環境影響人們的生活至深且巨，因而特在《南投縣志》的卷志規劃中設置「土地志」，以描述南投縣的地理、氣候、生物、古蹟、天災地變。黃耀能，〈纂修高雄市、南投縣志的架構以及所遭遇的困難〉，收入許雪姬、林玉茹主編，《「五十年來台灣方志成果評估與未來發展」學術研討會論文集》（台北市：中央研究院台灣史研究所籌備處，1999），頁 408。按黃耀能總纂之《南投縣志》因故未能完成，其後由陳哲三繼續總纂，至 2010 年始完成並發行。

〔註 20〕 陳國川，〈戰後台灣鄉鎮志地理篇內容的特色〉，收入許雪姬、林玉茹主編，《「五十年來台灣方志成果評估與未來發展」學術研討會論文集》，頁 236～250。

也由於社會的種種吸引力，出現許多社會現象及問題。正如新修《台中市志・社會志》主持人陳靜瑜所言，人類是群居的動物，因血緣關係而形成家庭、宗族；因種族、地緣與文化關係，而形成社會、民族與國家；因政治關係而形成政府與政治團體等，可知人類生活及團體生活，無論何地，人都不能離群而索居；而集合若干份子而形成的團體，就好像人在生理上具有五官百骸，人如果營養失調或不足，就不免有種種病態產生，而團體又何嘗不是如此，於是一般社會事業乃至社會行政遂應運而生。〔註21〕故新修市志特別將舊市志中「政事志」的「社會篇」獨立出來，以舊市志的「人民志」爲基礎，新增加社會行政、社區發展、人民團體、社會救助與福利等項目，擴大獨立成爲系統化與多主題面向的「社會志」，以闡述戰後台中市社會的變遷現象，建構多元而有深度的詮釋，勾勒台中市整體社會變遷發展的風格與特質。〔註22〕

　　第四，台中市自日治時期以來，因人文薈萃、文風鼎盛等因素得到「文化城」美稱。究其「文化城」稱號由來，是來自日治時期的台灣知識份子，在西方民族自決思潮影響下，爲喚醒台灣人的民族意識，爭取台灣人的政治權力與社會地位，更期盼喚醒台灣人民的民族意識以脫離日本統治，因而以蔣渭水（1891～1931年）等人爲首，於1921年（大正10年）在台北大稻埕靜修女子學院召開台灣文化協會成立大會，揭櫫其成立宗旨在於「謀求台灣文化之向上（發達）」〔註23〕，以舉辦各種文化活動的方式，扮演啓迪台灣人民的民智、喚醒民族意識，加強社會觀念之角色，展開台灣人的非武裝抗日民族運動。由於台灣文化協會成員以來自台中的地主與中產階級知識份子佔

〔註21〕 黃秀政總主持、陳靜瑜主持，新修《台中市志・社會志》（台灣台中：台中市政府，2008），頁1～4。

〔註22〕 台中縣政府在1989年出版由張勝彥總纂的《台中縣志》中，其中原本亦無「社會志」的規劃，而是將「社團」、「社會福祉」，以及「衛生」等主題統一劃歸於「政事志」編纂範疇。但在2007年展開的續修《台中縣志》編纂計畫，也是有鑑於台中縣近幾十年來社會急遽變化，因而新增列「社會志」一卷，以闡述台中縣社會團體、社會福利、公共衛生、消費與休閒生活、國際婚姻移民、社會運動等社會現象。張勝彥總纂，林世珍、陳光華等編纂，《台中縣志・政事志》第三冊（台灣台中：台中縣政府，1989）；〈續修台中縣志・凡例〉，收入張勝彥總纂，張勝彥、鄭梅淑編纂，續修《台中縣志・卷首》（台灣台中：台中縣政府，2010），頁XI～XII。

〔註23〕 〈台灣文化協會趣意書（宗旨）〉，收入台灣總督府警務局編，《台灣總督府警察沿革誌（三）》（台北市：南天書局，1995；原刊於1939年（昭和14年）7月），頁138～139。

多數，如林獻堂（1881～1956 年）、蔡惠如（1881～1929 年）、王敏川（1889
～1942 年）、楊肇嘉（1892～1976 年）等人，因而文化協會的各項活動多以
台中爲舞台。台中的知識份子在林獻堂領導下，以非武力方式展開對台灣人
民的文化啓蒙與社會政治運動，例如在台中市設立有中央俱樂部販書部，以
介紹中文和日文之新文化書刊爲主；於霧峰萊園（今台中市霧峰區明台中學）
開辦夏季學校，提供台灣民眾獲取西方新知識的機會，啓發民眾的民族思想；
另外更舉行各種文化講演會與文化劇，以潛移默化方式，灌輸基層民眾西方
新科學與人文知識。再加上改組後的新台灣文化協會總部與台灣農民組合本
部均分別自台北與高雄移設至台中，台灣民眾黨與台灣地方自治聯盟亦成立
於台中，皆顯示台中在當時已然成爲台灣人舉行政治、社會，特別是文化運
動最爲頻繁的中心地帶，因而得到「文化城」的美稱。〔註 24〕但在早期纂修
的《台中市志》卷志，卻以台中市歷史較短，「藝文資料不豐」〔註 25〕爲由，
將台中市的藝文與教育合併爲一卷「文教志」，實未能顯示台中市被稱爲「文
化城」的特色。因此新修《台中市志》在擬定卷志時，特將舊市志的「文教
志」分別獨立爲「教育志」與「藝文志」兩分志，論述台中市的教育與藝文
發展過程。誠如新修《台中市志・藝文志》」主持人陳器文所言：「《台中市志・
藝文志》能單獨成冊，比起前修的《台中市志》已有很大的調整，凸顯台中
市藝文都會的特質。」〔註 26〕

〔註 24〕台灣總督府警務局曾在 1939 年編輯出版的《台灣總督府警察沿革誌》指出，
　　　　台中地區的知識份子對於台灣人的文化啓蒙與社會運動扮演重要角色，故使
　　　　台中地區的文化啓蒙運動較台灣其他地區興盛。另外，葉榮鐘亦曾撰文，提
　　　　出台中市在日治時期爲台灣中部區域的行政中心，周圍環繞著許多富庶且文
　　　　化水準較高的衛星都市，如霧峰、草屯、豐原、鹿港，以及清水等地，再加
　　　　上台中市在當時亦是「台中州」行政機關的所在地，因而轄下各地人士的進
　　　　出頻繁，自然而然提高了台中市的文化地位；葉氏同時也指出，由於在日治
　　　　時期「城」這一稱謂並不常用，報紙雖然有時會因記者的雅興而有「雨港」（基
　　　　隆）或「風城」（新竹）的字眼出現，但一般並沒有用來稱呼都市，因此其憶
　　　　測台中「文化城」三字的由來，可能是在戰後某一位記者先生因爲要強調台
　　　　中的文化優越性，而給予的榮銜。台灣總督府警務局編，《台灣總督府警察沿
　　　　革誌》三，頁 11～13；葉榮鐘，〈釋台中文化城〉，《台灣風物》第 26 卷 4 期
　　　　（1976.12），頁 8～9。
〔註 25〕〈台中市志稿・凡例〉，收入王建竹主修，林猷穆編纂，《台中市志稿・卷首
　　　　（上冊）》，頁 11。
〔註 26〕陳器文，〈藝文志主持人序〉，收入黃秀政總主持、陳器文主持，新修《台中
　　　　市志・藝文志》（台灣台中：台中市政府，2008），頁 5。

　　第五，二次大戰後受到中華民國政府在台灣的政治、社會、教育、文化等方面實施「去日本化」及「再中國化」政策影響，在台中市舊市志的卷志曾規劃有「革命志」的纂修，以記載台中人民反抗異族（清朝、日本）統治的革命偉績與堅強意志，激發民眾的民族精神，可說「革命志」的規劃，實與當時在戒嚴體制下的台灣政治形勢與社會氛圍有關。〔註27〕然而，今日在台灣的政治與社會情況皆穩定發展情況下，已無纂修「革命志」的必要，新修《台中市志》自然無需再有此卷志的規劃，而是將相關內容改置於「沿革志」，不再特別強調。以上皆為新修《台中市志》與《台中市志稿》、《台中市志》在卷志規劃的不同處，可知新修《台中市志》在卷志規劃上除有繼承前人的內容外，亦配合時代發展而有創新之處。

（二）綱目擬定

　　新修《台中市志》各分志綱目亦隨時代發展與演變新增許多主題。首先，新修市志在「地理志」中新增加舊市志所無的「都市發展篇」，採用以時間為經、空間為緯的時間與空間交互探討方式，交織出自清代以來台中市的都市發展歷程，以表現台中市的都市發展特色。其次，新修市志亦在舊志書「經濟志」綱目基礎新增加「水利建設篇」，自土地開發和減除洪患的角度，探討台中市的農田水利和水利工程，記錄台中市的自然和人文資源開發使用過程，闡述台中市民如何透過生產、交換、分配、消費行為所形成的經濟活動，

〔註27〕 1949 年中國國民黨自中國大陸全面撤退到台灣，面對已接受日本殖民統治五十年的台灣，旋以「去日本化」及「再中國化」進行台灣的文化重建工作。因此，戰後初期的台灣，不僅固有文化的保存不受到重視，台灣本土文化更遭受極大的壓制。大致而言，戰後初期是以「三民主義」為宗旨，力圖喚醒台灣人的「民族意識」，以建立台灣人民對國民黨政府的認同，因此由各地纂修的志書，具有相當濃厚之官方色彩。特別是在戒嚴體制下，反共與中國教育籠罩一切，形成在政治上，由「中央」主導「地方」；在教育上，只重「國家課程」，排斥「鄉土課程」；在情感上，「國家意識」擠壓「鄉土意識」的情況，反映在志書的卷志佈局上，則為可見到「革命志」的出現，其內容強調台灣人民在遭受異民族侵略或統治時的反抗意識，以及台灣人民在戰後回歸中華民國政府治理時的歡欣之情，以激發民眾愛國愛鄉之精神。在此時代背景下，故台中市早期由王建竹主修與林猷穆等人編纂之《台中市志稿》與《台中市志》中，均規劃有「革命志」的纂修。另外，嘉義縣早期由賴子清負責纂修的《嘉義縣志稿》、雲林縣由樊信源纂修與彭卿續修的《雲林縣志稿》，以及台南市由顏興與巫鈞連編纂的《台南市志稿》等志書，亦皆規劃有「革命志」的纂修，顯示出「革命志」的規劃，實有其時代意義。郭佳玲，〈論戰後台灣縣（市）志的纂修〉，《台灣文獻》第 61 卷 1 期（2010.03），頁 225～226。

交織出台中市的經濟和產業發展之特性與內外在條件。第三,則是在舊市志「政事志・衛生篇」基礎上,將「環境保護」與「衛生」合併爲「衛生與環境保護篇」,說明台中市衛生環保觀念的建立,是始自日治時期日本人在台灣推動近代化過程中在衛生保健與環境保護方面的作爲,以呼應近年來台中市對於環保議題的重視。此上皆可說新修市志各分志是依據台中市特有的發展而新增主題,多方面詮釋台中市的發展特色。

　　由新修《台中市志》目次亦可發現各分志部份主題的章節位置與舊市志或是其他縣(市)在從事志書編纂時的章節不同,即新修市志多視台中市的現行發展情況,適時調整各志篇章節。例如依據中華民政內政部於 2002 年 4 月 24 以總統華總一義字第 09100075600 號令修正公布之「人民團體法」,指出人民團體分爲下列三種:1. 職業團體:係以協調同業關係,增進共同利益,促進社會經濟建設爲目的,由同一行業之單位、團體或同一職業之從業人員組織之團體。2. 社會團體:係以推展文化、學術、醫療、衛生、宗教、慈善、體育、聯誼、社會服務或其他以公益爲目的,由個人或團體組成之團體。3. 政治團體:係以共同民主政治理念、協助形成國民政治意志,促進國民政治參與爲目的,由中華民國國民組成之團體。若查詢中華民國內政部建置的「人民團隊全球資訊網」發展沿革,可發現其並未將「政治團體」置於「人民團體」範疇,只指出「人民團體」之組織,按性質可分爲職業團體與社會團體兩大類:1. 職業團體:係人民基於同一職業而組織之團體,其性質較著重經濟層面,但不以營利爲目的,而係以保障成員權益爲目標,包括工業、商業、自由職業、農民、漁業、勞工等團體。2. 社會團體:係人民基於志趣、信仰、地緣或血緣之相同而組成之團體,其性質較著重社會層面,純以個人興趣之滿足或理想之實現爲目的,包括學術文化、社會服務及慈善、醫療衛生、宗教、體育、國際、經濟業務、宗親會等團體。

　　在舊《台中市志》綱目是將「政黨」以獨立成篇的方式放置於「政事志」編纂範疇,論述台中市的政黨發展,但新修《台中市志》雖然是將「政黨」改置「政事志」的「行政與自治篇」,並以「228 事件與戒嚴」、「政黨政治的發展」二節記錄戰後台中市民主政治的發展,是將政黨置於政治環境論述。但卻於「社會志」另設「人民團體篇」來記載台中市以興趣、職業、信仰、地緣、血緣等關係依法組織成立的職業團體、社會團體與合作事業,說明台中市的各行各業民眾,如何共同貢獻智慧和力量,有效運用人力及物力,協

助政府宣導政令，促進社會安和樂利。〔註28〕新修《台中市志》為闡述其纂修視點是以「民眾」為主體，特別在「社會志」新增「社區發展」與「社會救助與社會福利」等篇目，闡述民眾如何結合政府力量，由民眾自動自發的精神，共同為建設自己鄉里的環境，改善生活習慣、品質而努力，呈現台中市的社區發展組織架構與建設成果；並以基本人權的觀念及社會福利公平正義原則，認為社會有責任給予弱勢族群必要的扶助與救助。

地方志在纂修時對於各分志的綱目與各志篇的章節，除了考量各地方政府受制於修志經費多寡、編纂期程的限制等影響，使志書纂修規模有所差別外，亦由於長期以來台灣並未出現一套官方版本的志書綱目擬定標準範例，因此各縣（市）的方志纂修多未嚴格規範各分志纂修內容，而是採取以地方政府與纂修團隊依據地域的特色，纂修團隊之間對於內容的相互協調作為劃分標準。例如「人民團體」與「社會福利」的歸類，除了新修《台中市志》是放置在「社會志」的範疇外，台中縣在 1989 年（民國 78 年）出版由張勝彥總纂的《台中縣志》，並無「社會志」的規劃，而是將「社團」與「社會福祉」等主題劃歸於「政事志」編纂範疇；新竹市在 2005 年（民國 94 年）出版由張永堂總纂《續修新竹市志》，則是將「社會團體」與「社會福利」置於「政事志・社政篇」編纂範疇；另外，南投縣 2010 年出版由黃耀能與陳哲三總纂《南投縣志》，亦是將「人民團體」與「社會福利」置於「政事志」編纂範疇。〔註29〕觀其制定標準，誠如台灣省文獻委員會於 1973 年出版的《台灣省通志》〈凡例〉記載，其分綱立目，要「以品事屬詞，以類相從，涵意清晰，人可通曉，而便於查閱為準」。〔註30〕

新修《台中市志》在「人物志」中對於入傳傳主的分類標準，也可發現其分類方式已不同於舊市志在「人物志」編纂時，使用先烈、名宦鄉賢、忠義節孝、學藝流寓等傳統名詞，而是採取符合時代潮流的政事、軍事、經濟、

〔註28〕內政部全國法規資料庫，〈人民團體法〉：http://law.moj.gov.tw/LawClass/LawAll.aspx?PCode=D0050091（2012/01/11）；內政部人民團體全球資訊網，〈發展現況〉：http://cois.moi.gov.tw/moiweb/web/frmHome.aspx（2012/01/11）。

〔註29〕張勝彥總纂，林世珍、陳光華等編纂，《台中縣志・政事志》第三冊；張永堂總纂，鄭梅淑等撰稿，《續修新竹市志・政事志》（台灣新竹：新竹市政府，2005）；黃耀能、陳哲三總纂，吳顯欽等撰稿，《南投縣志・政事志》人民團體篇、社會福利篇、衛生篇（台灣南投：南投縣文化局，2010）。

〔註30〕〈台灣省通志・凡例〉，收入台灣省文獻委員會編，《台灣省通志・卷首上》序例綱目（台灣台中：台灣省文獻委員會，1973）。

社會等現代用語，其目的除了在使讀者參閱綱目時可明瞭其分類屬性；亦顯示當代人編纂「人物志」時，已不再拘泥傳統方志的綱目形式與內容，而是採取與時俱進，隨時代演進而調整的方式，從事人物傳記的纂修。例如新修市志「人物志」纂修有「社會運動」與「外籍人士」兩章，「社會運動」章是基於日治時期台灣的知識份子為了提昇台灣人地位，而致力於社會運動的推行，其中又以台中的知識份子在當時社會運動風潮中扮演重要角色，因而特別設章撰述，將凡是曾在台中推動政治、文化與社會改革的菁英份子立傳誌錄以彰顯事蹟；「外籍人士」章是顯示新修市志「人物志」對於入傳人物的選擇已不再侷限於本國人士，而是將歷年來對台中市有特殊貢獻者，不分國籍與身份皆入傳誌錄。有關新修市志「人物志」入傳的纂修斷限與傳主名單，總主持人黃秀政曾指出，原則上「人物志」的纂修斷限，按照新修《台中市志》委託合約書規定，是從清領台灣初年到 2004 年為止，按時代變遷來編寫台中市的開發過程，並記載重要人物事蹟。但實際上，若在纂修期程內，遇有重大事件或人物變故時，則是考量到下一次再行撰修市志已不知是何年，因而可視情況增加至 2006 年發生的事件，例如藝術界的大老呂佛庭、台中市前市長陳端堂的辭世等，皆有需要及時將其納入「人物志」纂修，以彰顯其特殊貢獻與事蹟。〔註31〕

（三）撰寫筆法

　　新修《台中市志》在各分志內容的撰寫筆法亦有別於舊市志，是使用西方社會科學編纂方式與新式科學技術，不僅增加許多圖片與照片，在各分志內容的撰寫上亦有承襲與創新之處。

　　首先，新修《台中市志・沿革志》除了在既有史料與研究成果對台中市的歷史發展沿革作撰述外，並結合新發現的考古史料（例如台中市史前考古遺址的調查研究報告），對於台中市的過去晦暗未明或未見探討之處，予以釐清詳論，提出台中市的發展最早可以上溯至新石器時代中期，其後又為原住民平埔族的農耕與游獵所在地，直到十八世紀漢人陸續入墾後，才使台中地區發展出不同的文化風貌，顯示出台中市發展的主體性與獨特性。主持人孟

〔註31〕蘇孟娟，「耗時 5 年編修　台中市志亮相」，《自由時報》電子報「中部新聞」
　　　http://www.libertytimes.com.tw/2009/new/may/22/today-center15.htm
　　　（2009/05/22）。郭佳玲，〈新修《台中市志》總主持人黃秀政教授訪問記錄〉，
　　　2012 年 2 月 19 日於黃宅。

祥瀚提出台中市在歷史沿革的發展過程，不僅在石器時代已具特色文化，尚
有台灣平埔族在中部的族群種類眾多、因資源豐饒使土地拓墾迅速等特性，
再加上由於文風鼎盛、縉紳輩出等背景，更使台中市在日治時期成為政治與
文化運動的重鎮。故就台中市的發展而言，相較於台北或是台南等都市，實
具備強大的新興都市力量。〔註 32〕新修市志〈沿革志〉並配置有「大事記」
的編纂，在標明時間、地點、事件、人物、過程、結果的原則下，採取以時
間為經，事件為緯，按編年體以時繫事方式，將台中市各年發生之大事，按
年月編排，以時間順序勾勒出台中市歷史發展的輪廓和事物發展的線索，論
其始末源由，或予解釋，以求史事之完備。〔註 33〕值得注意的是，新修市志
〈沿革志〉中「大事記」史事內容的選錄原則，除了包含歷年來全國性事件
對台中市有重大影響者，或是於台中市發生而影響全國者，屬於台中市的地
方性政治活動、制度變遷、人事沿革與社會事件等外，亦包含台中市的指標
性地方經濟建設之記載，或是重大天然災害與人為等意外事件，使閱讀者可
容易藉由「大事紀」的內容，對台中市歷史發展沿革有基礎認識。此亦為當
初新修市志在規劃卷志時，將「大事紀」劃歸「沿革志」纂修範圍的重要考
量之一。〔註 34〕

　　第二，傳統志書有鑑於「地理」是人在歷史中的活動與表演舞台，故均
規劃有〈地理志〉（或稱〈土地志〉）的纂修。然而傳統〈地理志〉的纂修多
是注重地名沿革，或是氣候變遷的記載。探究新修《台中市志・地理志》的
撰寫筆法，可知由於其負責纂修者陳國川係地理學門出身，因此在志書的撰
寫筆法上就與歷史學門出身的學者不盡相同，即在新修市志〈地理志〉的纂

〔註 32〕郭佳玲，〈新修《台中市志・沿革志》主持人孟祥瀚教授訪問記錄〉，2012 年
　　　　3 月 16 日於國立中興大學歷史系 634 研究室。
〔註 33〕對於地方志「大事記」的纂修方式，曾有中國學者提出採用「編年體」與「紀
　　　　事本末體」相結合的體例。即「編年體」是以時繫事，以事設目，即一事一
　　　　個條目，按時間順序將有影響、有意義的大事簡明扼要的記述，因而無論是
　　　　那一方面的大事，以年月日的方式排列，可方便民眾查閱使用，但其局限性
　　　　在於記載過於簡略，易使重大歷史事件難以反映清楚。而「紀事本末體」的
　　　　特點是記述重大歷史事件，按其發生、發展、前因、後果，完整地記述下來，
　　　　因而能補「編年體」的不足，全面反映重大事件的真實面貌。因而在編纂「大
　　　　事記」時可採取「編年體」與「紀事本末體」兼用的方式，將歷史編年與記
　　　　事本末統一按時間編排出版，或是採用分別編排，分冊出版的方式。王復興
　　　　主編，《省志編纂學》（中國山東：齊魯出版社，1992），頁 101～102。
〔註 34〕郭佳玲，〈新修《台中市志・沿革志》主持人孟祥瀚教授訪問記錄〉，2012 年
　　　　3 月 16 日於國立中興大學歷史系 634 研究室。

修過程中，是以都市發展的自然地理和人文地理為基礎，結合傳統方志的風格與現代學術研究的規範作為主軸，企圖以地理學的角度進行台中市聚落、地名、建築等事物的探討；以時間配合空間，自環境舞台的觀點出發，配合現代地理學與地質學概念，運用地理學門使用的「GIS 地理資訊系統」〔註 35〕，將各種統計圖表與數據套疊至衛星影像圖，以繪製精確的台中市各類氣象、山川地理形勢等地圖。希望透過第一篇「自然環境」的原始舞台架構，了解「都市發展」、「地名」、「古蹟與名勝」等各項人文活動，使市民認識台中市的環境特色、氣候變遷、區域發展等，因而特別將「自然環境篇」編列於〈地理志〉之首。〔註 36〕由於現代「地理志」的撰修涉及地理資訊的使用，因而新修《台中市志・地理志》採取以地理學出身的主持人帶領旗下地理學門的團隊從事纂修工程，有的協助撰稿，有的幫忙田野調查、蒐集資料，有的則是繪製各種地圖，以完成纂修。此舉除了可使「地理志」能如期在合約期限內完成，又可藉此機會培育優秀的修志人才，可謂一舉數得。

　　第三，在地方志書纂修中，是先土地而有人民，有人民而後有政事，故而〈政事志〉的編纂是不可缺少。就國家層次而言，政事就是國家的大政方針及施行；就縣而言，即是縣的施政方略及施行成果，故舉凡與縣政相關事項，均可納入〈政事志〉纂修範圍。所謂「政事」的「政」字，可解釋為施政方略、行政組織、政治行為，而政治行為又可以包括地方自治、政治活動等；而「政事」的「事」字，則是指涉及戶政、財政、役政、警政等攸關政府發展的各類事項。〔註 37〕傳統志書對於「政事志」的纂修，係指專門記載

〔註35〕「GIS 地理資訊系統」係指 1960 年代美國、加拿大為調查與分析其國土利用、自然資源、地質、人口普查等資料所建立的一套系統。其英文全名為「Geographic Information System」，通常簡稱為「GIS」。顧名思義，「地理資訊系統」是由「地理」、「資訊」、「系統」三者結合而成。其中，地理學是指真實世界中空間組成物件的描述，因此凡是與相對位置或空間分布有關的知識都是地理的範疇；資料則是指與空間物件相關之資料或訊息，經由數位化處理後，儲存於電腦資料庫中；系統則是應用電腦技術作為處理工具，支持地理學與資訊的分析，而將電腦硬體、操作軟體、空間資料，以及使用人員連結起來，就是一個系統。「GIS 地理資訊系統」是資訊處理和各種空間分析技術的整合，經由軟硬體的整合，可同時解決圖面資料及屬性資料之輸入、儲存、取用、分析、展現等問題，以提供全方位之決策重要資訊。王瑞民，《地理資訊系統》（台灣台北：高立圖書公司，2001），頁 3～5。

〔註36〕黃秀政總主持，陳國川主持，新修《台中市志・地理志》（台灣台中：台中市政府，2008），頁 1。

〔註37〕雷家驥總纂修，《嘉義縣志・卷首》（台灣嘉義：嘉義縣政府，2009），頁 126。

特定地域社會之政治結構、人際與群際之互動、人口變遷趨向,故而在內容
上多強調主政者各項政策的推動與執行成效。新修《台中市志・政事志》除
了將「社會」部份獨立出來,並在傳統以官方施政策略、行政組織角度來從
事纂修工作的基礎,提出台中市各項行政與政治的歷史沿革、各項市政發展
之外,更強調施政者各項行政措施的成效與影響。因此,新修市志〈政事志〉
論述戰後台灣的土地改革時,即是自三七五減租、耕者有其田等政策著手,
說明台中市的農地從如何自農地農用政策轉化到農地開放政策,使讀者能對
台中市的土地改革政策有背景式了解並明白其變化。〔註38〕並從而可知是著
重於探討台中市官方在各個時期的政事政策制定背景、發展與演變過程,以
說明歷年來台中市官方在政事方面的推動情況及成效。

　　第四,新修《台中市志・經濟志》的纂修者係出身經濟學門的學者,因
此反映在志書上是一改過去歷史學者自農、林、漁、牧業排序的撰寫筆法,
而是將經濟學的理論融入志書纂修,屬於以「經濟學」角度導入〈經濟志〉
的撰修方式,非僅止於以歷史視野來纂修。「經濟學」探討的經濟發展係指各
項經濟活動促使每人實質所得、社會福利在長時期不斷增加的過程,此一過
程著重的是因果關係,而不僅在於和發展有關的條件或特性;〈經濟志〉的纂
修除了運用經濟學的理論,更著重在以記錄地方發展的重要事件或活動爲
主,強調各種自然和人文資源的開發使用,論述透過生產、交換、分配和消
費所形成的產業活動。新修《台中市志・經濟志》在纂修時,即經由台中市
文化局審查委員與新修市志纂修成員,討論出以水利建設、農業、交通、工
業、商業、金融六個類別來探討台中市的經濟發展,再依據各個主題發展階
段的實際狀況,加入經濟學的統計和數量分析方式,分章節敘述同時期史事,
以顯現台中市經濟和產業發展的特性與內外在條件。因而自產業供需概念的
角度上,提出台中市自清代開始即發展爲消費型都市,並成爲台灣中部地
區的農工商交易集散中心,逐漸褪去一級產業的角色,改爲以工商業發展爲
主軸。〔註39〕「水利建設篇」是以水利建設爲農業之源的基礎建設,因此將
其置爲全志之首,並從土地開發和減除洪患的角度探討台中市的農田水利和
水利工程;「農業篇」是從自然環境談及台中市的農業發展與農民生活相關的

〔註38〕黃秀政總主持,王志宇主持,新修《台中市志・政事志》(台灣台中:台中市
　　　　政府,2008),頁1。
〔註39〕黃秀政總主持,蕭景楷主持,新修《台中市志・經濟志》(台灣台中:台中市
　　　　政府,2008),頁2。

農民組織;「交通篇」除了記載台中市不同時期的交通建設和發展外,亦記述郵電事業與觀光休閒旅遊間的關係;「工業篇」和「商業篇」則是以二次大戰後台中市的工業和商業發展為纂修中心;至於「金融篇」是就台中市的金融發展概況與金融機構加以介紹,例如農業會社、合作社、合作金庫、銀行等。

　　第五,傳統方志纂修無〈社會志〉的獨立編列,而是將其劃歸於〈政事志〉撰修內容。綜觀戰後台灣地方志書的纂修過程,開始將「社會篇」獨立於「政事篇」的範疇應是始自於 1995 年(民國 84 年)《芳苑鄉志》的纂修。該志是以歷史、地理、政治、經濟、社會、文化六篇組合而成的「六體篇」作為纂修架構。〔註 40〕分析新修《台中市志‧社會志》的撰寫筆法,可知其與以往歸屬於〈政事志〉項下時有明顯的撰寫方法差異。即隸屬於〈政事志〉的「社會篇」在撰修時,多採取以官方立場與角度使用「由上而下」的撰寫方法,著重官方社會政策的制定與執行,無法看出居民的日常生活情形與社會的實際變化;但新修市志〈社會志〉則是強調「由下而上」的纂修,以人類生活即是團體生活,是不能離群索居的,而團體正如人在生理上的五官百骸,如果發生營養不足或失調的情況,就會有種種病態產生,因此一般社會事業乃至社會行政,遂應運而生。故新修市志主持人陳靜瑜指出其在纂修新修市志〈社會志〉時,是採取自人民的角度與立場來從事編纂台中市的社會發展歷程,也就是重視「人／民眾」的觀點,企圖以民眾的立場來探討台中市的社會福利、社會救助、社會團體等政策與組織的推行成效。〔註 41〕「社會」是由人構成,「政黨」雖是廣義的社會組織,但亦代表一定的社會階層,因此新修《台中市志‧社會志》在擬定綱目時,並未將「政黨」部份列入「社會志‧人民團體篇」,而是仍將其置於新修《台中市志‧政事志》的「行政與自治篇」。此項安排除了與政府對於「人民團體」之定義未能一致有關外,其關鍵在於,〈社會志〉是採取「由下而上」觀看社會發展的方式來記載社會生活與社會制度演變之關係,是以「人民的活動」為纂修主體,而非為〈政治志〉以「由上而下」的纂修方式。〔註 42〕誠如陳紹馨指出現代修志要以社會

〔註40〕王良行,〈鄉鎮志撰修的新取徑〉,收入王明蓀主編,《海峽兩岸地方史志／地方博物館學術研討會論文集》(台灣南投:台灣省文獻委員會,1999),頁 245～246。

〔註41〕郭佳玲,〈新修《台中市志‧社會志》主持人陳靜瑜教授訪問記錄〉,2012 年 2 月 12 日於國立中興大學歷史系 632 研究室。

〔註42〕郭佳玲,〈新修《台中市志‧社會志》主持人陳靜瑜教授訪問記錄〉,2012 年

科學的觀點，著手新方志的編纂；亦如林天蔚指出新方志應有新的內容、新的體例、新的方法，其中，新的內容就是貴在創新，適合新的潮流、新的社會需要與地方的新特性。〔註43〕

第六、台灣傳統志書對於〈教育志〉的纂修多是注重歷代教育政策的制定與執行成效。綜觀戰後台灣各縣（市）的教育制度與政策，可發現其雖然在某種程度上需配合國家教育政策的執行而具有「同質性」，但各地仍可根據其特殊的時空環境與背景來顯示其「特殊性」。故而新修《台中市志‧教育志》除了在綱目上承襲早期《台中市志‧教育志》的配置外，並著重近年來台中市之學校教育與各項教育的橫面發展，以顯示台中市的教育特色及功能，特別是在時代轉換時台中市各級學校所扮演的角色。其撰修角度亦有別於以往在國民黨權威體制下對於日治時期的教育成效隱晦不明的纂修方式，而是注重以史家「秉筆直書」的修志原則來還原各時期的教育制度與成效，使讀者能清楚掌握台中市各時期的教育發展。新修市志〈教育志〉主持人林時民在纂修台中市內各級學校的成立與發展沿革時，發現有部份歷史悠久之老校，竟以民國紀元來載錄日治時期史事，實有明顯的大漢沙文主義之嫌，故在此次纂修特回復其本來面目，並具體表述之；或是在早期〈教育志〉的撰修中，對於各級學校歷史的記載總是刻意簡化日本撤退，並強調中華民國政府接收的過程，因而此次〈教育志〉運用各項史料的蒐集，恢復時代變動的真象，符應通變思想的落實。另外，主持人林時民並提出台中市的中小學校教育雖是依循中央教育部的教育政策方針，但仍有部份人士為闡揚與落實教育理念而對於國家威權體制下的教育政策提出不同看法，亦藉由此次纂修「教育志」的機會，將其事蹟誌錄之，比起前期舊志所述，確符新修旨意。〔註44〕

第七、〈藝文志〉的纂修在意義本應包含「藝術」與「文學」兩大層面，不僅範圍廣泛且風格多元，在纂修上較為不易，故有些縣（市）在編纂〈藝文志〉時，通常會在纂修經費許可下將其細分成不同單元，以獨立成冊的方

2月12日於國立中興大學歷史系632研究室。

〔註43〕陳紹馨，〈新方志與舊方志〉，《台北文物》，第5卷1期（1956.06），頁1～2。林天蔚，《地方文獻研究與分論》（北京市：北京圖書出版社，2006），頁84～87。

〔註44〕林時民，〈教育志主持人序〉，收入黃秀政總主持、林時民主持，新修《台中市志‧教育志》（台灣台中：台中市政府，2008），頁5。郭佳玲，〈新修《台中市志‧教育志》主持人林時民教授訪問記錄〉，2012年3月9日於國立中興大學歷史系631研究室。

式進行纂修,前如重修《苗栗縣志》即將藝文部份分成〈文化志〉、〈文學志〉、〈表演藝術志〉、〈視覺藝術志〉等不同卷志。但若受限經費或人力等問題,在編纂時多是採取由一人總負其責,再經多人分工撰修的模式,以求完善志書內容。新修《台中市志·藝文志》因台中市政府在規劃卷志時,僅將〈藝文志〉自早期的〈文教志〉中獨立出來,並未再將「文學」與「藝術」兩部份分開撰修。因此有鑑於〈藝文志〉的編纂範圍包含「藝術」、「文學」與「文化」,領域廣泛;再加上有「文化城」之稱的台中市藝文人才濟濟,故新修市志〈藝文志〉殆非一人而能竟其功。故而新修《台中市志·藝文志》係由主持人陳器文負責統籌規劃各篇章內容,採取多人撰寫的方式進行纂修,使纂修工作能順利在期限內完成。其中「藝術篇」部份章、節,即敦請各藝文領域學有專精的學者或藝術工作者執筆或提供意見,自台中市在地的觀點從事撰述工作;為使各章節內容呈現一致性,初步完稿後均由主持人陳器文就整體內容調整補綴,以完善〈藝文志〉的編撰。

新修《台中市志·藝文志》除了記錄台中市的文化環境與重要藝文事件;並收錄台中市的文學及藝術工作者共 325 位的藝文人士小傳與及代表性作品簡介,以見其生平事蹟及藝術成就外,是採取以台中住民的台中書寫為主線,呈現台中從草莽開發到國際都會的人文歷程。為維持史觀式的書寫方式,又採取自台灣整體文學及文化現象落筆,以尋覓台中地區的人與事。但考量部份文學家與藝術家跨越多個時期或擁有多項才藝,因而「藝文志」主持人指出其在撰寫藝文人士小傳時,是擇取其最高成就之時期與項目而論,例如將居住出入皆在台中市也是頗負盛名的作家楊逵,列入「日治時期作家」之林,故在「現代作家」項下不再複述;畫家呂佛庭、楊啓東等人雖有文學創作,但置於「美術家」項內,「作家小傳」中即不再重述,以此精簡篇幅,避免人物事件的重複雜蔓,此亦與古代正史列傳人物取捨標準遙相呼應。〔註45〕

第八、〈人物志〉是地方志書的重要組成部分之一。由於〈人物志〉涉及層面較廣,撰述又是以人物的生平事蹟為主,因而多為社會各界關心,也容易招致民眾對纂修內容有不同意見,故而纂修的困難度較其他分志為高。〈人物志〉撰寫可分成人物傳、人物傳略、人物簡介、人物表、人物名錄等不同形式。其中「人物傳」是記載對當地社會發展有較大影響的人物,記述

〔註45〕黃秀政總主持,陳器文主持,新修《台中市志·藝文志》(台灣台中:台中市政府,2008),頁1。

較爲詳細，是人物志的主體；「人物傳略」是比較簡略的傳說，一般只記人物的主要事蹟，不詳記人物的一生；「人物簡介」則近似傳略，但內容比傳略還要簡要；「人物表」則是指用表格的形式收錄入志人物；「人物名錄」就只是單純收錄入傳人物的名字，未再加以敘述其生平事蹟。〔註46〕此五種形式在一般志書編纂多視體裁或規模來從事纂修，並沒有制式的規範，新修《台中市志・人物志》是採取「人物傳」與「人物表」並列的方式。有關「人物傳」的撰述方式，主持人王振勳指出歷史上的轉折雖然是少數英雄爲關鍵人物，他們是舞台上的主角，但舞台前的觀眾與幕後工作者的參與，相互激盪的情感和氛圍因素也是很重要的。把這些蘊藏於內的場景、人物、氛圍凝聚起來，才能盡量還原歷史的眞相，其中又多以人物作爲探討的主軸，因此「人物傳」可說是一部通史或斷代史的核心；而人物傳的撰述常受制於所處環境價值趨勢的影響，亦與作者情緒與思維的變化、抉擇，甚至意識型態也有關連；因此如何釐清外部環境與個人內在的主觀因素，是史學家要努力的方向。新修市志〈人物志〉的纂修，就是秉持傳統歷史資鑑意義，站在「隱惡揚善」的角度，除了以當代眼光尋求可供目前與未來遵循的人物典範撰寫「人物傳」外，並藉由「人物表」的編列來彰顯社會公義現象，從而啓迪向前邁進的智慧與勇氣，以厚植未來台中市子民有開闢桃花源的實力。〔註47〕

　　探尋〈人物志〉的寫作亦是提高志書質量的重要途徑。然而，現階段台灣政府相關部門針對志書的編纂，特別是〈人物志〉的編纂尚未有一套法規定制或寫作規範，而是視各地方政府所制定的志書「撰稿凡例」而定，因而出現格式不統一的情形，但除了偶爾有出現先以台灣歷史不同的統治時代作區別，再分別以傳主事功作爲分類標準，其後再按生年作排序撰述的情形，如新修《嘉義市志・人物志》；〔註48〕或是先以該地域境內行政區域爲主，之後再依姓氏作排序，如《台東縣史・人物篇》。〔註49〕大致而言，近年來台灣

〔註46〕鄭喜夫，〈對大陸地方志書立人物專志的看法〉，《台灣文獻》第 61 卷 2 期（2010.06），458。

〔註47〕王振勳、趙國光，〈人物志主持人序〉，收入黃秀政總主持，王振勳、趙國光主持，新修《台中市志・人物志》（台灣台中：台中市政府，2008），頁 5。郭佳玲，〈新修《台中市志・人物志》主持人王振勳教授訪問記錄〉，2012 年 2 月 29 日於朝陽科技大學人文與科技大樓 401 研究室。

〔註48〕顏尚文總編纂、賴彰能編纂，新修《嘉義市志・人物志》（台灣嘉義：嘉義市政府，2004）。

〔註49〕施添福總編纂，施添福、詹素娟編纂，王河盛等纂修，《台東縣史・人物篇》

各地方縣（市）政府在纂修〈人物志〉時，多是先將傳主依事功分門別類，再從事撰述工作。〔註50〕但檢視台灣近年來各縣（市）出版的縣（市）志「人物志」內容時，或可發現其內容在分章編撰時是採取以傳主的生年排序，如續修《金門縣志・人物志》；〔註51〕有的是以傳主的卒年排序，如重修《嘉義縣志・人物志》；〔註52〕有的是以傳主的姓氏筆劃多寡順序排序，如《續修澎湖縣志・人物志》；〔註53〕有的則是以傳主的生平事蹟與成就排序，如續修《新竹縣志・人物志》。〔註54〕新修《台中市志・人物志》為了順應時代發展軌跡，以及便於民眾使用與查詢，是採取先以傳主的事功分類成不同章節，在史料的基礎上對傳主生平作撰述，以彰顯其特殊貢獻與事蹟，其後再於各章節中，以傳主生年先後作為排序準則，至於未知生年者，則是依其事蹟發生之年代，納入適當位置。〔註55〕

　　由上述可知，新修《台中市志》的纂修，其內容不論是在「卷志規劃」、「綱目擬定」，或是「撰寫筆法」上，皆有承襲舊有志書的體例，更有創新的寫法，值得重視與參考。正如美國學者基塔夫里阿諾斯（L. S. Stavrianos）所言，歷史學者家之所以必須根據當代人的要求而重新考察和撰寫歷史，不是因為過去的歷史著作不夠真實，而是因為在一個迅速變化的世界中，會產生新的問題，因而必需要針對新的問題來尋求新的答案。〔註56〕

　　　　（台灣台東：台東縣政府，2001）。

〔註50〕孫華曾就志書人物志的撰寫方法，提出以事寫人法、側面寫人法、對比映襯法、逆境表現法、外貌表現法、語言表現法、心理表現法，以及行動表現法八種。孫華，〈志書人物傳撰寫八法〉，《新疆地方志》2010 年 3 期（2010.03），頁 17～19。

〔註51〕李仕德總編纂，王先正主撰，續修《金門縣志・人物志》（台灣金門：金門縣政府，2009）。

〔註52〕雷家驥總纂修，楊維真纂修，楊宇勛分修，新修《嘉義縣志・人物志》（台灣嘉義：嘉義縣政府，2009）。

〔註53〕許雪姬總編纂，許雪姬編纂，《續修澎湖縣志・人物志》（台灣澎湖：澎湖縣政府，2005）。

〔註54〕續修《新竹縣志・人物志》的「人物傳」之章節分類，因考量到跨越兩朝之人物居多，故不以其出生或逝世日期作為排序，而是以其平生事蹟與成就界定之。周浩治總編纂，楊鏡汀撰述，續修《新竹縣志・人物志》（台灣新竹：新竹縣政府，2008），頁 3。

〔註55〕黃秀政總主持，王振勳、趙國光主持，新修《台中市志・人物志》，頁 1。郭佳玲，〈新修《台中市志・人物志》主持人王振勳教授訪問記錄〉。

〔註56〕張廣勇，〈導論〉，收入【美】斯塔夫里阿諾斯（L. S. Stavrianos）著，吳象嬰、梁赤民譯，《全球通史：1500 年以前的世界》（上海市：上海社會科學院出版

表 5-1　《台中市志稿》、《台中市志》、新修《台中市志》綱目比較表

志書名　綱　目	《台中市志稿》（1965 年）		《台中市志》（1972 年）		新修《台中市志》（2008 年）	
卷首	序 凡例 綱目 圖表 第一篇　開發 第二篇　疆域 第三篇　概況 第四篇　大事記		序 綱目 圖片 第一篇　開發 第二篇　疆域 第三篇　概況 第四篇　大事記		凡例 台中市簡史	
卷一	土地志	第一篇　地理 第二篇　氣候 第三篇　物產 第四篇　勝蹟	土地志	第一篇　地理 第二篇　氣候 第三篇　物產 第四篇　勝蹟	沿革志	上篇　「發展沿革」 下篇　「大事紀」
卷二	人民志	第一篇　人口 第二篇　民族 第三篇　語言 第四篇　禮俗 第五篇　宗教	人民志	第一篇　人口 第二篇　氏族 第三篇　語言 第四篇　禮俗 第五篇　宗教	地理志	第一篇　自然環境 第二篇　都市發展 第三篇　地名 第四篇　古蹟與名勝
卷三	政事志	第一篇　行政 第二篇　建設 第三篇　交通 第四篇　財政 第五篇　地政 第六篇　衛生 第七篇　社會 第八篇　司法 第九篇　保安 第十篇　政黨	政事志	第一篇　行政 第二篇　建設 第三篇　交通 第四篇　財政 第五篇　地政 第六篇　衛生 第七篇　社會 第八篇　司法 第九篇　保安 第十篇　政黨	政事志	第一篇　行政與自治 第二篇　選舉 第三篇　財政 第四篇　地政 第五篇　衛生及環境保護 第六篇　警政與戶政 第七篇　役政 第八篇　司法
卷四	經濟志	第一篇　農業 第二篇　林業 第三篇　工業 第四篇　商業 第五篇　金融 第六篇　物價	經濟志	第一篇　農業 第二篇　林業 第三篇　工業 第四篇　商業 第五篇　金融 第六篇　物價	經濟志	第一篇　水利建設 第二篇　農業 第三篇　交通 第四篇　工業 第五篇　商業 第六篇　金融

社，2002），頁 46。

卷	志	篇	志	篇	志	篇
卷五	文教志	第一篇　教育 第二篇　文化事業 第三篇　藝文	文教志	第一篇　教育 第二篇　文化事業 第三篇　藝文	社會志	第一篇　人口與姓氏 第二篇　社會行政與設施 第三篇　人民團體 第四篇　社區發展 第五篇　社會救助與社會福利 第六篇　宗教信仰與風俗習慣 第七篇　社會變遷
卷六	人物志	第一篇　先烈 第二篇　名宦鄉賢 第三篇　忠義節孝 第四篇　學藝流寓 第五篇　其他	人物志	第一篇　先烈 第二篇　名宦鄉賢 第三篇　忠義節孝 第四篇　學藝流寓 第五篇　其他	教育志	第一篇　教育行政 第二篇　教育設施 第三篇　各級教育機關與社會教育
卷七	革命志	第一篇　拒清 第二篇　抗日	革命志	第一篇　拒清 第二篇　抗日	藝文志	上篇　文學 中篇　藝術 下篇　文化行政
卷八	雜志	第一篇　天災地變 第二篇　人禍	雜志	第一篇　天災地變 第二篇　人禍	人物志	政事、軍事、經濟、宗教、醫術、教育學術、藝術、文學、志士義行、紳耆、社會運動、外籍人士
卷尾	志餘	第一篇　纂修經過 第二篇　資料 第三篇　索引補遺	志餘	第一篇　纂修經過 第二篇　資料 第三篇　索引補遺		撰稿格式 審查委員名單 編纂團隊名單

資料來源：王建竹主修、林猷穆編纂，《台中市志稿・卷首》（台灣台中：台中市文獻委員會，1965），頁 9～21；王建竹主修，林猷穆、張榮樓編纂，《台中市志・卷首》（台灣台中：台中市文獻委員會，1972），頁 13～16；黃秀政總主持，孟祥瀚、陳國川等主持，新修《台中市志》（台灣台中：台中市政府，2008）。

二、新修《山口縣史》

　　山口縣政府於 1992 年（平成 4 年）啟動的新修《山口縣史》編纂，即是希望藉由縣史編纂促使山口縣民對於自身鄉土歷史知識的加深化，以振興縣民文化素養，厚植愛鄉之心，並多面性呈現山口縣豐富的生活面貌。〔註 57〕

〔註57〕郭佳玲，〈近代日本地方史志的纂修：以新修《山口縣史》為例〉，《台北文獻》直字第 175 期（2011.03），頁 211。

雖然目前新修《山口縣史》尚在持續編纂與出版，但根據「山口縣史編纂室」的規劃，預計可在 2017 年（平成 29 年）完成全部縣史的編纂與出版事業。綜觀目前已出版的各卷志內容與出版進度，可知多依「刊行計畫」進行編纂。

　　新修《山口縣史》各卷志的編纂，截至 2013 年（平成 25 年）6 月已出版 30 卷（表 5-2），以下即為已出版各卷內容概述，排序是依出版時間先後為準則：

表 5-2　1996～2013 年新修《山口縣史》出版卷志

出　版　時　間	卷　志　名　稱
1996 年／平成 8 年	史料編・中世 1
1998 年／平成 10 年	史料編・現代 1
1999 年／平成 11 年	史料編・近世 1
2000 年／平成 12 年	資料編・考古 1
2000 年／平成 12 年	史料編・近代 1
2000 年／平成 12 年	史料編・現代 2
2001 年／平成 13 年	史料編・中世 2
2001 年／平成 13 年	史料編・古代
2001 年／平成 13 年	史料編・幕末維新 6
2001 年／平成 13 年	史料編・近世 3
2002 年／平成 14 年	資料編・民俗 1
2002 年／平成 14 年	史料編・幕末維新 1
2003 年／平成 15 年	史料編・近代 4
2004 年／平成 16 年	資料編・考古 2
2004 年／平成 16 年	史料編・現代 3
2004 年／平成 16 年	史料編・中世 3
2004 年／平成 16 年	史料編・幕末維新 2
2005 年／平成 17 年	史料編・近世 2
2006 年／平成 18 年	資料編・民俗 2
2007 年／平成 19 年	史料編・幕末維新 3
2008 年／平成 20 年	通史編・原始・古代
2008 年／平成 20 年	史料編・近世 4
2008 年／平成 20 年	史料編・近代 5

2008 年／平成 20 年	史料編・中世 4
2010 年／平成 22 年	民俗編
2010 年／平成 22 年	史料編・近世 5
2010 年／平成 22 年	史料編・幕末維新 4
2010 年／平成 22 年	史料編・近代 2
2012 年／平成 24 年	史料編・近世 6
2012 年／平成 24 年	史料編・幕末維新 5

資料來源：日本山口縣史編纂室，http://www.pref.yamaguchi.lg.jp/cms/a193001/
kankobutu/index.html（2013/06/22）

　　「史料編・中世 1」是收集山口縣自 1185～1599 年（文治元年～慶長 4 年）的各項史料，在一定篇幅的限定下，編輯了包括政治、經濟、文化、軍事、對外關係等不同主題。值得注意的是收錄山口縣在中世時期統治者大內氏家族的許多記載文件，例如日記、記錄、紀行、傳記・家譜、實錄・雜史、軍記物語、說話・往來物、對外關係・國外史料。

　　「史料編・現代 1」收錄以山口縣爲中心的縣民生活體驗與雜記，自 1930 年代至 1990 年代的縣民生活體驗雜記共 156 篇，包括二次世界大戰前與戰時下的生活、戰時的學校和青少年、戰後的學校和學生、戰後縣民的生活與職業等部份；並徵集照片，盡可能描述當時民眾的實際生活狀況。

　　「史料編・近世 1」（上、下卷）是翻刻並刊行以編年體記錄有關山口縣內萩藩的毛利元就、毛利隆元、毛利輝元、毛利秀就 4 代藩主的史料文獻，包括「毛利三代實錄」（慶長 5 年～寬永 2 年）、「毛利四代實錄」（寬永元年～慶安 4 年）、「毛利三代實錄考證」（慶長 5 年～寬永 2 年）。包含關原之戰前毛利氏的經略與發展、關原戰後山口地區周防和長門兩國的減封、毛利氏家族與江戶幕府之間的關係；另外，亦包含萩地區的築城問題、近世萩藩的藩政、近世萩藩主毛利輝元、繼任者毛利秀就與家臣團之間的互動情形等。

　　「資料編・考古 1」是基於縣民對山口縣原始時代歷史理解的不可欠缺，因此收錄山口地區自岩宿時代（舊石器時代）至古墳時代期間具代表性的 192 處考古遺跡；並且自高地性集落、把頭飾（製品與器物）、體質人類學三個領域做論述，內容包括自然環境、時代概說、個別遺跡等。

　　「史料編・近代 1」收錄自 1871 年（明治 4 年）日本明治維新之際實施廢藩置縣至 1887 年（明治 20 年）間，處在近代國家建設過渡期的山口縣之

政治、社會、文化諸面相的史料。包括地方行政和地方議會制度、地租改正、士族授產、軍事與警察、自由民權期的各項運動、宗教與學校教育、明治初年的社會情形等。

「**史料編・現代 2**」是以「史料編・現代 1」的史料為基礎，記錄二次世界大戰後，山口縣在政治、經濟、社會、文化、教育等面相的發展；並以田野調查進行口述訪談。總計收錄有 46 篇山口縣民的生活體驗談，企圖重現與還原二戰後縣民生活面相。

「**史料編・中世 2**」收錄目前山口縣文書館尚未收錄的史料，包含以周防地區為中心的大島、玖珂、熊毛、都濃、佐波、吉敷 6 個地區，自 1185～1600 年（文治元年～慶長 5 年）的各類原始文書史料檔案與資料；並附有別冊「花押・印章集」，收錄當時周防地區的主政者使用之各類型印章並說明使用方式。

「**史料編・古代**」收錄山口縣在奈良和平安時代有關周防與長門兩國的神話故事與相關文獻史料；並請學者專家就相關史料內容，例如考古出土的木簡、金石文、漢詩文、歌謠等加以整理與解讀，嘗試自神話故事與文獻史料的對照中還原兩國的歷史。

「**史料編・幕末維新 6**」收錄 1863～1870 年（文久 3 年～明治 3 年）間以長州藩奇兵隊為主的軍事諸隊史料，如諸隊關係編年史料、諸隊的組織體系與兵情操演情形；並附有別冊「長州諸隊一覽」，說明長州藩在幕末維新時期時，如何運用現代化軍事力量來達成改革日本政體的想法。

「**史料編・近世 3**」收錄有關領知判物與鄉帳等的領知關係史料、萩藩實施關於慶長、寬永、貞享、寶曆年間各檢地的史料，萩藩財政經濟基本史料等即領知關係史料、檢地關係史料、財政關係史料、年貢與郡村費關係史料。

「**資料編・民俗 1**」收錄已發表的與山口縣民俗有關的論文或報告共 67 種，分成「島與海的民俗」、「村莊的民俗」、「生老病死的民俗」等十類，顯示山口縣民俗的多樣性。

「**史料編・幕末維新 1**」收錄 1830～1838 年（天保元年～天保 8 年）間有關長州藩領下之「天保農民運動」相關史料，包括天保時期的農民運動與村落。

「**史料編・近代 4**」收錄山口縣在明治時期近代國家形成下的經濟概況和產業經濟史料，包括經濟概況與勸業政策、農林畜產業、水產業、捕鯨業、鹽業、礦業、近代工業、商業等。

「資料編‧考古2」收錄山口縣從奈良時代到江戶時代具代表性的126處遺蹟資料。特別論述大內氏館蹟、萩燒古窯遺蹟群、長登銅山遺蹟等 7 處；並亦收錄經塚遺物、貿易陶磁器與錢貨等具時代特徵的 11 種考古資料。

「史料編‧現代3」收錄 50 多種雜誌與報紙的內容。自農村青年的民主化、職場的言論與文化、學生與教育者、戰後精神等諸面相，重現山口縣如何自戰敗後的混亂下提昇文化素養，並迎接未來的挑戰。

「史料編‧中世3」收錄山口縣文書館藏長門部自 1185～1600 年（文治元年～慶長 5 年）間，厚狹、美禰、大津、阿武四個地區現存的文書史料；並附有別冊「花押‧印章集」。

「史料編‧幕末維新2」收錄位居山口縣的萩藩在幕末維新之際，因面臨財政困難與鴉片戰爭等多重情況下，使藩政日益陷入危機的藩政史料，以檢視日本國內自天保期後期到弘化與嘉永時期的政治、社會、經濟動向。

「史料編‧近世2」收錄幕藩制成立期下萩藩與幕府間的幕藩關係史料、萩藩與各支藩間的本支藩關係史料，1680 年代（貞享年間）以前的萩藩近世前期法制史料；並附有別冊「萩藩近世前期主要法制史料集」。

「資料編‧民俗2」記載山口縣民的民俗生活樣式，特別是縣民因地理位置受不同生活環境之影響，各自發展出獨特的村落面貌，例如生活方式與民俗事典；該卷的編纂除了闡述山口縣流傳的民俗風貌，並強調人民扮演的角色。

「史料編‧幕末維新3」收錄幕末維新時期任職過山口縣上關宰判與藩政重要職位的浦靫負元襄自 1825～1870 年（文政 8 年～明治 3 年）間，所寫的日記，包括官記、私記。試圖自浦靫負元襄留下的文字記錄，探討山口縣在幕末維新時期的政治、經濟，或是社會發展概況。

「通史編‧原始‧古代」以出土的考古資料與文獻史料相互佐證，重現山口縣自舊石器時代到院政開始期間的歷史與文化，並自歷史的視野解說當時人與自然環境間的關係，內容包括人與環境、最古老的狩獵情形、土製器具的使用、稻作的開始、律令社會與產業間的關係、周防與長門地方的信仰與文化等。

「史料編‧近世4」記錄有關近世時期位居山口縣的周防和長門兩國之庶民生活與經濟活動史料，以凸顯周防二國各自的地域特性與生活樣貌，並記錄各地的經濟發展，說明此二國如何與以大阪為中心的幕府政權交涉，而發

展出特殊的幕藩制經濟關係。

「史料編・近代 5」是以大正時期到昭和 25 年（即二次大戰前期）為纂修對象，收錄這段時期內山口縣的經濟概況與產業經濟史料，例如經濟概況與產業政策、農林畜產業、水產業、礦業、工業地帶的形成與展開、商業與金融業發展。

「史料編・中世 4」收錄山口縣西部豐浦地區的現存史料與中世時期周防與長門之古文書。另外包含其他各都道府縣中有關山口縣的史料，例如文學資料中的和歌或是連歌等與山口縣相關者；並利用該編的編纂契機，將已出版的「史料編・中世」第 1～3 冊中有遺漏者加以收錄並更正錯誤之處。

「民俗編」分成「總論」、「生活方式的形成」、「在變化中生存」三部分，闡述山口縣自過去到現代在生活方面的變化，以強調山口縣的地方特色、民眾生活方式、各項民俗的形成與演變過程，試圖還原與再現山口縣的民俗全貌。

「史料編・近世 5」收錄山口縣在近世時期文化方面的史料與資料，例如學問與思想、教育、宗教、朝鮮情報、祭禮、繪畫與工藝，以及、俳句或諧句等。希冀藉由重視文化方面史料，重現近世時期的山口縣幕藩權力與地域社會之間的關係。

「史料編・幕末維新 4」收錄山口縣在江戶幕府崩解過程中扮演重要轉換位置的史料與資料，例如 1866 年（慶應 2 年）的幕長戰爭（四境戰爭）相關史料、慶應時期以長州藩主柏村信為中心的藩政資料，自多方面的資料分析當時的幕府政治與民眾動向，例如大島口之戰、藝州口之戰、石州口之戰、小倉口之戰等戰爭資料。

「史料編・近代 2」收錄自明治後期大日本帝國憲法制定後到第一次世界大戰結束時，山口縣的縣政發展與有關該段時期內山口縣內民眾生活的各項資料，包括縣政的展開過程、日俄戰爭後的地方改良運動、教育與文化、縣民生活與社會救濟事業等。

「史料編・近世 6」收錄山口縣在近世時期重要的諸侯萩藩的文書與領有長門地區的諸侯文書。所收錄史料可區分為武家文書與萩藩領下的諸家文書，以視其對於政令執行的方式有何異同。

「史料編・幕末維新 5」是對於幕末維新時期位居山口的諸侯長州藩，如何在政治與軍事活動方面，對於境內的財政或是經濟產生影響。內容包含藩

內財政的整理與經營、未來產業的開展與貿易、境內農村的社會狀況與民政
支出、軍事費與戰時財政支出等、長州藩在明治時期的土地、租稅，以及藩
政改革等發展與演變。

照片 5-3　新修《山口縣史》書影

（資料來源：作者拍攝，2012/04/02）

　　雖然日本地方史志的纂修自明治天皇即位時就開啓各自治體可按各自地
域獨特結構來編寫與出版史志類的書籍，此種史志類書籍與其說是爲了給行
政單位作爲施政參考，倒不如說是爲了讓一般民眾可深入了解自己生長土地
的歷史，因此纂修方式是採取以地域社會生活的史料來敘述民眾生活百態，
並呈現先民在該地域上各種生活智慧與過程，以加深民眾對於鄉土歷史的理
解。分析新修《山口縣史》各卷志的卷志規劃、綱目擬定、撰寫筆法，可發
現此次縣史纂修無論是在卷志規劃、綱目擬定，或是撰寫筆法等方面皆與 1934
年（昭和 9 年）出版的《山口縣史》有不同的編撰方式。

　　二次大戰後山口縣也曾有過類似縣史編纂工程的啓動，例如出版有 1949
年（昭和 24 年）的《山口縣新志》〔註58〕、1959 年（昭和 34 年）的《山口

〔註58〕 1949 年（昭和 24 年）出版的《山口縣新誌》，是由浜田清吉執筆，以傳統「地
　　　　理志」的編纂方式作爲編纂主軸，顯示山口縣的地理位置、形勢、地域特色，
　　　　因而是屬於山口縣的地理記錄或研究報告。浜田清吉，《山口縣新誌》（東京：
　　　　日本書院，1949）。

縣文化史（現代編）》、1951 年（昭和 26 年）的《山口縣文化史（通史編）》、
1963 年（昭和 38 年）的《山口縣文化史（通史編）》（增補版）等書籍，但在
編纂上是屬於縱向性質的歷史研究，與新修《山口縣史》重視在史料翻譯的
基礎上去還原歷史的方式不盡相同。

以下分別以「卷志規劃」、「綱目擬定」、「撰寫筆法」三方面論述新修《山
口縣史》的纂修。

（一）卷志規劃

近現代日本地方史志編纂過程中，由於明治天皇即位後爲了快速掌握日
本國內各地的政治、社會、經濟等情勢，政府曾多次號召全國各府縣編纂地
方志，並頒行有〈皇國地志編輯例則及著手方法〉作爲編纂準則。但日本除
了在明治初年有過由中央推行的《皇國地志》或《府縣史》等編纂事業外，
其後政府並未就地方史志的編纂發布過統一的官方纂修條例，導致現階段日
本國內各級地方自治體都是根據該自治體行政機構的判斷或參考專家學者的
意見來從事自治體史編纂。

1960～1970 年代日本進入經濟高度發展期，爲了慶祝明治維新百年與保
存鄉土資料，希望透過鄉土歷史的挖掘來加深民眾對鄉土的了解，各都道府
縣進入空前的自治體史編纂風潮，在纂修上可謂是百花齊放，各有獨特之處。
根據金原左門的統計，此期間編纂的各種都道府縣史約佔全國都道府縣自治
體的 61%。〔註 59〕日本與同時期台灣的地方志纂修相同，也因爲在編纂自治
體史無統一的官方規範，進而影響現階段各級自治體在纂修自治體史時，不
論是在志書的名稱、形式、內容，或是體例上，皆是視編纂者的態度而定，
故產生許多不同的纂修型態。甚至經歷過自注重橫向史事的「地方志」編纂，
轉變爲注重縱向歷史發展的「地方史」編纂過程及重視史料蒐集與翻譯，希
望自史料的翻譯與解讀重現各時代歷史發展脈絡。其中屬於高級自治體的都
道府縣，由於財力與人力資源均較爲雄厚，再加上編纂工程也較爲浩大，因
而往往是由地方政府聘請學者或專家組成各種形式的編纂委員會，再歷經長
時間的編纂、審查、校正，方能完成編纂事業；但屬於較低層的自治體，如
市町村的史志編纂，無論是在人力或財力上均較爲不足，多由地方人士擔任
編纂工作，因而纂修方式又較都道府縣史更爲多樣化。

〔註 59〕金原左門，〈日本の「自治体」史編纂と歷史家の役割〉，《歷史学研究》第 642
期（東京：1993.02），頁 1。

　　二次戰前日本各級地方自治體在從事自治體史或地方史的編纂時，受到以天下國家爲主體的史學主流影響而與明治末期到大正時代興起的鄉土志教育研究運動相對應。此種半官半民色彩的鄉土志，有明顯的中國志書編纂色彩；戰後日本歷史學則強調社會結構史與民眾生活史，否定以天下國家爲主體的皇國史觀，同時也對戰前編纂的鄉土史展開批判，認爲該種鄉土史缺乏實證性，無法眞實呈現地方樣貌，應該以地方史研究作爲日本史研究的基礎，進而形成以地方來看中央的地方史研究潮流。1970 年代前後出現地域史編纂與地域主義的理論，使日本社會國家的中央集權性格受到嚴厲批判，期望透過對該地域民眾的勞動、生活、信仰、風俗進行整體考察，使生存於該地域的民眾在歷史、經濟與社會方面產生自我意識的力量，並認識該地域的歷史發展和未來展望。

　　比較「2009 年新修《山口縣史》編纂規劃表（再更新版）」與已出版的新修《山口縣史》各卷志內容，可知新修《山口縣史》是以地域史作爲纂修主軸。雖然新修《山口縣史》在卷志是以「史料編」、「資料編」、「通史編」（或稱「本編」）、「別編」（包括「年表」或「統計資料」等）作爲纂修主體；但爲了說明縣史編纂除了是以古文書作爲中心的歷史研究外，亦配合考古學與民俗學的觀點與視野加深對歷史的理解，因而將「民俗」部份獨立出來成爲「民俗編」以專門記載山口縣的民俗事項，描述庶民日常生活的特色與樣貌。「史／資料編」是以時代發展的先後爲準則再分類編纂，並非如台灣或中國的志書纂修是採取先分類再依時代順序的纂修原則。山口縣史編纂室爲了彰顯山口縣在幕末／明治維新時期具重要領導地位，特別在「近世時期」與「近代時期」之間劃分出「幕末維新」時期。

　　在中國或台灣傳統地方志的纂修概念，認爲編纂作爲「地方之全史」的地方志書，在卷志規劃理應包含記述以人的活動爲主體之「人物傳記」以作爲後世典範。雖然在 1934 年（昭和 9 年）由大橋良造編輯的《山口縣史》有大量縣內「人物傳記」編寫，但在地域主義興起之後，可發現在志書的編纂重心是逐漸偏重各時代史料的搜集、整理、翻譯、編輯，以再現歷史發展爲編纂主軸。由於在撰修方法上是轉型成以「史料編」編纂作爲撰寫「通史編」的基礎，在卷志規劃上呈現出來的是屬於「以時繫事」，而非「以事繫時」的方式，故在新修《山口縣史》的卷志規劃並不會出現如中國和台灣，或是二戰以前編纂的志書有專門「人物傳記」卷志規劃。然而，志書「人物傳記」

的編纂仍是不可缺乏，特別是對著名人物生平事蹟的編纂，可有效引發民眾
「見賢思齊」效用，故山口縣政府仍然有從事縣內著名人物生平事蹟的「人
物傳記」編寫，只是有別於現階段縣史纂修以史料爲基礎的編纂方式，故不
屬於縣史纂修範圍。

（二）綱目擬定

日本現階段的志書纂修多採取「以時繫事」的方式，故新修《山口縣史》
在規劃卷志時亦是以時代順序爲準則，其後再在各時代之下分類編纂。有鑑
於各個地域在每個時期的發展均有獨特性，各時代呈現出的特色亦不相同，
因而如何在各時代綱目擬定上顯示出時代獨特性就顯得格外重要。

「資料編・考古」卷是立基於現有的考古學研究成果，將山口縣內已出
土的 190 個代表性遺蹟，以當時人類的生活、社會的狀況、工藝技術的水準、
文化交流的實態來作區分；並收錄奈良時代到江戶時代的考古資料，來探討
山口縣在律令國家成立期到幕藩體制時期的縣內民眾社會活動與日常生活等
樣貌，因而綱目著重說明各時代具代表性的個別遺蹟。〔註 60〕「史料編・古
代」卷是以周防與長門兩國的文獻史料爲中心，記錄日本古代國家形成時的
行政、稅制與當時生產流通之間的關係，故而是採取編年體方式分成「本編」
與「別編」，「本編」收錄山口縣自神話傳說時期到平安時代的古代記錄，「別
編」則收錄古代的木簡、墨書土器、金石文、歌謠等。〔註 61〕其後再在「資
料編・考古」卷與「史料編・古代」卷的基礎編纂「通史編」的「原史・古
代」卷。

「史料編・中世」卷是以記載 1185 年（文治元年）到 1600 年（慶長五
年）之間的史料爲中心。日本中世時期是國內交通發達的時期，不僅是對內
商品交易的流通或是對外的商業貿易活動，均極爲繁盛，特別是此時位居山
口的周防與長門兩國更是位居來往於四國與九州的交通要脈，是東亞文化圈
的重要部份，不僅在商業或是文化交流上均佔舉足輕重的地位。山口縣史編
纂室在從事此時期的史料編纂時，偏向自該時期的民眾生活、文化、信仰等
方面來探討民眾的實際活動狀況，因而在綱目擬定上就著重縣內政治、經濟、

〔註 60〕 金關恕，〈解說〉，《山口縣史・資料編・考古 1》（日本山口：山口縣廳，2000），
頁 3～21；渡邊一雄，〈解說〉，《山口縣史・資料編・考古 2》（日本山口：山
口縣廳，2004），頁 3～8。
〔註 61〕 八木充，〈解說〉，《山口縣史・史料編・古代》（日本山口：山口縣廳，2001），
頁 887～892。

文化、對外關係方面等記錄性史料的記載，例如日記、記錄、武家與寺社文書，以加深縣民對山口縣中世社會的政治經濟與社會鄉土實態的認識。〔註62〕

「史料編・近世」卷是以山口縣重要事件作為劃分依據，與一般的歷史區分不同，即一般定義日本的近世時期多是指安土桃山時期（1568～1603 年）與江戶時期（1603～1867 年）；但山口縣則是以慶長五年（1600 年）的關原戰役到天保元年（1830 年）農民運動這段期間作為近世時期。由於這段時期即所謂日本的幕藩體制時期，此時期的日本國內渡過二百年的鎖國政策，使得海外產業與文化交流受到很大限制，可說是日本封建社會高度發展和成熟的時期，同時也是日本文化獨自形成的時期，從根本上顛覆封建體制的近代思想萌芽時期。新修《山口縣史》的「史料編・近世」卷即是以此段期間內山口縣的政治、經濟、社會、文化作分類，進行近世時期的史料編纂。卷一與卷二是以幕藩制成立期的萩藩歷任藩主動向作為編纂主軸，注重政治方面的史料編纂，在綱目上呈現以毛利家的文書史料、幕藩關係史料、本支藩關係史料、萩藩近世前期主要法制史料為撰修綱目。卷三與卷四是探討萩藩的領知關係，即是指毛利氏的土地支配權。

近世社會在經濟上是屬於以農業為主的社會，故可藉由每年的農業稅制與年貢收入與地域各項產業實態探討當時萩藩的經濟與財政情況。因而在綱目上是以經濟方面為主，注重城下町的形成與發展、瀨戶內海的地域特性、北浦的地域特性、水上交通與港町作為指標，大量收錄有關萩藩的領知〔註63〕、檢地〔註64〕、財政、年貢、郡村費等經濟關係史料；並藉由記載防長地域的商品生產或流通來重現當時的社會分工情形。卷五與卷六的編纂則是有鑑於山口縣在近世時期不僅經濟上獲得快速發展，當時社會上對於學問或藝術等文化的提升亦十分興盛，在官方獎勵下出現許多優秀人才與學術著作，故以文化活動與境內諸侯的文書作為編纂重點，以學問與思想、教育、宗教、朝鮮情報、繪畫與工藝、俳諧作為編纂主軸。至於近世時期的卷七由於尚在編纂，無法確切得知其綱目擬定，但自編纂規劃來看，可知是著重於

〔註62〕 木村忠夫，〈解說〉，《山口県史・史料編・中世 1》（日本山口：山口縣廳，1996），頁 1～3；森茂曉，〈解說〉，《山口県史・史料編・中世 2》（日本山口：山口縣廳，2003），頁 1；森茂曉，〈解說〉，《山口県史・史料編・中世 3》（日本山口：山口縣廳，2004），頁 1～2；秋山伸隆，〈解說〉，《山口県史・史料編・中世 4》（日本山口：山口縣廳，2008），頁 1～2。

〔註63〕 「領知」係指土地的領有與支配。

〔註64〕 「檢地」係指日本中世後期至近世時期，領主對於農民土地進行的測量調查。

縣內諸家文書史料的編纂。〔註65〕

　　明治維新是近世日本的重大變革期，山口縣在這段內憂外患的變革期中扮演不可磨滅的角色。在新修《山口縣史》「史料編‧幕末維新」卷即是以幕府末年到明治維新時期的四十年間，位居山口縣的長州藩明治維新研究史作為課題，並以天保時期的農民運動相關史料、天保末期與弘化‧嘉永期的藩政關係、歷任藩內重要職官的公私日記、此時期長州藩騎兵隊的部隊編成與操練動向等各種公私立史料作為收錄對象。希望藉由對中央政局的動向、藩政政治的形成、政策決定過程、政府官員平日往來書信等記事來說明幕末維新時期的農民運動背景、村落的發展、民眾生活等史料的收錄，探究處於時代躍動下的秋藩民眾生活與農村實態，著重政治與社會面相的記載。〔註66〕

　　「史料編‧近代」卷是將1871年（明治4年）廢藩置縣到1945年（昭和20年）第二次世界大戰結束這段時期，山口縣的政治、社會、文化、產業、經濟史料作為編纂對象，共分五卷編纂。前三卷著重政治、社會、文化方面的史料編纂，探討中央集權的近代國家體制如何形成與取代幕藩體制，說明山口縣初期成立的樣貌，故綱目是以山口縣的成立、地方行政與地方議會、地租改正、協同會社、士族授產、軍事與警察、萩的動亂、自由民權期的諸運動、新學校與新教育的成立與施行等為主；後二卷則是關於明治時期山口縣的產業經濟的史料，以彰顯山口縣的各項產業特色，在綱目以說明縣內的經濟概況為主，其次著重農林畜產業、捕鯨業、工業、礦業、金融業等項目，由於山口自古以來即盛行捕鯨，因而在產業的編纂上特別將捕鯨業納入，以示其獨特之處。〔註67〕

〔註65〕河本福美，〈解說〉，《山口縣史‧史料編‧近世1上》（日本山口：山口縣廳，1999），頁1～2；田中誠二，〈解說〉，《山口縣史‧史料編‧近世2》（日本山口：山口縣廳，2005），頁1～2；田中誠二，〈解說〉，《山口縣史‧史料編‧近世3》（日本山口：山口縣廳，2001），頁1～2；森下徹、木部和昭，〈解說〉，《山口縣史‧史料編‧近世4》（日本山口：山口縣廳，2008），頁1～2；田中誠二等人，〈解說〉，《山口縣史‧史料編‧近世5》（日本山口：山口縣廳，2010），頁1～2。

〔註66〕三宅紹宣，〈解說〉，《山口縣史‧史料編‧幕末維新1》（日本山口：山口縣廳，2002），頁1～2；又野誠，〈解說〉，《山口縣史‧史料編‧幕末維新2》（日本山口：山口縣廳，2004），頁1～3；上田純子，〈解說〉，《山口縣史‧史料編‧幕末維新3》（日本山口：山口縣廳，2007），頁1～2；田中彰、三宅紹宣，〈解說〉，《山口縣史‧史料編‧幕末維新6》（日本山口：山口縣廳，2001），頁1～3。

〔註67〕古屋哲夫，〈解說〉，《山口縣史‧史料編‧近代1》（日本山口：山口縣廳，2000），

「史料編・現代」卷的卷一與卷二是將第二次世界大戰前後縣民的生活情況與所見所聞作口述歷史整理，說明二戰期間戰爭帶給人民生活上的傷害並闡述和平的重要性，為山口縣民的戰時生活留下記錄，以從軍和戰敗、空襲與原子彈、戰前與戰時下的生活、戰時下的學校和青少年、戰後生活作為主軸，進行對縣民的口述調查訪問或是文章募集。此時期編纂方式有別於其他時代以史料整理、翻譯為主，而是以民眾的生活經驗來建構日本自二次大戰開始到戰敗、被美軍佔領、戰後社會的生活情形。卷三是基於 1940 年代前半期的日本社會因戰爭緣故，導致國內糧食與物資不足的情形嚴重，因而出現許多地方性組織與團體致力於縣內經濟與文化的復甦，呈現在卷志上即是以縣內發行的機關誌、學生誌、教育誌等雜誌記載有關當時農村的民主化與青年、職場的言論和文化、學生與教育者、社會情形、戰後精神的各項樣貌，作為收錄當時代的政治與社會實際情況的史料。由於近世部份的卷四與卷五尚在編纂，無法確切得知卷志綱目的內容，但若依規劃的卷志安排，可知該二卷應是以產業、經濟、文化史料作為編纂主軸。〔註68〕

「資料編・民俗」卷「山口縣史編纂室」有鑑於山口縣在地理形勢與位置上具有三面環海與靠近亞洲大陸的特性，自古以來極盛行海運並展現豐富的風土民情，多樣化的民俗活動亦蘊育而生。然而隨著時代變化急劇，不僅是都市，甚至是農山漁村都不可避免陷入現代化潮流中，導致縣民的傳統生活式樣、地域景觀、民俗活動等均快速消失。為了及時保存山口縣的民俗特色，在縣史內容規劃中，特別擬定「民俗」卷，將縣內地域劃分成以岩國市錦町的農村集落、下關市的豐北町漁村集落、防府市大道地域的山村集落三個類別，從事民俗事項的田野調查與採集，以自然環境、集落景觀、生老病死、村落、女性、住居形式、縣內生活與環境等為主。〔註69〕

頁 1～3：相良英輔，〈前言〉，《山口県史・史料編・近代 4》（日本山口：山口縣廳，2003），頁 1～2；相良英輔，〈前言〉，《山口県史・史料編・近代 5》（日本山口：山口縣廳，2008），頁 1～3。

〔註68〕松永昌三，〈綜合解說〉，《山口県史・史料編・現代 1》（日本山口：山口縣廳，1998），頁 3～4；松永昌三，〈編集にあたって〉，《山口県史・史料編・現代 2》（日本山口：山口縣廳，2000），頁 1～5；栗田尚彌，〈綜合解說〉，《山口県史・史料編・現代 3》（日本山口：山口縣廳，2004），頁 3～4。

〔註69〕湯川洋司，〈總論〉，《山口県史・資料編・民俗 1》（日本山口：山口縣廳，2002），頁 3；湯川洋司，〈總論〉，《山口県史・資料編・民俗 2》（日本山口：山口縣廳，2006），頁 3；湯川洋司，〈總論〉，《山口県史・民俗編》（日本山口：山

由已出版的新修《山口縣史》各卷志綱目，可知雖然新修縣史各卷志在擬定綱目時並未指出該卷志是採取政治、經濟或是社會方面作爲編纂主軸，但由綱目與史料內容的挑選，即可知悉該卷志是以政治、經濟、社會，或是文化角度來從事編纂。「史料編」的編纂是以如何使研究者可充份運用作爲對象，而「通史編」的編纂則是以讓一般民眾可以清楚理解作爲纂修目標。就現階段編纂完成的各級自治體史，可以發現其所列綱目大致相同，例如對於幕府末期商品生產的發展，或是明治時期的資本主義等方面。倉地克直曾經以其參與纂修《岡山縣史》的經驗探討新修《山口縣史》的「史料編‧近世」史料編纂，指出新修《山口縣史》近世時期的史料編纂共有七卷，包含毛利家的實錄、萩藩的領地史料，或是有關領土、財政、年貢等史料，此編纂方式亦可在《岡山縣史》的編纂中看到，即《岡山縣史》在「近世」部份亦是以藩政史料爲主，以津山藩和岡山藩的文書史料爲中心，說明當時的領地、行政、藩士、刑罰、經濟、財政、社會、文化、教育等各種樣貌，提供縣民參考與運用。〔註 70〕現階段日本各級地方自治體史的纂修雖然未在卷志名稱上明確標示出該卷志是屬於政治、經濟，或是社會、文化等類別，但仍可藉由各卷志的綱目內容與挑選的史料來知悉編纂方向與主軸。

（三）撰寫筆法

日本的地方史志極爲重視「史料編」編纂，中國學者王衛平指出日本自戰前及戰時編纂的《堺市史》與《大津市史》開始，「史料編」（或稱「資料編」）即成爲自治體史的一個重要組成部份。這一做法爲後來的自治體史所沿用，因而各級自治體的史志書中大多會在「正編」以外設置「史料編」，尤其在都道府縣及市級史書中「史料編」佔有相當大的比重，甚至超過了「正編」。〔註 71〕日本地方志書的編纂，因歷經過不同時代的轉型，呈現出的撰寫筆法亦十分多元。由於現階段日本各級自治體史在「史料編」的編纂傾向以學者專家來從事編纂，因而不論是在史料挑選或是纂修筆法上，不可避免地會隱含編纂團隊的意識型態；也或許就是藉由編纂過程不同學者專家對於史料的

口縣廳，2010），頁 3。

〔註 70〕 倉地克直，〈県史について考えること〉，《山口県史研究》第 4 號（1996.03），頁 129～133。

〔註 71〕 王衛平，〈日本的地方史志編纂〉，《中國地方志》2000 年第 3 期（2000.03），頁 53。

挑選標準與認知不同，才能在不斷的交互討論與審視中，盡可能地以客觀與中立的立場來再現歷史。

　　新修《山口縣史》雖然是以民眾土生土長的文化作為出發點，來論證地方文化是在各地區特有的文化傳統形成；並以各時代各個地方的藩主、領主、地主所藏的資料來進行社會史或是經濟史研究，希望自名家或是地方財閥的演變、發展，甚至是潰敗等過程的事例研究，由點擴及到線，再由線擴及到面，看出是否有全面性脈絡可循，使歷史發展的過程可清楚呈現。為了能蒐集到散落各地的史料，各領域的專家學者們在縣史編纂室協助下，深入到縣內各個地域，形成一股長期性的、共同的集體研究勢態。但在史料蒐集過程，對於史料收錄標準亦時常因編纂人員的態度而不同，例如有關近代以來的行政文書是否應該全部收錄，若是只作部份史料的收錄，是否會發生存史不足的情形；再者，各部會對於史料的挑撰亦缺乏史料判定標準，多是由編纂委員會的各部會自行決定，因而容易發生在纂修時受到編纂者主觀意識型態的影響。但所收錄的各時代文獻史料多儘可能以當時著名的事件或人物相關史料作為收錄依據，並是以年代先後為排列順序；較為例外的是有關「民俗編」的資料內容編纂，是以實際民俗調查所得的具有傳承功能的史料作為記載內容，依性質不同分類記述，希冀以客觀的原則記錄山口縣的民俗實貌，即是以民間的風俗習慣作為參考資料，不僅以現代觀點來審視早期縣民的生活概況，亦探討日本傳統文化與明治以後現代化地域社會之間的關係及影響。

　　上述可知，新修《台中市志》的編纂仍是以傳統志書編纂中「以事繫時」的原則，重視記述現代歷史與當前現狀，強調「古為今用」、「借古鑒今」；而新修《山口縣史》則是以「以時繫事」作為纂修原則，著重於歷史現場的還原與再現。正如森谷秀亮所言，在明治天皇以前，日本的歷史研究受到中國影響，因而注重大義名份、重視道德，並且強調「以史為鑑」的觀點，因而在史書中政治和道德的色彩很濃厚，強調日本國體的尊嚴；但是明治維新之後受到歐美的影響，多認為歷史是一種記錄國家社會變遷的路徑，只是供人判斷是非，故只需把發展的真實路徑客觀列出即可，明顯擺脫過去站在道德或政治立場的編纂方式。〔註72〕

　　日本現階段各級自治體史的編纂在明治維新之後是採取以史法來編修志

〔註72〕森谷秀亮，〈史料蒐集與歷史編纂〉，《台灣文獻》第 13 卷 1 期（1962.03），頁 150。

書的方式，因爲日本學界認爲歷史的撰述與研究不應由官方爲之，政府僅須負責蒐集與編輯史料即可，至於研究部份則屬於學界的工作。〔註73〕因此新修《山口縣史》的編纂即是以史料的整理與翻譯爲主，是依時代演變將山口縣分成古代、中世、近世、幕末維新、近代、現代等不同階段，之後再在各時代下編入當時政治、經濟、社會發展等相關史料，希望藉由史料的翻譯與解讀來進一步理解並還原當時代各項發展的實際情形。由於新修《山口縣史》是以「史／資料編」作爲編纂基礎，故而編纂團隊在纂修時即認爲歷史研究若是以特定時期作爲專門研究對象，那麼若是在從事該時期的政治研究時，也必然地會對當時期的社會與經濟有所研究，由於彼此之間是有關聯性，故而必須對該時代的整體發展有全盤性了解；若是先行分類項目再依時間先後編纂，可能會因爲不了解各個時代的發展概況，而發生錯記或誤判史料的情形，進而影響編纂進度。因此，新修《山口縣史》是先縱分歷史時段，再橫寫各個時代的各項發展。

　　新修《山口縣史》編纂團隊除了著重山口縣早期史料的收集與整理，亦重視史料的翻譯與解讀。縣史編纂室爲了配合縣史編纂事業的進行步調，使在編纂過程蒐集到的珍貴史料能得到充份有效的運用，因而在編纂期間另外刊行有《山口縣史研究》期刊，於每年3月出版。該期刊的內容除了介紹新修《山口縣史》的最新調查情況與研究成果外，更在各期出版的《山口縣史研究》期刊卷尾，附上由山口縣史編纂室提供的縣史各部會編纂進度或是編纂方針，註明各編纂部會對於史料的收錄原則等內容，使縣民能有效掌握縣史的編纂進度與史料蒐集情形，以便適時提供纂修意見供縣史編纂室參考。

第三節　審查方式與出版

　　地方志書在編纂過程必須配合縝密的審查機制，才能確保志書的質量。然而在新修《台中市志》與新修《山口縣史》纂修規劃與綱目體例，甚至是纂修內容與史料的比較中，可知現階段台灣與日本的地方志纂修受到時空環境變遷等因素的影響，呈現出不同的纂修模式。本節藉由探討此二部志書在審查方式與出版方面的異同，說明台日兩國對於志書的流通性與普及性是否有不同的措施。

〔註73〕森谷秀亮，〈史料蒐集與歷史編纂〉，《台灣文獻》第13卷1期，頁147。

一、新修《台中市志》

（一）審查機制

　　台灣的地方志書審查機制是依據 1983 年（民國 72 年）內政部發布的〈地方志書纂修辦法〉第 8 條來規範國內地方志書纂修的行政命令。內容明訂省志 20 年纂修一次，縣（市）志 10 年纂修一次。以往縣（市）志在進行纂修之前，自擬定計畫、籌編預算、聘任撰稿人，以致於志書編纂完成後，應先將志稿送請各省文獻委員會審查後，由省政府函請內政部審查，再由縣（市）政府請撰稿人依內政部提出的審查意見修正，直到內政部審定後才發還各縣（市）政府付印與發行。其中省文獻委員會為審查縣（市）地方志書，得組織委員會辦理之；其後 1999 年 6 月 29 日亦有修正相關辦法。唯因 1999 年 2 月政府另行制定〈行政程序法〉〔註74〕，各直轄市政府與縣（市）政府依規定自行制定相關的自治法規與組織條例，以文化局辦理該直轄市或縣（市）的文化、藝術與志書纂修事宜。自此，地方修志事業成為地方政府的自治事項，各直轄市與縣（市）政府可就地方文獻纂修業務來自訂法規以為修志依據，例如有「桃園縣志書纂修辦法」、「台中市志書纂修作業要點」等修志辦法或纂修要點的出現。

　　將志書的審查權交由地方政府，固然可提高地方政府的修志意願與纂修速度，但若遇到地方行政首長為期在任內將志書順利出版，則或有可能出現纂修完成之志書品質良莠不齊，因此如何要求志書的品質即成為各地方政府不得不重視之事。新修《台中市志》總主持人黃秀政曾在接受訪問時提及是否應將志書審查事宜全權交由地方政府負責時說道：「制度如何是一回事，重要的是主事者有否做好志書的決心」。當地方政府有主導志書審查的權力後，如果能用心做好修志工作，則是一件美事；但如果對修志一事只在意能否越快越好，而在審查時僅以表面形式帶過，則會讓人擔心其志書的品質水

準。〔註75〕台中市政府爲期纂修出質量均佳的新修《台中市志》，特別著重志稿的審查。

現階段台灣在官方委託的地方史志纂修，在審查方面有幾個基本要求，即每個志篇的架構與綱目是否足以涵蓋編纂內容的時空史實；每一章節與每一時期的內容、史實是否充實正確；時、地、人、事記載的體例是否符合要求；志書有無加註說明資料出處；文章內容是否順暢，是否適時訂正其中的漏字、錯字等。〔註76〕除此之外，地方志書的審查常涉及到審查者行政立場與學術專業等問題，甚至出現纂修者與審查者對於纂修內容互不接受的情形，因此學者張勝彥以其於 1983～1989 年（民國 72～78 年）間總纂修台中縣政府委託的《台中縣志》編纂經驗，提出在志書審查部份，縣（市）政府可以設立學術審查委員會之類的組織負責，審查者只需要看送審作品是否符合學術嚴謹性便可，而不要過度注重其政治立場及史觀。〔註77〕

1998 年（民國 87 年）5 月 27 日中華民國政府以總統華總（一）義字第 8700105740 號令公布〈政府採購法〉並自公布後一年實施；內容明定公家機關必須在公告金額以上之財物、工程與及勞務，由各機關以公告程序、契約方式委託民間進行，得讓政府採購透明化，杜絕私人利益輸送。〔註78〕由於〈政府採購法〉是仿照政府採購協定的規定，故無論是國科會、中研院委託學術機關進行研究計畫等，只要在公告金額以上並以契約方式進行的採購，都必須遵守，因此文化、學術方面的委託案，自然包含在此範圍。〔註79〕自

〔註75〕蕭明治，〈戰後台灣地方志書的審查機制〉，收入國史館台灣文獻館編，《方志學理論與戰後方志纂修實務國際學術研討會論文集》（台灣南投：編印者，2008），頁 137。

〔註76〕王世慶，〈我的修志經驗與看法〉，《台灣史田野研究通訊》第 20 期，頁 30。

〔註77〕張勝彥，〈從《台中縣志》的纂修談我的方志理念〉，《台灣史田野研究通訊》第 20 期，頁 26～27。

〔註78〕中華民國《政府採購法》的訂定，主要使政府的人員在辦理標案採購時有法源依據。其宗旨爲建立政府採購制度，依公平、公開之採購程序，提升採購效率與功能，確保採購品質，於 1998 年於立法院通過並頒布，於 1999 年實行，後經 2001 年、2002 年、2007 年，以及 2011 年四次修正後，《政府採購法》詳細規範了台灣官方主導之工程、財務及勞務等採購作業，也嚴格限制台灣政府機構於工程定作、財物買受、定製、承租，以及勞務之委任或僱傭等行政行爲時的行爲規範。《政府採購法》，收入法務部全國法規資料庫系統：http://law.moj.gov.tw/LawClass/LawHistory.aspx?PCode=A0030057（2012/01/04）

〔註79〕劉新圓，〈政府採購法對學術及文化界之影響〉，《國家政策論壇》，第 2 卷 2 期（2002.02），頁 189。

〈政府採購法〉實施後，各地方政府纂修志書即採行以公開招標方式處理委託研究案；為使各地的志書編纂順利推展，各地方政府亦藉由工作報告、評鑑、審查等會議，確實掌握執行進度並督促履約者的責任。

　　新修《台中市志》的內容廣泛且涉及到行政事務的部份相當繁瑣複雜，一般學者並無法確切掌握，為求市志內容的完備，新修《台中市志》在審查委員的組成方面，特別區分為府內審查委員與府外審查委員兩部份，由當時的台中市副市長蕭家旗擔任召集人，定期召開市志審查會議，就新修《台中市志》的內容加以審查，並協調與溝通編纂團隊和審查委員之間的意見，以利編纂工作的推動。府內審查委員係依新修《台中市志》各分志的屬性與內容，由台中市政府業務相關各局主管負責審查，其任務除一般的審查外，特別就市政府業務相關各局室的工作職掌與執行內容，提供修正意見，以彌補各分志內容的缺漏與不足。（表 5-3）例如市志社會志、市志教育志分別由台中市政府的社會局長與教育局長擔任府內審查委員；府外審查委員則由台中市政府聘請相關領域的專家學者擔任，分別就市志社會志與教育志內容加以審查。此外，各分志審查委員除就自己專業領域的志書進行實質審查，亦可對其他分志內容就錯誤或重複之處，提供修正意見，使新修市志的整體纂修水準可獲得進一步提升。〔註 80〕誠如總主持人黃秀政所言，新修市志在審查機制方面，一方面借重府外學者專家委員集思廣益，貢獻所長；另一方面，更善用府內業務相關各局處主管委員，分別就其業務的職掌與執行提供修正意見，並適時補充相關資料，以彌補市志的缺漏與不足，再搭配府外委員進行審查，可說是戰後台灣各縣（市）修志首例，作法嚴謹周全，值得推廣。〔註 81〕

表 5-3　新修《台中市志》審查委員名單

主持卷志	審　查　委　員		文化資產課
	府　　內	府　　外	
沿革志	張國輝　台中市政府社會局局長（前台中市政府民政局局長）	陳哲三　逢甲大學歷史與文物管理研究所所長	課長：

〔註 80〕黃秀政、郭佳玲，〈戰後台灣縣（市）走的纂修：以新修《台中市志》為例〉，收入國史館台灣文獻館編，《方志學理論與戰後方志纂修實務國際學術研討會論文集》，頁 197。

〔註 81〕蘇孟娟，「耗時 5 年編修　台中市志亮相」，《自由時報》電子報「中部新聞」，2009/05/22。

	林輝堂　台中市政府參議（前台中市政府文化局局長）		
地理志	謝峰雄　（前台中市政府建設局局長）	洪敏麟　東海大學歷史學系教授	
政事志	張國輝　台中市政府社會局局長(前台中市政府民政局局長)	蕭清杰　萬和宮董事長（前台中市政府民政局局長）	
經濟志	廖德淘　台中市政府經濟局局長	簡宣博　大同技術學院校長、逢甲大學合作經濟學系教授	
社會志	廖靜芝　台中市政府計畫室主任(前台中市政府社會局局長)	劉寧顏　台灣省文獻委員會副主任委員	
教育志	張光銘　台中市政府教育局局長 廖萬清　惠文高中校長	王明蓀　中國文化大學史學系教授（前中興大學歷史學系教授）	
藝文志	林輝堂　台中市政府參議（前台中市政府文化局局長） 黃國榮　台中市政府文化局局長	周樑楷　逢甲大學歷史與文物管理研究所教授、前所長	
人物志	張素紅　（前台中市政府文化局副局長） 曹美良　台中市政府文化局副局長	鄭喜夫　（前台灣省文獻委員會委員） 吳文星　國立台灣師範大學歷史學系教授、前文學院院長	

資料來源：《台中市志·卷尾》「新修《台中市志》審查委員名單」，收入黃秀政總主持，王振勳、趙國光主持，《台中市志·人物志》（台灣台中：台中市政府，2008），頁382。

　　新修《台中市志》在2003年（民國92年）5月簽約後，依委託合約書的規定需於簽約日起兩個月內完成期初報告。台中市政府隨即於同年7月23日召開期初報告審查會議，就各分志的纂修綱目進行審查；其後並配合市志的纂修進度與契約期程的規定，於2005年6月25日召開初稿審查會議，2006年1月18日再召開修正稿審查會議。惟修正稿的審查會議因當時市志「藝文志」已事先申請展延三個月交稿，因此該次會議只有七分志完成審查；市志「藝文志」則另訂於2006年3月15日召開修正稿審查會議。最後復因新修《台中市志》各分志在審查過程出現分志主持人與審查委員之間對於撰稿內容有意見不同之處，需要進一步的溝通和協調。爲使市志編纂工作順利進度，台中市政府因而同意纂修團隊將市志編纂期程在不影響市志總體纂修進度之下展延四個月，將原定於2006年5月完稿的期限，延至2006年9月。〔註82〕

〔註82〕台中市政府2006年3月31日府授文資字第0950063327號函。

在新修市志編纂期限的展延期間，各分志主持人與審查委員多次進行溝通與意見交換，對各分志內容進行增補與修正，使市志編纂工作能於委託期程內順利完成。

2006 年 12 月 1 日台中市政府召開市志定稿的審查會議，會後發函要求中興大學於 2007 年 2 月 12 日前繳交修正後之定稿，以利後續辦理公開閱覽工作的進行。〔註 83〕中興大學團隊在接獲市政府公文後，加速展開定稿內容的修訂，於 2007 年 2 月 1 日檢送新修《台中市志》修正後之定稿紙本及光碟，俾便台中市政府辦理公開閱覽作業。〔註 84〕即新修《台中市志》各分志因應台中市文化局要求，在定稿通過審查後將再次修訂完成之文稿，以紙本印刷的方式，在台中市議會、各區公所、各級公共圖書館等機關，自 2007 年 8 月 26 日展開為期三個星期的市志紙本公開閱覽，俾便台中市民針對市志文稿提供修正意見；隨後由文化局彙整公開閱覽結果，交由纂修團隊就民眾提供之意見逐一回應或修正，以充實新修《台中市志》的內容。在台中市政府與國立中興大學簽訂的「《台中市志》委託專業服務契約書」中原來並未包括「公開閱覽」項目，纂修團隊為期藉由市政府辦理「公開閱覽」在市志完成定稿與出版前，試圖讓民眾針對各分志內容的缺失提供寶貴修正意見，除可使市志內容的錯誤降到最少外，亦可加深民眾對於市志的興趣，無形中增進民眾對台中市歷史的關懷感，達成市志編纂的初衷；使市志編纂不僅是日後政府施政參考的依據，更為民眾認識台中市歷史發展的工具書，使更多民眾願意投身成長土地之歷史研究。

2008 年（民國 97 年）5 月新修《台中市志》在完成台中市文化局的驗收程序後，台中市文化局隨即進入市志出版作業程序，由文化局上網公開徵求市志出版廠商，並由纂修團隊負責排版後的市志內容校對事宜。期間經過纂修團隊進行三次謹慎的校對，在同年 12 月完成各分志平均字數約三十萬字的新修《台中市志》。台中市政府並於 2009 年（民國 98 年）5 月 21 日於市府舉行新修《台中市志》新書發表會，完整呈現台中市的歷史發展與現況。（照片 5-4）。市長胡志強在新書發表會上表示新修《台中市志》的完成，讓台中歷史完整呈現，也讓台中市到底建府幾週年的爭議有了明確的依據，依據新修《台中市志》的纂修內容可以斬釘截鐵的說，今年（民國 98 年）是台中市建府 122 年。文化局長黃國榮亦在新書發表會中表示，新修市志的纂修與出版，實透

〔註83〕台中市政府 2007 年 1 月 10 日府授文資字第 0960009108 號函。
〔註84〕國立中興大學 2007 年 2 月 1 日興文字第 0961600021 號函。

過跨學門的整合結合不同學術專長的教授，記錄台中的開拓與發展，其內容除了對台中市的歷史發現與現況作詳細記錄外，並爲台中市留下許多珍貴史料。〔註85〕

（二）出版規劃〔註86〕

地方志書的編纂固然首重內容的撰寫，但在出版方面，不論是版面編排方式，或是印刷裝訂與使用的紙質等，亦會影響到志書給人的觀感，甚至是紙質的挑選亦涉及到志書的保存問題。以下試以版面編排方式、印刷與裝訂、紙質挑選、出版冊數與型式等方面，探討新修《台中市志》的出版規劃。

新修《台中市志》在版面編排依編纂契約書規定，是由文化局負責出版事宜，但中興大學編纂團隊負有校對內容與版面的義務，經過三次詳細校對後，才可進入正式排版印刷作業並出版。依台中市文化局所提供資料顯示，由於新修市志在纂修初始，即由總主持人黃秀政規劃好一份「撰稿格式」提供各分志主持人作爲纂修志稿時的版面編排依據，以統一各分志的格式，有助於排版作業的進行。黃秀政並指出目前在台灣的志書出版的印刷與裝訂方面，版面較常見者爲二十四開本和十六開本兩種，其後又因影本的普及亦有A4版本的使用。然而若以編排作業而言，二十四開本因版面較小，配圖效果似欠佳；A4版本則版面稍嫌過大，上架不易，故以折衷的十六開本爲佳。〔註87〕台中市文化局有鑑於舊版《台中市志》在排版與裝訂上是採取直式排版印刷，不若使用橫向排版方式閱讀方便，並考量纂修過程文字圖表等資料使用電腦打字與編排等需求；在版面方面也礙於從事編排時若與市志撰稿格式版面差異太大，易導致因版面異動過大而出現格式不統一的情形。故依照台中市文化局的規劃，新修《台中市志》是採取八分志單獨以精裝版A4「菊八開」〔註88〕、橫排彩色印刷方式出版；印刷廠商在承包新修市志排版作業

〔註85〕黃玉燕，「承接史命　台中市志編纂完成」，2009/05/22《大紀元》電子報。http://www.epochtimes.com/b5/9/5/22/n2534633.htm（2009/05/25）

〔註86〕有關新修《台中市志》出版規劃方面的資料，係由時任台中市文化局文化資產課新修《台中市志》承辦人陳文婷小姐提供，特此誌謝。

〔註87〕黃秀政，〈全球代下方志纂修的因應與創新〉，收入氏著，《台灣史志新論》（台北市：五南圖書出版公司，2007），頁412。

〔註88〕有關出版品的版面，係指印刷品平面之大小，習慣上以「開」爲單位，例如版面面積爲全紙1/2稱爲「對開」；1/4稱爲「四開」。而慣用的全紙有兩種規格，一種是「全版紙」（31吋×43吋），業者俗稱「四六版」，由這種規格衍的版面計算，直接稱之爲「開」，例如全張的報紙，是全版紙的一半，稱之爲「對

時，只在「撰稿格式」基礎上作細部修改，不作大規模變動，以免影響整體版面編排，使出版時的版面能與撰稿格式相同，減少出版過程中不必要的麻煩。

在紙張材質使用方面，新修《台中市志》的印製，為求美觀原擬採用 80 磅的雪銅紙，但考量雪銅紙雖是使用與模造紙等級相同的紙漿底基，但會在外層塗抹一層白漿，若是白漿密度過低，有的會掉粉，若是白漿密度太高，則容易導致印墨不易乾，或不著墨，使印製的志書保存不易。因此台中市文化局曾私下要求中興大學編纂團隊站在學術角度上，由國立中興大學行文台中市政府建議市政府採用適合高彩度高級印刷且成本較低，又可永久保存的模造紙。〔註 89〕然而此一建議未獲台中市政府採用，市政府仍是使用紙質較為精美但成本較高的雪銅紙作為印刷用紙，以便在彩色印刷時的色彩可較為清晰與飽滿，並清楚呈現相關圖檔內容。筆者以為，在志書印刷紙張的挑選時，雖然圖檔是否能清晰呈現亦為重要之事，但若能考慮到志書的大量流通與長期保存事宜，在印刷用紙上選擇適合一般文化用紙，例如書報用紙、影印紙，或是事務用表格單據的模造紙，不僅較不影響圖檔的清晰度，亦可提高志書的保存效果，相信能有利於志書的保存與利用。

在新修《台中市志》出版總冊數與出版型式方面，新修市志有別於台中市早期出版的市志，或是其他縣（市）編纂的方志受限於纂修工程龐大，或是經費來源不足等問題，故以纂修完成者先行出版的方式，而是採取統一發行的方式。新修《台中市志》有必須在合約日期內完成全部志書委託纂修案的規定，若無法履約則會遭受到罰款，因而不易出現志稿無法如期完成的情形；另一方面則是台中市政府為求新修《台中市志》纂修內容斷限的一致性與內容的完整性，因而在纂修計畫合約書中即先行註明日後新修市志是採取以各分志單獨成冊的方式在同一時間出版發行。根據台中市政府文化局提供的印刷與出版資料指出，新修《台中市志》各分志在紙本的發行量上總計各出版 476 本的紙本，即八分志紙本合計共有 476 套；除紙本發行之外，台中市政府為求配合數位化及網路化的時代並同步發行數位電子版的資料性光

開」；另一種規格是「菊版紙」（24.5 吋×34.5 吋），面積小於全版紙，由菊版紙衍生的開數計算，稱之為「菊開」，例如影印紙 A4 紙為「菊八開」。黃志農，〈編輯實務簡介〉，《機關志講義彙編》（台灣南投：台灣省文獻委員會，1993），頁 146～147。

〔註89〕國立中興大學 2008 年 1 月 16 日興文字第 0971600015 號函。

碟，以方便民眾利用與檢索，更有助於市志的傳遞與流通，而市志各分志共製作數位光碟 1,000 片供民眾索取，因此八分志合計共有 1,000 套的光碟。可知在新修《台中市志》的出版方面，光碟片的發行套數多於紙本套數。即是在現今出版品數位化時代，紙本發行的方式固不可少，但使用光碟片不僅保存方便，空間佔用不大，亦可快速瀏覽所需的資料，有利於閱讀的便利性與增加志書的流通率。惟就志書流通與運用的角度來看，新修《台中市志》規劃出版冊數不論是紙本印製量，或是光碟片的製作量，均稍嫌不足，無法提供民眾購買，除了無法嘉惠廣大的閱讀群眾亦影響志書的普及性。

據筆者所知，當時台中市政府在討論是否要將志書內容全數上網時，是考量若將未纂修完成的新修市志內容全數上網，容易涉及到網路閱覽的版權所有與編纂者的智慧財產權等課題，因而在「公開閱覽」時僅將市志初稿以紙本方式放置台中市議會、文化局、區公所等地供民眾翻閱。當市志完成纂修後亦考慮版權等因素，才未將市志內容上網供民眾查詢與使用，僅提供各分志的內容摘要部份，此點就志書的推廣與使用而言，不無可惜。因此台中市政府若能製作大量的數位光碟供民眾購買或索取外，亦可仿效其他縣市（例如《重修苗栗縣志》）將志書內容全數使用數位化上網模式供民眾查閱，以追趕上現今電子數位化的潮流。再者台灣國家教育研究院曾於 2009 年建構「台灣方志」網站（照片 5-5），將戰後台灣出版的各級地方志數位化上網，以方便民眾下載，為台灣地方志的流傳與推廣提供便利的管道與分享平台，但不知何故，近日筆者查詢該網站時，發現其已停止下載的服務，實為可惜。〔註90〕

〔註90〕 有關目前台灣方志的出版，截至 2012 年（民國 101 年）10 月止，在各縣（市）志的纂修方面，除了在傳統紙本印刷的出版形式下，增加有數位光碟片的製作外，亦已有縣（市）將其編纂的縣（市）志內容全部數位化上傳網路，以方便民眾在線上查閱與使用，例如 2007 年出版的由陳運棟總編纂之重修《苗栗縣志》，即提供有網路的線上閱讀功能。另外，國家教育研究院曾在 2009 年建構「台灣方志」網路平台（http://county.nioerar.edu.tw/page.php?page_id=2）陸續將戰後台灣各行政區域歷年來編纂的地方志書製作成數位檔案，供民眾下載使用，有效加速了方志的流通。但近日筆者重新查詢，已發現該網站已停止提供下載服務。資料來源：重修《苗栗縣志》線上閱讀網站：http://book.mlc.gov.tw/（2010/09/20）、「台灣方志」網站：http://county.nioerar.edu.tw/page.php?page_id=2（2011/03/20）

照片 5-4　「台灣方志」網站

（資料來源：「台灣方志」網站　http://county.nioerar.edu.tw/page.php?page_id=2，
　　2011/03/20）

二、新修《山口縣史》

（一）審查校訂

　　近代日本由中央推動「府縣史料」等方志纂修，並負責審查；1901 年（明
治 34 年）大阪市編纂《大阪市史》時，成為地方編纂自治體史的開始，大阪
市參照德國與意大利出版的各類型市史，使市史的「史料集」以獨立方式存
在，且在志書審查傾向由自治體內部對史料集內容展開校訂工作。〔註91〕二
次大戰期間日本全國為投入戰事作準備，修志工程稍有停頓，對於志書的審
查與校訂亦無嚴格規範；戰後受到志書編纂自「地方志」走向「地方史」的
型態，著重史料的翻譯與史實的再現，以彰顯其「存史」功能，故在志書內

〔註91〕津野倫明，〈土佐（高知）における史書および自治体史の編纂〉，收入國史
　　　　館台灣文獻館編，《方志學理論與戰後方志纂修實務國際學術研討會論文集》，
　　　　頁 257～258。

容審查與校訂時，採取以志書編纂委員會各專門部會自我審查方式。現階段日本各地方自治體纂修的地方志書，多是採取由自治體內部的纂修委員自行審查與校訂，並未再另外由政府組成專門審查委員會來負責審查。

　　新修《山口縣史》是以「史／資料編」的資料翻譯與編纂為基礎，在志書內容的審查與校訂方面，是採取以縣史編纂室各部會纂修委員內部相互檢視的方式，確認縣史各卷志的翻譯文字與用語是否正確。〔註92〕除了檢討編纂方向與史料選擇的條理是否明確，並規範出考訂與審查的範圍包含有中世、近世等時期各藩主印章用印的位置是否正確，文書信件內容的語法與真實度；另外再透過年代比對來確認文件的真偽，或是在翻譯古文書過程，是否發生誤判史料或是翻譯錯誤的情形，並審視各部會編纂內容是否反映出各時代的面貌與特色。筆者認為山口縣史編纂室在執行縣史編纂時，在以重「史實」不重「史論」的理念下，強調第一手史料的修志原則，對於史料內容有研究的專家學者均已含蓋在纂修團隊，且在縣史編纂過程著重「史料編」的史料挑選與翻譯，因此有關史料翻譯或纂修內容的確認，惟有編纂團隊各專門部會的部會長與專門委員們可以勝任，並無另外再設置審查委員會來審查志書內容的必要。

　　新修《山口縣史》「史料編」近世時期編纂者田中誠二指出，新修《山口縣史》在編纂時若以其負責的近世時期編纂為例，因「史料編」是以編纂史料長編的方式做為縣史基礎，期望藉由對山口縣在日本近世時期各面相史料的蒐集、翻譯與運用，重建山口縣在該時期的政治、社會、經濟、文化等發

〔註92〕台灣對於地方志書的審查，主要有幾個基本要求，即每部志書中的志篇架構綱目，是否足以涵蓋應編撰內容的時空史實；每一章節與每一時期的內容、史實是否充實正確，志書有無加註說明資料出處，文章是否順暢，適時訂正其中的漏字、錯字等，因此多設有審查委員專司其職。例如2003年新修《台中市志》的編纂，即由於內容廣泛，且涉及到行政事務的部份，相當繁瑣複雜，一般學者並無法確切掌握，故有審查委員的組成。其審查委員區分為府內審查委員與府外審查委員兩部份，定期召開審查會議，就新修《台中市志》的內容加以審查，以利編纂工作的推動。府內審查委員係依新修《台中市志》各分志的屬性與內容，由台中市政府業務相關各局主管負責審查；府外審查委員則由台中市政府聘請相關領域的專家學者擔任，分別就市志各分志內容加以審查，提供修正意見，使市志的整體水準獲得進一步的提昇。王世慶，〈我的修志經驗與看法〉，《台灣史田野研究通訊》20（1991.09），頁30。黃秀政、郭佳玲，〈戰後台灣縣（市）志的纂修——以新修《台中市志》為例〉，收入國史館台灣文獻館編，《方志學理論與戰後方志纂修實務國際學術研討會論文集》，頁197～198。

展面貌。因此縣史編纂室的近世部會成員皆是長期從事山口縣近世時期各項課題研究的專家學者，既然專家學者們皆已投入縣史編纂工作，又如何能找到另一批學者專家來從事審查；而且「史料編」的纂修是以史料翻譯與挑選為基礎，不似台灣的志書編纂需另有審查委員來審視內容。新修《山口縣史》的編纂因有編纂室與政府的主導與協助，投入大批的人員與經費，使其可將各領域的學者專家均納入編纂委員會，故沒有必要亦無法再尋求到另一批學者專家來從事審查，故將志書史料的審查與校訂工作委由各部會委員們自行討論與檢視，此為最謹慎且適宜的審查方法。〔註 93〕唯若以學術批評角度言之，筆者以為台灣方面修志，另請專家審閱，至少可有他山之石可以攻錯的效果，似乎較善。

　　新修《山口縣史》是以各時代史料的翻譯與編纂為主，在「史料編」基礎還原各時代的政治、經濟、社會或是文化狀況，因此對於「史料編」各卷翻譯內容的確認與校訂就顯得格外重要。例如在「中世部會」或是「近世部會」的史料編纂過程，即將早期日本習慣用草書體書寫的文言文字體改以現代通用的日文，使史料能夠更容易被民眾閱讀與使用。山口縣史編纂室除了史料搜集、選定、考訂、召開編輯或撰寫會議外，待初步完成史料翻譯後，必須由各部會專門委員與編纂委員共同進行對原稿的調查與確認，再經過委員們反覆確認、討論與校訂，以減少翻譯的錯誤，同時視編纂情形調整方向。初稿確定後即進行排版作業，再由該部會的部會長與專門委員進行內容的再次校訂，確定翻譯與印刷用字無誤，才進行完稿出版的作業。每卷志的校訂作業因相當謹慎，故自初稿完成至定稿刊行，多需花費 2～3 年的時間，可見非常重視內容的校對與訂正，以避免後人在使用縣史資料時發生誤用情形。

（二）出版規劃〔註 94〕

　　志書編纂除了內容撰寫具重要位置，版面編排或是印刷裝訂皆會影響到志書給民眾的觀感，甚至影響閱讀或使用的欲望。戰後日本地方史志的纂修時間非常長，又以縣級的自治體史數量最多，若採取全數編纂完成後才統一

〔註93〕郭佳玲，〈新修《山口縣史》近世部會主持人田中誠二教授訪問記錄〉，2009年 12 月 5 日於日本國立山口大學人文學部田中誠二教授研究室。

〔註94〕新修《山口縣史》目前尚在編纂與陸續出版中，有關出版規劃與資金分配等方面的資料，係由筆者於 2010 年 8 月份，訪談山口縣史編纂室人員時所得，特此誌謝。

出版，容易造成已編纂完成的卷志不易在最快時間內被使用，失去實用性與時效性，因而除了戰後初期部份地區在小規模的縣史編纂工程上採取統一出版刊行的模式外，如 1951 年（昭和 26 年）出版的《高知縣史》（上、下冊）或是 1953 年（昭和 28 年）出版的《新修香川縣史》（全一冊），大多是採取先完成編纂者即先行出版刊行的方式，如 1954～1987 年（昭和 29～62 年）出版的《宮城縣史》、1963～1986 年（昭和 38～61 年）出版的《長崎縣史》，或是 1971～1992 年（昭和 46 年～平成 4 年）出版的《長野縣史》等。爲期縣史能夠有效的被使用，新修《山口縣史》在編纂委員與學者專家共同商議後，決定依歷史時代先後區分的 8 大部會爲單位，各部會先自「史料編」的史料翻譯與解讀開始編纂並出版，繼之以「通史編」各時代歷史發展的編纂與出版，最後再從事「別編」（包含索引與年表）的編輯與出版，以完成全部縣史的編纂。

　　新修《山口縣史》「史料編」與「資料編」的編纂是在從事大篇幅史料的整理與翻譯，內容相當龐雜，必須花費大量人力與時間來整合。但縣史編纂室爲求志書編纂的一致性與考慮出版經費等問題，故而每卷志是以 1,000 頁爲編纂原則，但可視史料內容與實際編纂情形略有調整，若該卷志的史料內容過多，則分成上、下兩冊出版，例如「史料編・近世 1」與「史料編・中世 1」分別以編纂 1,600 頁與 1,200 頁的方式分上、下冊出版；但「通史編」、「民俗編」、「別編」等卷仍是依照纂修原則辦理。依山口縣史編纂室的規劃，「通史編」與「民俗編」的出版冊數是預計每卷各出版 1,500 冊、「史料編」、「資料編」、「別編」則各出版 1,300 冊，不論出版冊數多寡，每卷的印刷費用上限皆爲 1 千萬日元；至於各卷的出版順序則無硬性規定，是視各專門部會的史料搜集狀況與編纂進度而定。爲使完成編纂的縣史卷志可以先被各界使用，新修《山口縣史》編纂室對於縣史的出版，是採取先完成編纂者即先行出版的方式。統一使用 A5 紙張，依實際情況偶有使用 A4 紙張的情況，如「資料編・民俗」卷與「資料編・考古」卷；全套縣史在行銷包裝上是統一以布面盒裝方式出版，據縣史編纂人員表示，使用布面盒裝的方式，除了有利於縣史保存外並使在外觀上更顯精美，有助於吸引民眾注意。

　　在不增加編纂人員行政負擔，使其能專注於縣史編纂事宜的原則下，新修《山口縣史》編纂室除了負責將已完成之書籍寄送國內相關政府公家單位

典藏，或是寄贈予志書編纂者外，並不負責新修《山口縣史》公開販售事宜。
而是統一交由山口縣內專門負責承辦公家機關出版品展示與銷售事宜的「山
口縣刊行物普及協會」〔註95〕辦理。現階段日本各級自治體在從事自治體
史纂修時，多以召開編纂會議或是成立編纂審議會的形式來統籌各項行政管
理事務，例如 1964～1972 年（昭和 39～47 年）福島縣政府文書學事課成立
的「福島縣史編纂會議」，或是 1991 年（平成 3 年）隸屬千葉縣政府總務部
的千葉縣文書館爲展開《千葉縣史》編纂而成立的「千葉縣史編纂審議會」。
〔註 96〕山口縣則是在山口縣政府文書課主持下，採取成立「山口縣史編纂
室」方式來負責山口縣史編纂會議的召開，並編列縣史纂修的經費預算、訂
定縣史刊行計畫與內容校訂、刊行進度等事宜。

　　相較於台灣的新修《台中市志》在志書使用與推廣有發行數位電子檔供
民眾使用，新修《山口縣史》編纂室目前尚未有將新修《山口縣史》內容以
數位化方式上網查閱與發行數位電子檔的計畫。就整體而言，新修《山口縣
史》在使用與推廣上尚未如新修《台中市志》的便捷，但就編纂內容而言，
新修《山口縣史》仍不減其作爲地方史書應有的實用與參考價值。近年來日
本部份地區開始意識到地方史志的流通與運用無法大力推廣，因而推出改善
方式。自 2006 年（平成 18 年）開始有部份地方自治體將纂修完成的地方史
書出版 CD 版的總索引，方便民眾購買與使用，例如關東、近畿、東海地方等
地即出版一系列的《CD 縣史誌》，即是《CD 縣史誌：關東—近世（通史／資
料）編》、《CD 縣史誌：關東—近現代（通史／資料）編》、《CD 縣史誌：近
畿・東海—近世（通史／資料）編》、《CD 縣史誌：近畿・東海—近現代（通
史／資料）編》等（照片 5-5）。其將日本的關東、近畿、東海地方境內編纂
的地方縣史志內容全部數位化，不僅方便民眾使用與查詢，亦大幅加快志書
的流通。

〔註95〕「山口縣刊行物普及協會」主要是以發行和販售山口縣內各級官方行政機關
　　　　的刊行物爲中心，而爲了民眾購買方便，該協會在山口縣政府（山口縣廳）
　　　　內設置有一「山口縣刊行物中心」，專門負責山口縣內各級地方自治體（如縣、
　　　　郡、市、町、村）監修的各種刊行物之展示與販售等事宜。資料來源：山口
　　　　縣刊行物中心 http://ymgbooks.jp/index.html（2011/04/01）。

〔註96〕福島縣廳，《福島県史編纂記録：県史編纂十年の歷史》（日本福島：編纂者，
　　　　1972）；千葉縣文書館，《千葉縣史》相關資料：http://www.pref.chiba.lg.jp/
　　　　bunshokan/contents/chibakenshi/index.html#kousei（2012/05/03）

照片 5-5　　《CD 縣史誌》封面

（資料來源：作者掃描，2010/04/03）

小　結

　　新修《台中市志》採取以志統篇的方式，以時代為劃分依據來個別纂修；篇之下以分門別類的方式來制定相關細目，呈現各分志的內容與特色。新修《山口縣史》是以民眾土生土長的文化作為編纂出發點，論證地方文化會在各地區特有文化傳統中獨自形成，希望自名家或是地方財閥的興起、發展與潰敗過程的研究，清楚呈現歷史發展。新修《台中市志》與新修《山口縣史》在纂修內容上不同的是，新修《台中市志》是以傳統志書編纂中「以事繫時」的原則來從事纂修，重視記述現代歷史與當前現狀，強調「古為今用」、「以古鑒今」；而新修《山口縣史》則是採用「以時繫事」作為纂修原則，著重歷史現場的還原與再現。

　　新修《台中市志》在史料搜集過程，纂修團隊除了要撰寫內容，亦要擔任起史料搜集、篩選、考證的角色，不僅工作量繁重，肩負的責任亦不小；相對而言，新修市志的委託單位台中市政府則是處於輔助性質角色，當纂修團隊在史料搜集過程，遇有窒礙難行的情形時，才會由委託單位出面協助相關史料的取得。新修《山口縣史》的史料調查與蒐集方式，則是由山口縣史各部會的調查委員與協力委員進行初步的資料情報提供與特定資料的調查，再由編纂室企畫部工作人員連繫相關事宜，確定各地典藏的史料後，交付編纂會議中討論，再由編纂室人員根據會議結果從事實際的史料徵集。

　　新修《台中市志》光碟片的發行套數多於紙本套數，相當值得注意，即是在現今出版品數位化時代中，紙本發行的方式固不可少，但使用光碟片不僅保存方便，空間佔用不大，亦可快速瀏覽所需的資料，有利於閱讀的便利性以及增加志書的流通率。惟就志書流通與運用角度來看，新修《台中市志》不論是紙本的印製量或是光碟片的製作量，均稍嫌不足，無法提供一般民眾購買，除了無法嘉惠廣大閱讀群眾外，亦影響到志書的普及性。新修《山口縣史》在纂修上則是以「史／資料編」的資料翻譯與編纂為基礎，再從事歷史發展的書寫工作，因此著重各時期史料的搜集、考訂與翻譯，故在志書審查與校訂是採取以縣史編纂室各部會成員間相互檢視的方式，來確認各卷志的翻譯文字與用語等是否正確。至於在販售與通路方面，在不增加編纂人員行政負擔，使其能專注於縣史編纂的原則下，新修《山口縣史》編纂室並不負責縣史的販售事宜，而是交由「山口縣刊行物普及協會」辦理。

　　台灣與日本的地方史志編纂雖然皆受中國傳統志書編纂的影響，但卻在

各自的文化背景下獨立發展，使得兩國志書不論是在編纂體例、內容，或是編纂方法，皆有自己的特點與修志經驗。其中，「地方志」是以記述現狀爲主；「地方史」是以記述過去歷史爲主。但地方史志均是時代產物，不同時期編纂的地方史志會展現出編纂當時的時代氣息，具有強烈的時代感。因此不論是新修《台中市志》或是新修《山口縣史》，皆能藉由市志或是縣史纂修，展現自身地域的所具有時代性與特殊性。

第六章　新修二志的功用與價值

　　台灣與日本的方志受到中國地方志纂修傳統影響，是指記載特定地區在某一特定時期內的自然地理、人文地理、社會經濟的演變與現況等資料性書籍，是作爲政府施政時的參考書，亦是作爲記載該地域所有事項的百科全書。自古以來方志纂修即有特定的功用價值，例如中國地方志具有補史之缺、詳史之略、參史之錯等功用，並有「資政」、「存史」、「教化」的價值，此功用與價值亦影響台灣與日本的方志纂修。今日台灣與日本在方志纂修的功用與價值，隨著時代演變與政治、社會，或是經濟等情勢發展的不同，也演變出不同於傳統中國方志編纂的功用與價值，走向「地方志」與「地方史」的編纂方式，並有其獨特的纂修時代背景與意義。

　　本章試圖藉由新修《台中市志》與新修《山口縣史》二部志書提出現階段台灣與日本的地方史志在方志纂修上呈現的功用，並闡述兩部志書具有的價值。

第一節　功　用

　　傳統中國對方志功用的定義，是指記載一個特定區域的百科全書，是地理書與歷史書的結合，亦是作爲政府施政的參考與準則。且方志作爲一方之全史，對於正史具有「補史之缺」、「詳史之略」、「參史之錯」、「續史之無」的「資政」、「存史」和「教化」功用與價值。受到西方社會科學傳入影響，民國以後的中國方志纂修開始注意影響地方的各種因素，並賦予傳統方志

「新的內容」、「新的方法」和「新的體例」。〔註1〕例如傅振倫曾在纂修《北平志類》時，指出志書應有側重現代、注重實用、偏重物質、注重科學等功用；〔註2〕林天蔚亦在章學誠的修志理念影響下，指出方志具有可補正史之不足、可考訂正史之錯誤、可作爲科技資料之增添，或是作爲地方人物、史事與藝文之蒐集等功用，亦是有關宗教及中西文化交流史料鉤尋的材料。〔註3〕來新夏也曾在新方志纂修的理念下，指出方志是記載一地自然、歷史、社會、經濟、政治、文化各方面的情況與資料的一種著述體裁，是對地方情況進行綜合反映的百科全書，也是撰述歷史藉以取材的資料寶庫。〔註4〕

今日由於知識普及與資訊流通快速，方志的功用不僅是百科全書的性質，而且作爲政府官員的行政指南，更是民眾吸取知識、激發愛鄉情懷的來源之一，各階層的民眾可利用方志內容加強對自身土地的認識。因此對於政府官員而言，志書是行政參考指南；對於教育工作者而言，志書是豐富的鄉土教材；對於外地人而言，志書是百科全書，是快速瞭解一個地方歷史與現狀的參考資料；對於當地民眾而言，志書更是幫助其瞭解自身土地發展的最佳工具書；對於文史研究者而言，志書也是保留珍貴史料並獲得最佳資訊的史料書，不僅可以藉由志書內容的記載，作爲歷史研究的基礎，更可作爲其他國家纂修地方志的參考。

綜觀新修《台中市志》與新修《山口縣史》的纂修過程及其體例、內容與運用等方面，可發現二者除了具有上述功用外，亦具有「大眾性」、「時代性」、「專業性」、「使命性」、「地方性」、「資料性」，可作爲各國家或地域修志的參考。

一、大眾性

早期纂修的方志多是爲統治者提供施政的參考，爲讀書人提供知識，閱讀者乃知識階級，對文字的接受能力極高；現代的方志則要爲廣大群眾服務，但這些群眾可能是販夫走卒、兒童，也可能是外國人，如果志書的文字過於

〔註1〕 林天蔚，《方志學與地方史研究》（台北市：南天書局，1995），頁115。
〔註2〕 傅振倫，《中國方志學通論》（上海市：上海商務印書館，1936），頁110～112。
〔註3〕 林天蔚，《地方文獻研究與分論》（北京市：北京圖書館出版社，2006），頁44～49。
〔註4〕 來新夏，《志域探步》（天津市：南開大學出版社，1993），頁3。

艱澀，內容過於學術，編排過於呆板，多少會降低志書的閱讀率。〔註5〕現階段的修志目的是要使志書內容與民眾的歷史體驗產生共鳴，因此如何使志書成為民眾容易閱讀且取得的讀物便為重要。

新修《台中市志》與新修《山口縣史》在內容上改變以往為政府服務的性質，並將志書公開陳列與販售，使志書不再只是作為政府施政的參考，而是成為社會大眾均能普遍使用的志書。且在纂修時採取以社會大眾為對象的纂修方式，不僅在文字使用或是內容描述上，均以深入淺出的方式，讓民眾能明瞭志書內容，以提高閱讀興趣，成為大眾化讀物。新修《台中市志》在發行上不僅維持傳統的紙本印刷方式並出現電子文本，更將志書內容全面上傳網路，其多樣化表現形式使志書的流通更加快速。新修《山口縣史》雖然未發行數位電子檔，但將在修志過程中所蒐集到史料，均交付山口縣文書館典藏，且在館方人員協助下開放民眾自由調閱使用，資料不再侷限於特定人員使用，而是開放給民眾利用，使志書的流通更為普及。

二、時代性

地方志是時代的產物，是根據某一時代的需要來組織人力編纂而成，顯現出的內容，是代表那個時代的發展趨勢，著重記述當時代的歷史現況，亦是客觀反映一個地方在不同歷史時期的發展狀態，甚至從志書的語言和用詞即可得知當時的時代特點。例如清領時期的台灣，纂修的志書受到中國修志傳統影響，多作為政府施政的參考，因而重視教化人民的功用，在志書用詞上可看到傳統志書使用的「同胄」、「仕績」、「流寓」、「津梁」等詞彙。日治時期的台灣，在台灣總督府的統治政策下，編纂的志書具有濃厚的殖民地色彩；戰後初期的台灣，在地方志書纂修採用官方開館主導修志事業，控制知識生產權，受到政府高壓管制的色彩不僅十分明顯，在內容上也表現出漢族中心思想，刻意忽視原住民族群歷史、刪改日本統治下的台灣歷史，甚至將日治時期的年代紀元均改成民國紀元。〔註6〕

〔註5〕張素玢，〈承起與開創：以彰化地區方志歷史篇的撰修為例〉，收入許雪姬、林玉茹主編，《「五十年來台灣方志成果評估與未來發展」學術研討會論文集》（台北市：中央研究院台灣史研究所籌備處，1999），頁270。

〔註6〕2010年出版的《新修桃園縣志》在規劃縣志的時間斷限與大綱等，亦曾有編纂委員提出，戰後初期纂修的志書，由於受官方影響，許多志書對日據時代論點、光復後敘述，有諸多忌諱與考量，就研究而言十分不足。徐惠玲，〈戰

　　1987 年解嚴後，台灣本土意識高漲，在志書纂修傾向尊重不同時期的台灣歷史發展，特別是在政治走向民主化與自由化的今日，學術研究開放，不再以黨國意識來從事纂修，而是採用忠實記錄史事的方式來還原歷史本來面貌。隨著社會進步與科技不斷發達，使得志書纂修工程必須依賴不同領域的學者專家共同纂修，走向以科際整合方式來從事纂修的本土化風潮。

　　各地域在不同時期纂修的方志無不體現獨特的時代氣息，故可藉由一個地域各時期纂修的志書，或是各個地域但在同時期纂修的志書來從事特定地域的歷史研究。由新修《台中市志》的編纂可知現階段的台灣在方志纂修上已由早期僅由官修的模式，逐漸轉變成以「官方倡議、學者修志」的方式，並以注重各學科之間的相互結合為常態，且纂修的志書也不再是專為政府首長或是特定政黨服務，展現相當的學術自由。

　　日本在明治時期以後，政府未曾就地方史志的編纂發佈過統一的規範，導致各地方自治體皆是根據自身的情況來纂修志書。因此新修《山口縣史》在纂修時，除了有不同研究領域的歷史學者外，並包含有考古學者、經濟學者、藝術家與教育家等。由於他們所記載的方志內容，不論是在文字使用方面，或是史料運用方面，均是以貼近民眾生活為主軸，是具有實用性質的知識，充份體現志書的當代價值。新修《山口縣史》是以「史料編」做基礎來纂修「通史編」，重視各歷史時期的編纂。

三、專業性

　　志書內容涉及自然、地理、政治、經濟、文學、藝術、人物等方面，有必要在纂修聘請各領域的專業人員來共同撰寫，使志書維持相當的品質。新修《台中市志》總主持人在規劃市志時，除了邀請從事開發史、政治史、社會史、教育史、人物研究的歷史學者加入纂修團隊外，亦分別聘請地理學者、經濟學者、中文學者加入，希望藉助各領域學者專家的專才，以新的材料、新的觀點、新的纂修方式來豐富市志內容。其中，新修市志〈藝文志〉包含文學與藝術，實非一人能總其事，該分志主持人陳器文為求纂修出質量俱佳的志書，又另外敦請學有專精的學者或藝術工作者執筆或提供意見，顯示志書纂修須具有一定的專業，非一般人可為之。在內容審查方面，為了進一步

　　　　後台灣縣（市）的纂修研究：以《新修桃園縣志》為例〉，《台北文獻》直字
　　　　第 177 期（2011.09），頁 195。

完備市志內容，台中市政府聘請多位與各分志內容相關的學者專家從事實質審查，適時提供意見與資料，爲志書品質做了最嚴格的把關。

新修《山口縣史》的纂修是結合日本國內外對於山口縣素有研究的各領域學者、專家、文史工作者等，期盼纂修出屬於全山口縣民所有的地方志書。由於新修《山口縣史》是以「史料編」作爲基礎，但有鑑於早期的史料多晦澀難懂且不易閱讀，因此纂修委員多會在「史料編」各卷之前設置有「總論」、「解說」，或是「史料解題」，由負責該卷志編纂的學者專家，針對所收錄的史料內容與各時代的專門用語作說明，並以收錄的史料內容來闡述該時期的社會、經濟，或是文化發展概況，展現出志書的學術與專業性。另外，爲了避免誤判史料以致出現認知錯誤的情形，各卷志纂修人員也特別在一些史料文句上標明現代日語的讀法，或是在一些特定的外國地名與人名之處附加漢字，以幫助於讀者閱讀，避免造成使用時的誤會。

四、使命性

地方志的內容豐富，且有許多資料多爲正史所未載，或雖載而不詳之處。編纂志書必須耗費大量的時間和精神，如何纂修出可顯示地方特性的志書實爲不易之事。新修《台中市志》與新修《山口縣史》的纂修團隊皆負有對自身土地歷史負責與傳承的使命性，並致力體現志書的當代價值，才能纂修出質量俱佳的志書。

志書纂修工程浩大，承接纂修工作者必須具備相當的使命感，否則無法堅持到最後。身爲新修《台中市志》總主持人的中興大學歷史系教授黃秀政即指出，其當初參與承接新修市志的編纂，主要是念及中興大學設於台中市，且是中部唯一的國立綜合大學，肩負推廣服務與社會責任，因而邀請具有志書纂修實務經驗與對志書理論有深入研究的同事共同組成新修《台中市志》編纂團隊，共同承接市志編纂的重任。〔註7〕在纂修過程，由於市志纂修團隊均懷著一份爲台中市做事的使命感，使民眾得已透過志書追溯台中市的歷史、展望未來，因此皆不計較編纂經費的短絀與編纂期程的匆促，自始至終均全心全意投入市志纂修工作。可知纂修志書實屬極爲艱鉅的任務，若非懷抱著對鄉土付出的情感與爲民眾留下歷史與保存史料的使命感，是無法順利

〔註7〕黃秀政，〈總主持人序〉，黃秀政總主持，孟祥瀚主持，新修《台中市志・沿革志》（台灣台中：台中市政府，2008），頁3～4。

纂修完成的。

　　新修《山口縣史》纂修的展開亦是期盼藉由縣史的纂修，以民眾的角度來還原與再現山口縣的歷史發展，更盼望為地方留下珍貴史料以供後世研究，並喚起民眾對自身鄉土的關懷。因此山口縣史編纂室的成員們在「重史實不重史論」與「還原歷史」的修志理念下，為了保存鄉土資料，加深縣民對鄉土理解，儘管縣史修志規模龐大，纂修期程長久，各纂修委員仍是努力按照計畫完成纂修；並以保存變遷中的民間傳統文化與社會集體記憶為己任，展現文化傳承意識與當代人文關懷。

五、地方性

　　地方性是方志的顯要特徵亦是重要功用，沒有地方性就失去方志的特徵。因為方志所記載的是一個特定地域的山川、風土、政績、經濟、歷史發展等，其記載的範圍廣狹、地域大小各不相同，導致各地的地理位置、地形氣候、建置沿革、歷史變遷、資源物產、民情風俗均不相同，便可反映出鮮明的地方色彩。〔註8〕新修《台中市志》與新修《山口縣史》均是為了保留珍貴的地方文獻與做為政府施政的參考，啟發民眾對於自身土地的關懷，展開以特定區域為記載範圍，並以特定地情作為研究對象的志書纂修事業。

　　新修《台中市志》的纂修說明台中市自史前時期到現代社會的各項發展歷程，指出台中市在清領前期只是一個小街肆，直到清領後期因台灣巡撫劉銘傳在台中倡建省城的計畫，才開始受到注意；日治時期的台中市在台灣總督府規劃下經歷多次都市計畫，確立政治都市的地位，在戰後逐漸轉型為中部地區的商業消費重鎮。雖然台中市已在 2010 年 12 月 25 日與台中縣合併升格為直轄市，成為台灣中部唯一的直轄市，是台灣中部核心發展重鎮，但卻仍然維持傳統宗教節慶活動，如旱溪媽祖遶境十八庄、萬和宮字姓戲、萬和宮老二媽回西屯大漁池省親等，以顯示台中市的在地宗教文化，其中萬和宮的字姓戲更成為研究媽祖信仰與傳統戲曲人士的取經之處。新修市志〈經濟志〉亦指出，因台中市位居台灣的中間地帶，是南北交通的樞紐，不論是在商業活動或是文化發展上，均綜合了南部與北部的特色，發展出屬於台中市的獨特性，例如在餐飲業方面，於 1985 年左右即出現了以情趣、音樂、綠意環繞為特色的庭園式咖啡與茶藝館，甚至是泡沫紅茶的出現，均帶動全台灣

〔註8〕　林衍經，《方志編纂系論》（安徽：安徽大學出版社，2001），頁 22。

的流行風潮。

　　新修《山口縣史》指出山口縣因獨特的地理位置，自古以來即為日本西部與中國大陸、朝鮮半島，甚至與日本境內的九州、四國之間重要陸路交通要道，因而有機會接觸許多外來的思想，促使位居山口縣的長州藩人士在明治維新時期的各項政府改革中扮演重要角色。另外，在「資料編」的「考古1」卷，將山口縣的史前時期區分成岩宿時代、繩文時代、彌生時代、古墳時代。其中「岩宿時代」是山口縣內特有的一個時期，與在群馬縣發現的岩宿遺址同屬舊石器時期，得知山口縣在舊石器時期已有人類活動。新修《山口縣史》纂修團隊雖然是以學者專家為多數，但也包含山口縣的在地文史工作者，他們以在地經驗與視角來書寫在地歷史，除了呈現人民與土地之間的連帶關係，亦彰顯地方志具有的庶民性與地方性。

　　由上述可知，新修《台中市志》與新修《山口縣史》兩部志書的主要功用即是注重在地特色，延續地方歷史，傳承地方文化與凸顯地方特性。

六、資料性

　　方志是全面、翔實、準確且系統性地記載特定地域的政治、自然、社會、經濟、文化等面相的歷史變遷與現狀，可說是一種資料性文獻。而資料是志書纂修的基礎，若是沒有資料或是資料不夠全面，則無法順利展開志書纂修工作。資料的真偽與多寡，挑選與使用是否得宜，均影響志書的質量與水平，因此要彰顯志書功用，首先要有豐富且準確的資料作基礎。所謂志書的資料性，既包含資料數量的多寡，也包括資料編排是否合宜，藉由纂修志書可保存珍貴史料。胡巧利指出志書資料性的強弱與資料的多少、真偽、正誤並不一定成正比關係，一部志書僅僅是擁有一大堆真實、準確的資料，還不能說明它在資料性方面就是完美的，因為志書是一種有特定內容與功能的資料性著述，它的資料性是必須要由全面性、系統性、準確性、典型性、特色性這五個方面綜合體現出來；如果其中的某一個方面有缺陷，那麼資料性也會受到不同程度影響。〔註9〕

　　志書的功用要由豐富準確的資料作保障以成為學術研究的基礎，正由於志書具有詳實、可靠的資料，歷代方志才成為不可替代的經世之作，特別是

〔註9〕　胡巧利，〈論志書的資料性和著述性〉，收入陳強主編，《廣東省地方志理論研究優秀論文集》（中國廣東：嶺南美術出版社，2007），頁218～223。

許多事件的描述與記載，多源於不見他書的第一手材料，更顯示其具備的史料價值。新修《台中市志》不僅在纂修內容增補舊志未載之內容、校訂過去有誤之記載，並運用最先進的科學技術來製作圖表，採集資料以提供更多早期未被發掘的史料供民眾查閱與使用，具有珍貴的「資料性」功用。自新修《台中市志》各分志的「參考書目」可知運用大批與台中市有關的地方志書、政府統計資料、公文書、檔案、日記等基本史料，各時代人士的相關著作與論文集，藉由相互對應的方式來記載史事，也運用大量期刊（學報）論文、學位論文，甚至是以前較少使用的田野調查資料、報刊文章與網路資料等，均成為此次修志不可或缺的資料。

新修《山口縣史》的編纂亦是立基於史料，由於是以「史料編」做為主軸，因此內容即保存許多山口縣內各諸侯國的公文書與日記，使民眾得以窺見各時期的社會與政治、經濟、文化發展樣貌。編寫志書必須對於收入的史料進行慎重考證與校訂，避免以訛傳訛，喪失其具備的資料性價值。雖然新修《山口縣史》各卷並未詳細列出引用的史料出處，但由於是以「史料」作為編纂內容，統一在文末附上「文獻目錄」，即可得知所使用的文獻資料，如山口縣考古遺址調查報告書、各級自治體史志類書籍、重要政府官員的公務日記、私人日記、實錄雜史、檔案文書、各種宗教或是統計紀錄、傳記家譜、遊記傳說，甚至是與社會、經濟、文化有關的文書、記錄、對外關係與國外史料與文學資料等。藉由縣史收錄的史料，使民眾在日後從事研究時，有機會使用最原始的史料，因而「史料編」收錄的史料具有重要的資料性功用與存史價值。

第二節　價　值

方志具有鑑往知來與凝聚民眾鄉土情懷等功用，因此在保留歷史文物與遺產、重視地方意識、關懷土地等趨勢下，編纂方志成為政府積極推行的文化工作。方志的特色相較於傳統筆記、詩詞、遊記或是策論，在於它是以系統性的知識分類架構為骨架，以非個人的、客觀性的方式來呈現，將多種事物記載編輯在一起成為史書形式的著作；不同於議論性或文學性的文章詩詞，它的說服力與事實性，就建立在它的形式本身。〔註10〕近年來台灣與日

〔註10〕林開世，〈方志的呈現與再現：以《噶瑪蘭廳志》為例〉，《新史學》第18卷2期（2007.06），頁2。

本的方志纂修在地方政府的主持下已有相當成果，並發展出不同特點與價值。

一、新修《台中市志》

　　台灣的方志纂修從清領時期到戰後迄今，發展歷程可歸納出幾項趨勢，即在修志層級上，由中央擴展到村里；在志書內容上，由簡單逐漸詳盡；在纂修體例上，由單元走向多元；在作業程序上，由嚴謹的審查程序到回歸地方自治的開放作業；參與修志人員，由官方修志走向「官學合作」；在資料運用上，由文獻資料拓展到田野調查。〔註11〕新修《台中市志》的纂修亦是奠基於上述的發展趨勢，並在內容上呈現四項特點，即是以「志書」體例為纂修原則、重視志書審查制度、重視多族群歷史與多元文化，並成為其他國家修志時的參考，而此四項特點又與台灣的志書纂修發展密不可分。

（一）以「志書」編纂體例為纂修原則

　　方志的價值是體現在記載的內容能對社會發展和進步發揮有益作用。台灣的方志記載是以反映現狀為主，所以採取傳統志書體例的「略古詳今、略遠詳近」的纂修原則，對一個地域從古至今的歷史和現狀給予詳略不同的記載，即是詳記近今地情而略記遠古之事，以發揮志書為現實社會服務的功能與意義。況且許多地域在纂修新志時大多都已修過一次或是一次以上的舊志，這些舊志對該地域各個時期之各類情況均曾有不同程度的記載。若新修志書再將舊志所記載的各時期情況不加刪減地收錄進去，不僅新志篇幅很大，而且會與舊志重複，反而喪失纂修新志為現實服務的意義與功能。故在纂修新志時，不宜全部照抄舊志內容，只能作簡短扼要的追述，這就必然產生「略古」的情形。「詳今」則是指在修志時應盡可能多面相記載當時當地的各類情況，以為當代提供豐富的現實材料，並且為後代保存大量的材料和記錄，故對纂修志書來說，「詳今」是十分重要的。〔註12〕

　　戰後初期台灣各級政府纂修的志書，就內容與功用而言具有濃厚的官方色彩，特別是在戒嚴體制下的反共與中國教育籠罩一切，形成在政治上，由

〔註11〕謝嘉梁，〈從台灣省通志到台灣全志：台灣修志的回顧與前瞻〉，收入國史館台灣文獻館編，《方志學理論與戰後方志纂修實務國際學術研討會論文集》（台灣南投：編纂者，2008），頁13～15。

〔註12〕黃葦，〈論方志「統合古今」和「詳今略古」〉，《上海地方志》1991年第3期（1991.03）。上海市地方志辦公室，《上海地方志》http://www.shtong.gov.cn/ node2/node70393/node70403/node72555/node72664/userobject1ai82828.html（2012/08/01）

「中央」主導「地方」；在教育上，只重「國家課程」，排斥「鄉土課程」；在情感上，「國家意識」擠壓「鄉土意識」的情況，反映在志書的卷志佈局，則可見到〈革命志〉、〈光復志〉等卷志的出現，強調台灣人民在遭受異民族侵略或統治時的反抗意識，及在二次戰後回歸中華民國政府治理時的歡欣之情，以激發民眾愛國愛鄉精神。〔註13〕1971 年以來隨著中華人民共和國入聯，美國為求與中國關係正常化，因此以「台灣關係法」（Taiwan Relations Act）來規範台美關係，導致國民黨政府在國際生存空間受到限制；加上台灣人民日漸對國民黨政府長久以來的威權統治，在政治、經濟與社會方面封殺本土化與自由思想產生不滿，使社會瀰漫改革的思潮。1972 年任行政院長的蔣經國體認到中國國民黨之生存唯有獲得島內台灣人民之支持始有可能，因此逐步施行本土化政策，並起用台灣人擔任政府要職。進而在 1987 年總統蔣經國宣佈解除戒嚴令，使封閉的台灣政治逐漸解凍，台灣歷史文化始被重新檢討，從而引發台灣意識與中國意識的論爭，促使地方人士對於鄉土產生強烈認同感；繼之 1991 年「動員勘亂時期臨時條款」廢除，使得各縣（市）政府在志書內容纂修方面，亦均較早期修志時重視鄉土資料，無形中型塑出台灣人的鄉土意識，使志書的纂修更深入基層。例如 1999 年出版的《新竹市志》即是由各領域學者系統性地蒐羅相關文獻，輔以田野調查等方式，從土地住民、政事經濟、教育藝文等面向，建構新竹市自開關以來的歷史脈絡及發展概略，並以在地觀點豐富台灣的歷史文化。〔註14〕

　　戰後《台中市志》的纂修始於 1962 年，由台中市政府延聘地方耆碩為委員，成立台中市文獻委員會行修志工作，惜因受限於政策等因素而未能完成；1964 年台中市政府再度委託王建竹擬訂市志綱目並負責纂修事宜，故有《台中市志稿》的刊行；1972～1984 年台中市政府又在《台中市志稿》基礎上出版 5 卷《台中市志》，惜其餘卷志亦因受政策等問題而未及纂修。〔註15〕由新修《台中市志》的編纂「凡例」與內容，可知各分志的編纂斷限雖是以「上起開關，下迄以 2004 年底」為原則，但仍秉持著「詳近略遠」的書法原則，

〔註13〕郭佳玲，〈論戰後台灣縣（市）志的纂修〉，《台灣文獻》第 61 卷 1 期（2010.03），頁 225～226。

〔註14〕郭佳玲，〈論戰後台灣縣（市）志的纂修〉，《台灣文獻》第 61 卷 1 期，頁 226～227。

〔註15〕黃秀政、郭佳玲，〈戰後台灣縣（市）志的纂修：以新修《台中市志》為例〉，收入國史館台灣文獻館編，《方志學理論與戰後方志纂修實務國際學術研討會論文集》，頁 192～193。

對 1970 年以前的史事略予敘述，在早期已纂修完成並出版的部份《台中市志稿》與《台中市志》卷志基礎上，對轄境各區的特殊情況作增減取捨，結合新出土的文獻史料，對過去未明與未及論說之處予以補充和闡述，以完整記錄台中市發展的各種面貌。〔註16〕新修《台中市志》各分志綱目的擬定是按照台灣的史前時代、荷西時代、鄭氏時代、清代、日治時代、戰後的分期作為主軸，但主要是著重戰後部份的書寫，特別是近二十年來的台中市各項發展情形。例如新修《台中市志・沿革志》除了依據新出土的史料來增補台中市早期開發情況外，是著重記錄二次大戰後的台中市，如何由於都市規模日益擴展，成為中台灣首要之大都會，並以台中市經過數度都市重劃之後，擴大都市的格局與縱深，引入高科技產業，轉變傳統產業型態，來說明就都市發展歷程而言，台中市實為近代新興的都會，代表一種不斷創新向前發展的力量。

　　新修《台中市志・經濟志》則是除了以台中市早期如何透過生產、交換、分配和消費所形成的產業活動作為纂修主軸外，闡述近幾十年來台中市由於市區範圍擴大、機能增加，隨著中部科學園區的成立，成為中台灣區塊的新都心；內容更增加現代人注重的觀光休閒旅遊與金融發展概況，以各項經濟數據說明台中市的經濟活動與每人實質所得的因果關係。新修《台中市志・社會志》是以由下而上的編纂視野，重新闡述台中市各時期的社會發展狀況，並以彙整各種統計數據作為參考指標，指出隨著時間的推移，現今台中市的社會型態，不論在人口結構、家庭型態、夫妻觀念，甚至道德觀念等都與過去不同，也出現許多新的社會現象與社會問題，因而有必要加以記錄並說明轉變情形。新修《台中市志・人物志》則是有鑑於早期出身台中市或是長期活動於台中市的著名人物多已有專書記載，因此是將傳主事蹟加以改寫並增補重要事蹟，整體纂修重心仍是放在記載戰後，特別是近二十年來對台中市有特殊貢獻的人物，為其留下詳盡的生平事蹟，以收後人見賢思齊之效。

　　新修《台中市志》的編纂除了參酌古今之法，在「略古詳今」的方式上增添新內容外，也兼顧地方特殊情況，將台中市的各項發展靈活地運用科學的概念和方法記錄下來；其內容兼採政典和風物並列之原則，把握客觀的立場，對於各地特殊情況作增減取捨；同時也受地方紳耆的意見，以豐富其內容。顯示此種纂修方式除了可以保存地方基礎史料外，更可增加台中市民對

〔註16〕〈台中市志・凡例〉，黃秀政總主持、孟祥瀚主持，新修《台中市志・沿革志》，頁 6。

台中市發展與變遷的認識與關懷；提昇民眾對鄉土的熱愛，彰顯方志具有凝聚鄉情，喚醒鄉土意識之功能與價值。

（二）重視志書審查制度

戰後台灣的各級修志單位爲確保纂修的志書能質量兼備，相當重視志書內容的審查，希望藉由審查過程，將志稿的缺點或是錯誤降到最低。戰後台灣修志的主管機關，在中央爲內政部，在地方則爲台灣省文獻委員會。依 1944 年公佈的「地方志書纂修辦法」的規定，各縣（市）志書編纂完成，應將志稿送請各省文獻委員會審查後，由省政府函請內政部審定；省文獻會爲審查各縣（市）志稿，組織有「縣市志稿初審委員會」，可知省文獻會係擔任縣（市）志的初審角色，因而台灣各縣（市）政府纂修的地方志書其完稿後都需送請台灣省文獻委員會審查，其後再由台灣省政府函請內政部審定。1997 年內政部第四次修正《地方志書纂修辦法》，規定各鄉鎮（市區）志書編纂完成，應將志稿送各縣（市）政府審查後，由縣（市）政府函請省（市）文獻主管機關審定，可知省文獻會係擔任鄉鎮（市區）志的複審角色。〔註 17〕

由於志書審查的程序繁瑣，僅管送審過程順利，也往往需要花費數月的時間；若是遇到行政單位與纂修單位的學術理念與立場不同時，又必須再耗費時間另行溝通，以致審查時間再行拖延數月，導致志書真正得以通過出版時，已喪失其應有之時效性，且結果又不見得能提升志書質量。因此，在 1993 年（民國 82 年）時，即有學者呼籲將由上級之省政府和內政部審查之志書審查制度，改由編纂方志之當地縣（市）政府，聘請未參與編纂工作的專家學者所組成的審查委員會來負責審查，如此既可縮短審查的時間，又可以維持地方志於一定程度的水準；同時由於審查時間大幅縮短，則可讓方志在地方縣（市）首長任期內完成，更有助於促進縣（市）政府編纂方志的意願。〔註 18〕1990 年代開始，爲了使地方志的編纂更加順利，「高雄縣文獻叢書」是第一個打破官修方志體例，而且是屬於縣志性質的叢書，闡明地方政府修的方志，並沒有必要送上級行政單位審查通過才能出版的道理，因而其所以不稱「縣志」，即是爲了迴避以「縣志」命名就必須呈報內政部審查的規定；其後宜蘭縣與台東縣亦相繼跟進，開啓「宜蘭縣史系列」與「台東縣史系列」

〔註 17〕黃秀政，〈戰後台灣方志的纂修（1945～2005）〉，收入氏著，《台灣史志新論》（台北市：五南圖書出版公司，2007），頁 457～458。

〔註 18〕張勝彥，〈編纂地方志經驗談〉，收入台灣省文獻委員會編，《機關志講義彙編》（台灣南投：編纂者，1993），頁 143。

的編纂工程，其用意均是在迴避層層的上報和送審過程，改將志書的審查工作交由地方政府自行辦理，以省去曠日費時的審查。〔註19〕

　　行政院於 2001 年頒行〈行政程序法〉，內政部分函各直轄市政府及縣（市）政府，要求就地方文獻志書纂修業務自行制定自治法規以爲因應；2002 年隨著〈地方志書纂修辦法〉失效，內政部不再是修志的中央主管機關，而省文獻會對縣（市）志的初審角色與對鄉鎮（市區）志的複審角色，亦隨著該辦法的失效而結束其任務，各縣（市）及鄉鎮（市區）政府可自訂適合地方的志書纂修辦法或纂修作業要點。然而，地方政府雖然可自行辦理志書纂修與審查事宜，但爲求完善志書內容，仍然比照內政部擬定的審查辦法，即設置審查委員會，在志書纂修過程亦規範有期初、期中、期末等至少三階段的審查事宜，以確保內容的質量兼備。

　　新修《台中市志》在纂修時，雖然政府已取消要呈送台灣省文獻會與內政部審定的程序，但仍然對志書內容有嚴格的要求，即是聘請府外委員與府內委員作專業與實質審查的雙審制度，並透過數次審查委員會的召開來要求市志內容的正確性。審查委員不但從整體研究架構著手評論亦逐頁細節費心審閱，將內容的錯誤降至最低。此種一方面借重府外學者專家集思廣益，並就專業進行實質審查；另一方面善用市府內各相關業務主管委員，分別就業務的職掌與執行提供修正意見並補充相關資料，實爲台灣各縣（市）修志的首例。新修市志纂修團隊於志稿完成後，在台中市文化局的辦理下於市內各相關公家單位開啓「公開閱覽」模式，使民眾可在志書正式印刷前對於志書內容給予意見，並適時提供相關資料，將錯誤降到最低。在志書審查與開放民眾公開閱覽期間，雖然也曾遇到審查委員、社會各界人士與纂修團隊之間對於部份內容意見相左的情形，但總能充分協調與溝通，其目的即是希望通過多一道審查來多一層品質的保障，也可以表達出另一種不同的聲音。因此，地方志書審查機制的效益，不只是爲檢視志書內容等細節問題，更是保障各地志書品質的一大利器，尤其在相關法規的限制之下，審核除具有爲志書內容把關的功能外，更能督促纂修者有效率且確實地修志，以提升各地的修志水準。〔註20〕

〔註19〕林美容，〈確立地方志的新傳統：兼談台灣史學的奠基〉，收入東吳大學歷史系主編，《方志學與社區鄉土史學術研討會論文集》（台北市：編纂者，1998），頁 84、90～91。

〔註20〕蕭明治，〈戰後台灣地方志書的審查機制〉，收入國史館台灣文獻館編，《方志

（三）重視多族群歷史與多元文化

「多元文化」係指由不同族群所產生的不同文化，而這些不同文化卻又或早或晚的出現在同一地方並與融入當地生活方式。台灣的多元文化形成是藉由族群融合、通婚，或是貿易往來等方式，把一個族群的文化帶入另一個文化，進而形塑出不同的文化，即是以各族群文化認同爲基礎，互相尊重、瞭解、接納，促進不同的文化間彼此交流。台灣自古以來雖是個由多族群的地方，但各族群之間常會有不同的文化與價值信念。傳統的歷史研究在未受到階級和族群意識的挑戰之前，皆以政經優勢族群的歷史作爲全民歷史，因此早期台灣的歷史建構多是以漢人中心論爲主體。戰後台灣方志的纂修亦受到漢人中心論的觀念影響，在纂修時以漢族爲論述中心，對其他族群的記載較爲缺乏，甚至刻意忽視原住民的歷史。在各縣（市）志書纂修中雖有「同冑志」將台灣原住民的歷史納入方志，但仍然帶有漢文化中心本位的心態。例如《嘉義縣志・同冑志》記載嘉義的原住民曹族（TSOU）原爲文化未開，強悍嗜殺，惟經吳鳳殺身感召後，始化乖戾爲祥和；後又經政府致力改善其生活，拓瘠地爲沃壤，並加強山地教育，才使其多數平地化。可看出該志書在纂修時，漢族的意識型態極爲濃厚，是以漢人立場來撰寫原住民歷史，並非以曹族的立場來纂修，容易造成讀者對原住民社會與文化的誤解。〔註21〕

有「文化、經濟、國際城」美譽的台中市位居台中盆地，而台中盆地早期又是平埔族原住民巴布薩族、拍瀑拉族、巴則海族等族群的活動範圍，可知此地區有豐富且獨特的平埔文化可供研究與記錄，可惜早期由於不重視原住民歷史，因而在志書纂修時多僅簡單帶過。因此新修《台中市志・沿革志》在纂修台灣史前史與原住民史時，有別早期漢人中心論的纂修型態，除了配合新出土的考古研究，對於台中地區的史前遺址進行彙整與記錄外，並對台中市的平埔族群及其文化作進一步記錄。書中指出近年來台中公園藉翻修工程機會出土大批陶片與石器；而惠來里遺址出土大量史前人類的墓葬群，更可塡補台中市史前文化的空白，說明台中市在史前時期已是個多族群聚居之處；亦記錄台中地區平埔族貓霧揀社的生活方式至 17 世紀時，仍以狩獵半穴居爲主，間或有初步的農業，但僅止於旱作的根莖類作物，但在與漢人不斷

學理論與戰後方志纂修實務國際學術研討會論文集》，頁 138。

〔註21〕郭佳玲，〈論戰後台灣縣（市）志的纂修〉，《台灣文獻》第 61 卷 1 期，頁 227
　　　～228。

地接觸之後，生活方式開始受到大幅影響。〔註22〕

　　新修《台中市志‧社會志》除了大幅增加日治時期的日本公私立組織在台中市施行的社會行政與設施、人民團體組成情形、社會救助和社會福利、宗教信仰和風俗習慣外；亦記錄現階段台中市內各族群的特有宗教信仰與風俗習慣。在宗教信仰方面，除了記載台中市民普遍信仰的佛教、道教、基督教與天主教信仰的分佈情形與相關活動外，也對回教、理教（天理教）、儒宗神教（鸞堂）、天道（一貫道）、慈惠堂、天德教、軒轅教等宗教的信仰儀式與教義有所記載，內容豐富且多元。在風俗習慣方面，則是記錄台中市各個不同族群的服裝、身飾、髮式、飲食、居處、民俗文物、家制、歲時節令、婚喪禮俗等，闡述其如何因時代演變與工業腳步快速的更進而產生變化。〔註23〕台中市是台灣中部的都會區，在外來人口不斷遷入與遷出之間，逐漸形成多元化社會，各個族群皆有不同的歷史和傳統文化，舉凡歲時節令、各項儀俗與禮俗，隨著宗教信仰及人民的中心思想理念不同而有所差異；特別是近十多年來，因不同族群的移住而多少改變台中市原有的都市風景與城市文化，其中也包括高度多元混雜的宗教信仰與風俗習慣。新修市志〈社會志〉在纂修時，均詳加記錄這些改變，彰顯台中市在社會發展具有兼容並蓄的特色。

　　新修《台中市志‧藝文志》則是對於長期被忽視的台中地區原住民口傳文學、歌謠與傳說，音樂、舞蹈、建築形制等有詳細記載，凸顯原住民文化特色。在記錄台中原住民的歌謠與傳說部份時，指出台中地區的原住民在分家時，會以隱瞞音量的方式來分得更多的族人；或是說明原住民祭舞與漢民族藝陣的不同，指出在很長一段時間裡，具原創性的原住民舞蹈只被視為觀光產業的一部份，並未特別給予重視，直到1991年受到表演藝術風潮影響，才開始展現它獨樹一幟的地位。〔註24〕在纂修台中市的文學發展特色時，亦收錄大量與台中市有關的原住民、日本人、或是其他族群的民間故事，說明台中市多元文化的興起與市民在地書寫之間的關係，以呈現台中市的獨特文學風貌，闡述各族群因獨特的語言、聲腔與不同的發展背景，呈現的文學內涵也各異其趣。〔註25〕

〔註22〕黃秀政總主持，孟祥瀚主持，新修《台中市志‧沿革志》，頁1～17。
〔註23〕黃秀政總主持，陳靜瑜主持，新修《台中市志‧社會志》，頁423～524。
〔註24〕黃秀政總主持，陳器文主持，新修《台中市志‧藝文志》（台灣台中：台中市政府，2008），頁26～29、466～523。
〔註25〕黃秀政總主持，陳器文主持，新修《台中市志‧藝文志》，頁128～222。

由上述可知，建構台中市民的歷史記憶必須建立在多元族群與多元文化觀點之上，採取以多族群觀點與多元文化的纂修概念，建立台中市民的歷史記憶。

（四）成爲其他國家修志時的參考

地方志的纂修不僅可爲民眾使用，更是國際文化交流的良好媒介。透過各個國家、各個地域的方志纂修經驗，可知該國家或該地域的人文與歷史發展情形，是瞭解該地域的最佳工具書。戰後台灣方志的纂修已自早期的官修轉型爲官民合修模式，各級地方政府使用招標的方式委託學者專家主修，僅提供經費與相關資料，並不干預修志內容。

1997 年自英國回歸中國治理的香港，過去由於歷史因素，未曾有過志書纂修工程。在 1979 年中國再次興起地方志編纂的熱潮之下，2004 年香港嶺南大學在香港社會提出編修香港地方志的議題，並召開以此爲主題的座談會，得到學術與文化界的正面回應。嶺南大學隨即在 2006 年展開籌辦香港地方志的工作；〔註26〕同年 7 月爲了纂修《香港通志》，香港地方志籌備委員會秘書長劉智鵬與籌備委員會顧問劉蜀永，特別到台灣拜訪新修《台中市志》纂修團隊，就香港修志工程的啓動情形與市志纂修團隊交換修志經驗，例如新修市志的規劃、經費、志書內容、辦理方式等。2007 年 2 月香港地方志籌備委員會舉行了香港地方志工程的啓動儀式，正式向香港各界宣佈開始編修《香港通志》；同年 4 月籌備委員會通過成立香港地方志辦公室，並由該地方志辦公室接手《香港通志》的編修事宜。香港地方志辦公室在綜合大陸與台灣的修志經驗後，於正式啓動的《香港通志》編修方式中採取「政府支持、社會參與、學者主修」的模式，將志書纂修界定爲一項非政府的社會文化工程，是一部純粹民間編修的志書，並且在編修的方向帶有明顯的社會與人文視點，以展現香港的社會面貌與人文生活。

《香港通志》的纂修可說是既有傳統地方志「資治」、「存史」、「教化」的功用，也吸收了海峽兩岸現代新編方志的經驗，然後再因應香港的實際社會情形，將傳統屬於政府行爲的修志工作轉交到社會各界；因而採用民間的視點，由民間一手策劃，讓學者自主編修，政府只發揮在旁支持的作用，此

〔註26〕劉智鵬，〈纂修《香港通志》的理論與實踐〉，收入國史館台灣文獻館編，《方志學理論與戰後方志纂修實務國際學術研討會論文集》（台灣南投：編纂者，2008），頁 234～236。

舉不僅反映香港尊重學術自由的傳統，亦是地方志發展史上的新嘗試。〔註27〕

　　澳門在 1999 年自葡萄牙回歸中國治理，其後在政府重視方志纂修與推動修志熱潮的帶領下，亦開始辦理志書纂修工程。由於《澳門通志》的編纂不僅是澳門歷史上的第一次，也是澳門特別行政區成立以後將修志作為「文化回歸」的一項重大文化工程。因此，2008 年澳門特別行政區政府成立《澳門通志》編纂委員會，計劃用十年時間來完成《澳門通志》的編纂；並在 2009 年初啓動《澳門通志》的編纂資料搜集工作。〔註28〕2012 年 5 月澳門為了《澳門通志》的纂修作準備，曾由澳門理工學院成人教育及特別計畫中心副主任鄭雲杰率領「編纂澳門通志赴台參訪團」到台灣與新修《台中市志》纂修團隊展開座談會，座談會中除交換對於方志纂修的看法外，澳門參訪團亦就教於新修《台中市志》的纂修方式，並對於新修市志在纂修期間遇到的各種問題作意見交流。例如新修《台中市志》的體例與規模是如何在有限的時間與經費下擬定，纂修團隊的組成人員是如何展開資料長編的蒐集與內容撰寫，人力的配置與如何掌握纂修進度，均為參訪團關切的課題。新修《台中市志》纂修團隊除了分享修志經驗外，並指出在纂修過程中，委託單位應給予纂修團隊最大的協助與空間，特別是尊重纂修團隊撰寫的內容，勿以行政領導專業，以免造成團隊與委託單位之間發生溝通不良的情形。

　　探究香港與澳門兩地在作纂修方志的準備時，除參考中國大陸各級地方政府的修志情形外，均特別到台灣諮詢新修《台中市志》纂修團隊修志經驗，其原因在於目前中國的方志纂修是以編修省（市）、市（區）、縣（市）三級志書為重點，自 2001 年起更展開續志的編修工程。其後，中國在纂修方志時指出新方志應著重新社會的經濟建設與社會結構的變化，因此將新的地方史志區分成「通史」和「專史」兩個部份。其中「地方史」屬通史式的敘述；而「地方志」則是屬於專史，並成立有「中央指導小組」，採史志合一的方式，以一定的思想和原則來纂修新方志。〔註 29〕香港與澳門作為中國大陸的兩個

〔註27〕劉智鵬，〈纂修《香港通志》的理論與實踐〉，收入國史館台灣文獻館編，《方志學理論與戰後方志纂修實務國際學術研討會論文集》，頁 236～239。

〔註28〕曉之，2009 年 12 月 8 日〈朱敏彥教授應邀赴澳門參加「澳門歷史研究資料目錄」搜集工作會議〉。上海市地方志辦公室／史志動態 http://www.shtong.gov.cn/node2/node70345/userobject1ai109552.html（2012/08/02）

〔註29〕郭佳玲，〈海峽兩岸地方史志交流的成果——評介郭鳳岐主編《海峽兩岸地方史志比較研究文集》〉，《白沙歷史地理學報》第 7 期（2009.04），頁 206～207。

特別行政區，在歷史上曾分別受到英國與葡萄牙的統治，導致在地方志書纂修執行上，受到兩地各有特殊的歷史背景，無法完全參照中國大陸制作的地方志書纂修辦法。故而不論是在從事《香港通志》或《澳門通志》纂修的準備時，兩地皆希望能同時參考中國大陸與台灣的方志纂修，以作爲修志時的參考。

　　可知新修《台中市志》的纂修，不僅可作爲台灣各級地方政府修志時的參考，亦可爲其他國家的方志纂修帶來參考價值。

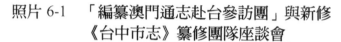

照片 6-1　　「編纂澳門通志赴台參訪團」與新修
《台中市志》纂修團隊座談會

（資料來源：郭佳玲拍攝，2012/05/17）

二、新修《山口縣史》

　　綜觀新修《山口縣史》的編纂情形，可發現日本的地方志書纂修，特別是在戰後纂修地方史書方面，有三項不同於台灣志書纂修的特色，即側重團隊內部自我審查、設置「史料・資料篇」、成立「山口縣史編纂室」專責處理纂修事宜。〔註30〕

（一）側重團隊內部自我審查

　　戰後初期台灣的志書審查制度受傳統中國重視志書審查之影響，認爲志

〔註30〕郭佳玲，〈戰後日本地方史志的纂修：以新修《山口縣史》爲例〉，《台北文獻》
　　　　直字第 175 期（2011.03），頁 219～229。

書內容範圍過於龐大，一部質量兼具志書必須經過層層審查制度，借助於審查委員的專業知識，才能確保內容完整與質量兼備，故在纂修過程均設置有不同性質與層級的審查委員會專司審查事宜。但戰後台灣的方志審查機制，存在有部份審查者與纂修者間對於修志理念與意識型態上的隔閡，且繁複的審查流程與要求，皆導致修志必須耗費許多人力、物力與時間，往往導致有意修志者望而卻步。因此如何在簡化志書送審程序與縮短審查時間的條件下，又能提高修志的成效與維持志書品質，一直成爲委託單位與纂修者之間重視的課題。

新修《山口縣史》的編纂是以設置「史料編」的方式來負責山口縣各歷史階段重要史料的翻譯與編纂，其後再自「史料編」的基礎還原各時代的發展狀況，因此重視「史料編」各卷翻譯內容的確認與校訂。在「中世部會」或是「近世部會」的史料編纂過程中，即在於將早期日本習慣用草書體古文字以現代通用的日文書寫，使學術知識普及化，亦使以前不易被看到與被運用史料能夠被閱讀與被使用。山口縣史編纂室在縣史編纂過程除了大規模從事的史料收集與選定，並定期召開編輯或撰寫會議外，待各卷志的史料初步確定後，必須由各部會專門委員與編纂委員共同進行對原稿的調查與確認，藉由反覆校訂與調整撰稿方向，至初稿確定後再進行排版與出版作業。

新修《山口縣史》在內容審查方面未曾編制審查委員會，而是採行由縣史編纂團隊自行審視的方式來確保內容的正確性。原因在於新修《山口縣史》編纂團隊是以「史料編」的史料翻譯內容爲基礎，最重要的是在確認各時期的史料挑選、判讀與翻譯過程，是否有出現運用錯誤史料，或是出現翻譯錯誤與出現有錯漏字等情形，避免因翻譯有誤導致史料原意受到曲解而影響到內容的判讀。由於日本的早期史料多是使用草書體的文言文書寫方式，導致現階段能判讀此史料的專業人員並不多，故主其事者皆爲長期從事該領域的專家學者或是受過專業訓練的人員。因此在志稿的審查工作方面，必須是由團隊內各部會的學者專家共同討論，以辨別史／資料眞僞，並從事翻譯與校訂的工作。探究其識別史／資料的方法，通常是採用書證、物證、人證三種方式，共同目標皆在辨識史料的眞僞、挑選具代表性的史料與確認翻譯文字是否正確。〔註31〕

〔註31〕「書證」一般又稱之爲「文證」，是指以文獻證明文獻，即將同一史事的不同資料進行比較對照，以求取準確的或接近準確的材料；「物證」是指以實物資

（二）設置「史料・資料篇」

史料是指可以作爲研究或討論歷史根據的基本元素，也是建構歷史的基本材料。一般多將史料分爲「原始史料」以及「非原始史料」二種，「原始史料」可分成史書、檔案文書、墓誌、家譜等未經加工過的一手史料，是指接近或直接在歷史發生當時所產生，可作爲歷史根據的史料；「非原始史料」即是指經過後人運用原始史料所作的詮釋，通常又稱爲二手史料。在地方志編纂過程中，原始史料的取得可透過各類型藏書機構的收藏，或是田野調查與公開徵集等方式取得。因此山口縣史編纂室特地設置調查委員與協力委員專司史料徵集工作，調查委員負責縣史資料情報的提供與特定資料的調查採集；協力委員則是負責一般性資料調查與收集，蒐集來的史／資料，可分成背景資料、參考資料、入志資料。其中背景資料是指與纂修主題有關的時代背景、重要事件、相關法令政策等；參考資料是指可供纂修時參考的資料，屬於輔助性質，有助編纂者掌握纂修主題；入志資料則是指經由不斷考證、分析等，挑選出與纂修課題最爲相關且重要者，故有放入志書的史料價值。且除了眾所周知的文字史料與考古調查等資料外，亦重視影音資料的錄製，例如在「史料編」的現代部份，即以縣民生活經驗等實錄影像、物件、聲音等新式史料的建制，將文獻史料與影像資料相互映證，以建構出屬於常民的、公眾的山口縣歷史。

二次大戰後的日本以「史料編」的史料編修爲志書編纂重點，探討特定地域的歷史演變過程。因此先將全志劃分成「原始・考古」、「古代」、「中世」、「近世」、「近代」、「現代」等不同時期，各地可依自身情況加設具有特色的時期，例如愛知縣在日本的中世至近世時期出現三位著名人士，即織田信長、豐臣秀吉、德川家康，使位於愛知縣的名古屋在當時成爲兵家必爭之地並影響日本的發展，因此愛知縣在編纂縣史時，特別將著名的「織豐時期」自中世至近世時期之間獨立出來自成一編，以闡述其重要性及獨特的時代意義。〔註32〕另外 1968 年廣島縣在從事縣史編纂時，有鑑於 1945 年廣島曾遭受到原子彈的攻擊，對當地的人、事、物造成重大破壞與影響，因而在縣史編纂亦特別增列了「原爆資料編」，收錄廣島在遭到原爆後的經濟、社會狀

料來訂證文獻資料；「人證」是指運用口述資料來驗證文獻資料。林衍經，《方志編纂系論》，頁 27。

〔註32〕愛知縣史編纂室，〈縣史編纂事業〉http://www.pref.aichi.jp/0000045951.html
（2012/04/11）

況與民眾實際生活情形等，爲歷史留下珍貴史料與見證。〔註33〕新修《山口縣史》考量到位居山口縣的長州藩是推動德川幕府實行大政奉還的重要推手之一，故將「幕末維新」獨立成一個主題；再自各時期分成政治、經濟、社會、文化等不同面向編纂。例如在纂修有關幕末維新時期的史料時，即以明治維新史的研究爲課題，闡述山口縣在當時政壇上的重要性；並收錄天保年間發生的農民運動背景與民眾實際生活狀態的相關史料，以呈現民眾生活與農村實態。

綜觀新修《山口縣史》的卷志佈局，「史料・資料編」在全部 41 卷的纂修中即佔有 33 卷，佔全部卷志的四分之三，顯示是著重以整理並編纂各時期原始史料的「史料編」作爲基礎來重現該地歷史發展，此種纂修方式實爲受到鄉土意識抬頭與西方科學方法的影響，並成爲現階段日本各地編纂地方志書的一種風潮。傳統日本的志書在纂修時，史料多集中和掌握在編纂者之處，造成史料不易被他人使用的情形，形成學問不流通的狀態。爲了讓其他學者與民眾在閱讀縣史時，對縣史編纂的史料內容有興趣或有疑問時能方便檢索與查證，山口縣史編纂室指出隨著新修《山口縣史》各卷志陸續編纂完成，如何使辛苦蒐集而來的史料得到最妥善的保存即成爲重要課題。由於縣史編纂室將在縣史完成編纂後一併解散，爲使各種史料得到妥善的利用與保存，因而編纂室會視各卷的纂修進度陸續將在編纂過程搜集到的原始史料整理好並給予編目，放置在山口縣文書館內，由文書館統一對史料作溫度與濕度的控管，製作複本留存，並提供原件或複本供學者或民眾查詢與對照，使史料可以得到最有效的保存與利用。由於新修《山口縣史》是採用「地方史」的編纂方式，著重記述過去的歷史，所以在編纂過程中是依靠史料內容來重建歷史現場。爲了避免在編纂過程中出現史料挑選的不適當，或是在史料挑選過程中出現編纂者個人的主觀意識型態等情形，山口縣史編纂室除了定期召開編纂會議以掌握各卷志的纂修進度外，並冀望以「客觀中立」的纂修原則來陳述事實，避免纂修者主觀的價值判斷，因而要求各專門部會委員必須就其負責部份，與其他各時期的編纂委員相互溝通，確保歷史發展的連續性與因果關係。

新修《台中市志》在纂修期間，由於台中市政府未設置有專門的史料中心可供纂修團隊使用，導致各分志辛苦收集來的史料與資料均是由各分志主

〔註33〕廣島縣廳編，《廣島縣史》（日本廣島：編纂者，1968～1984）。

持人設法找地方保存，甚至是連作田野調查所須的專業電子影音器材，亦要
由各分志主持人自行提供。因此在市志修志期間，若是遇到有某分志主持人
在纂修時必須參考其他分志的相關史料，或是使用專業儀器來節錄資料時，
則必須商請其他分志主持人協助。雖然市志團隊均樂意將蒐集來的史料和器
材與各分志主持人共同使用，但有時是需要運用不同的工具將不同分志的資
料彙集起來，才能看出其影響，故在史料分散各主持人手中與相關電子器材
不充足的情況下，仍不如有一處專門存放史料與提供專業器材供團隊使用的
地方便利。因此新修《台中市志》在纂修時，若是台中市政府能提供一個由
專人管理的史料中心與器材室供纂修團隊使用，並提供纂修團隊固定的空間
與場所可以隨時討論，適時將檔案作科技化處理，應可使修志過程更加順利，
並收事半功倍之效；亦使資訊得以充份流通，史料也得到妥善保存。完成市
志編纂後，在纂修期間蒐集到的資料，亦可同時交付台中市政府並就地將該
史料中心變成公開的資料庫，一方面可讓民眾自由調閱與使用，顯示志書的
社會意義；另一方面，市政府亦可派專人管理該史料中心並持續從事台中市
的檔案、古文契書、碑碣拓本，以及口述史料等資料的採集與典藏，以作爲
日後重修市志時的參考。

　　另外，新修《山口縣史》在纂修時並不像新修《台中市志》在纂修時，
受到「政府採購法」的規範而有纂修期程與罰則的壓力，其纂修期程是視各
卷志的纂修進度而言，只要得到議會的支持同意，願意繼續給予縣史編纂室
經費預算上的編列，則志書編纂期程即可再行延長。然而此種方式雖然給予
縣史編纂室充份的時間來從事縣史編纂工作，但若是遇到某年度的議會不願
意再持續給予縣史預算支持，則縣史纂修事業隨時面臨中斷。因此新修《山
口縣史》在纂修過程中，雖然未受到嚴格的纂修期程限制，但爲了早日完成
修志工程，縣史編纂室在從事縣史編纂時仍然不敢鬆懈，始終定期召開編纂
會議並公布編纂進度，其目的即在使志書能早日順利完成，爲民眾留下保貴
的文化資產。

　　（三）成立「山口縣史編纂室」

　　史料的蒐集有賴一套完整且周密的徵集體系與行政作業程序，才能系統
性的蒐集到應妥善保存的文獻或是影音資料。中國大陸在從事地方史志纂修
時，爲了督促、檢查、指導、推動、弘揚方志事業，自 1980 年代以來一直沿
用「黨委領導、政府主持、部門參與、專家修志」的管理體制，即是在繼承

歷史優良傳統的基礎上，打破了由政府單純修志的侷限，形成較為成熟的地方志編纂委員會制度。其按行政級別劃分，可分為中央、省（市、區）、市（地、州、盟）、縣（市、區、旗）、常設的部門志編纂指導小組五級。其中1983年成立的中國地方志指導小組辦公室是中國中央編制委員會批准的常設機構，負責從政策與業務上指導各地的修志工作；而省、市、縣三級的地方志編纂委員會辦公室，則是屬於同級人民政府的常設機構，負責在地方上組織纂修志書時需要的人力、物力、財力；並作為傳達上級指示的聯絡管道與反映基層修志的困難與要求，以落實各級地方政府的志書纂修工程。〔註34〕可知中國大陸現階段在方志編纂是以官方成立專責機關來推動志書纂修。

　　戰後初期台灣各級政府在地方志書的纂修上，亦是屬於官修性質，私修雖偶而有之，唯因主客觀因素的限制，其成果難以與官修志書等量齊觀。而戰後台灣修志的主管機關，在中央為內政部，在地方為台灣省文獻委員會與各縣（市）政府，均有相當豐富的修志經驗。2001年由於行政院〈地方程序法〉的施行，使內政部自2002年起不再是修志的中央主管機關，而台灣省文獻委員會亦於同年改制為國史館台灣文獻館，以承襲台灣省文獻委員會既有的文獻業務，負責纂修台灣志書。台北與高雄兩直轄市在1967年改制為直轄市後，原文獻委員會擴編為直轄市層級之委員會，仍負責編纂市志；高雄市於1979年改制為直轄市時，亦曾設立直轄市層級的文獻委員會來負責編纂市志，惜在2010年12月25日因高雄縣市合併，新高雄市誕生，原有的高雄市文獻委員會編制亦隨之走入歷史，改由高雄市立歷史博物館接手原高雄縣市的文獻編纂業務。而在地方上的縣（市）志書纂修方面，早期各縣（市）政府成立的文獻委員會多在1970～1980年間受到政府對於文獻業務調整的影響而遭到裁撤，使得現階段各縣（市）的文獻工作陸續改由民政局文獻課，或是文化局文化資產課等單位負責。至於鄉鎮志的編纂，因未受到中央主管的重視，因此自始至終皆未曾有設立文獻委員會的機制。〔註35〕目前台灣各級政府的修志機關中，僅存國史館台灣文獻館與台北市文獻委員會兩個常設單位持續不斷地從事志書纂修業務，其餘相關單位多以臨時任務編組來執行

〔註34〕盧萬發，《方志學原理》（四川：巴蜀書社，2007），頁78～83。

〔註35〕黃秀政，〈戰後台灣方志的纂修（1945～2005）〉，收入氏著，《台灣史志新論》（台北市：五南圖書出版公司，2007），頁455～491。高雄市立歷史博物館網站，《高雄文獻》http://khm.gov.tw/home02.aspx?ID=$3004&IDK=2&EXEC=D&DATA=2792&AP=$3004_HISTORY-0（2012/08/07）

之，待志書完成後即同步解散。

日本的地方史編纂中心或是地方史編纂室雖然也是採取官修志書方式，但編纂的志書以大學教授或是地方上的鄉土史家作實際執筆者，官方給予行政資源的協助並不干預縣史內容的編纂。由於縣史編纂室的工作人員均是自縣府各相關單位借調而來，當志書纂修完成後，就必須回到原工作單位，亦屬於臨時的任務編組性質，但此種以成立編纂室專責管理的方式，仍有助於訊息的溝通與資料的共同利用，促使縣史纂修更有效率。為了便利調查委員與協力委員等人採集史料，編纂室亦提供專業化的器材供纂修人員使用，以適時地使用影像等方式，將珍貴史料保存下來。在新修《山口縣史》編纂期間，由於許多史料與資料是散佈於民間團體或是私人珍藏，故在蒐集相關史料時，其利用編纂室出面聯繫與洽詢，民眾在政府的背書下，實會較願意將珍藏的史料提供出來給纂修團隊，省去許多在資料蒐集的困擾。

雖然在新修《台中市志》在纂修過程中，委託單位台中市政府並未成立類似日本山口縣史在纂修時成立「山口縣史編纂室」來負責纂修事宜，而是該將項業務交由文化局文化資產課的課員來承辦，由於該承辦課員的業務工作並不僅有市志編纂一項，而是有多項的文化業務須要負責，因此能提供的行政與人力資源等實為有限。有時甚至出現文化局的市志承辦人員因業務調整不斷更換，以致新上任的承辦人在短期內無法迅速掌握市志的整體纂修過程與進度，造成與纂修隊團溝通上的困擾；也曾出現因為新任承辦人對市志纂修作業的不熟悉，以致影響部份行政作業程序的進行；或是纂修團隊在進行史料蒐集時，往往被相關機構或是民眾誤認為詐騙集團，因而不願提供資料，導致纂修工程遭遇困難。因此台中市政府若是能在新修市志纂修之初即成立專責單位全權負責，並適時地提供協助，俾能使市志纂修更加順利。僅管如此市志纂修團隊總能在總主持人帶領下如期完成全部志稿的纂修，且在內容上亦不折損志書應有的價值。此可由新修《台中市志》曾在台中市文化局向國史館台灣文獻館辦理之 2009 年度「地方文獻書刊獎勵」的申請下，獲得該館該年度「地方文獻書刊獎勵」之「地方志書類」最高金額 6 萬元的獎勵金得到證明，顯示新修市志的纂修成果不僅受到學術界的肯定，更具學術參考價值。〔註36〕

〔註36〕「98 年獎勵出版文獻書刊得獎名單公告」，國史館台灣文獻館電子報第 37 期，2009 年 8 月 28 日發行。http://www.th.gov.tw/epaper/view2.php?ID=37&AID=459（2012/07/20）

小　結

　　方志是以一定地域為纂修範圍，並按一定的體例來記述與反映該地域自然、文人各方面的歷史與現狀之資料性書籍。傳統中國纂修方志的機構與功用多是以官修官用為主，即由政府主持，再聘請專人纂修，而志書纂修完成後，隨即入庫封存，待有需要時，才由政府官員拿出來閱讀與參考。也就是傳統中國地方志纂修的功用只是作為一種政府的檔案資料來保存，並適時提供統治者作為治理國家，或是管理地方的參考與借鑑，可利用者僅限於政府官員，普通百姓是無法接觸到的，故亦不流通於市面，社會功能並不明顯，此種纂修概念亦影響著早期台灣與日本的地方志纂修模式，將志書視為政府施政的參考。然而地方志的功用與價值演變到今日，不論是台灣地方志或是日本地方史的編纂，均不再僅止於作為資料的保存，或是政府施政的參考與教化民眾生活的准則，而是採取「古為今用」的原則，將其視為是保留歷史檔案與過程的珍貴文化資產，可作為民眾參考與使用的大眾化書籍，促使民眾提高對於自身鄉土研究的興趣，也就是把方志資源由以往的被動提供變為主動參與，以發揮其社會功用。

　　本章藉由對新修《台中市志》或是新修《山口縣史》兩部志書的功用與價值相互比較，可看出兩部志書在纂修內容上均呈現出「大眾性」、「時代性」、「專業性」、「使命性」、「地方性」、「資料性」等功用與特點。其中「大眾性」是指在志書纂修過程中所需要的資料，有些是自民眾中搜集到的遺聞佚事與傳說歌謠等，具有大眾化性質；「時代性」是指在纂修時要使用現代通用的文字與語法，使民眾能容易閱讀，具有時代的特色，但追溯古代歷史時，仍必須保留古代的特定用詞並加以解說，以反映歷史事實；「專業性」則是指在纂修志書時必須聘請不同學科的學者專家，以實事求是的精神，在方志理論基礎上運用科際整合的纂修方式，維持志書的專業性；「使命性」是指在志書中保留地方上原始的文獻資料，以延續該地域的歷史文化，並試圖在歷史經驗中掌握時代的發展規律，以及認識與尊重多族群社會與多元文化的發展；「地方性」是指凸顯出地方特點，激發出民眾的鄉土情懷，對自身生長的土地有進一步認識，並養成對於鄉土議題能主動觀察、探討與思考的能力；至於「資料性」則是指方志具有保存史料的重要功用，由於在纂修過程中，資料的多寡與真偽決定方志的功能和價值，故採錄與使用的史料與資料必須真實可靠且詳略適宜，以達到志書保存史料的功用。

　　台日兩國現階段在方志的特色與價值上已明顯呈現出差異性，即台灣的方志纂修是以志書編纂體例為纂修準則，日本則是以史書編纂體例為纂修準則。台灣在志書內容審查是著重行政機關與專業知識的層層把關，務求將志書內容達到盡善盡美，故而新修《台中市志》在審查上設置有府內審查委員與府外審查委員雙重審查機制，亦有讓民眾參與審查並提供修正意見的公開閱覽制度。日本在志書內容審查則是以專業人士均已包含在纂修團隊的立場，強調志書審查的重點是傾向在審視「史料編」內容的選擇與翻譯正確與否，是採取由團隊內自我審查的方式，因此新修《山口縣史》亦是由編纂室各專門部會的委員相互審查與校訂。在纂修內容方面，台灣現階段方志纂修內容受到民眾鄉土意識的日漸抬頭，內容已由早期以漢人生活方式為主體的纂修方式轉變為重視多族群歷史與多元文化的記載，其纂修方式更成為香港與澳門兩地修志時的參考；而日本則是受到二次大戰後，政府開始重視鄉土教育的方式來喚醒與加深民眾對於自身生長土地的鄉土情懷，故而在民間人士請願下，紛紛以成立「編纂室」或「編纂所」的方式處理志書纂修事宜，重視以史料的解讀來還原各時期的歷史。可知在地方志纂修上，台灣與日本實各有其獨特的時代意義與影響且各有其特色，值得相互學習，以作為日後修志的參考。

第七章　結　論

　　方志是一門綜合的科學，一部理想的方志可視爲特定區域的百科全書。隨著中國文化的不斷發展與外傳，中國地方志的纂修傳統影響著周邊各國，使其仿照中國志書纂修的體例與內容，編纂屬於該國的地方志，因此歷來不管是中國、日本或是台灣的主政者均極重視地方志書的纂修。特別是台灣曾分別隸屬清朝與日本的統治之下，其方志纂修不僅具有中國色彩，亦有日本色彩。

　　1934 年（昭和 9 年）日本國內與殖民地台灣分別出版了《山口縣史》與《台中市史》兩部史志，但由於日本政府不同的治理模式，導致不同的志書纂修方式。由《台中市史》的編纂方式與內容，可知在殖民地台灣，台灣總督府所注重的是政令宣導與政績宣揚，表現在纂修地方志書上是偏重有關民政方面的資料記載，以證明其統治權力的穩固與成效；由於《台中市史》的編寫權與審查權皆是由日本官方與一些高級士紳所掌控，故在內容上誇示日本人對台中市各項現代化建設與社會措施的貢獻。嚴格來說，《台中市史》所記錄的台中市只能說是日本人眼中的台中市，而非台灣人實際生活的台中市。在《山口縣史》的纂修則可看到志書編纂時，日本國內以在地人纂修在地史的風氣已相當成熟，呈現在《山口縣史》的內容亦是以山口縣的歷史沿革與現況發展爲主軸，政治力量介入志書編纂的色彩較爲薄弱。將同時於1934 年出版的《台中市史》與《山口縣史》作比較，除了可發現當時的史志纂修雖然由志書走向史書性質，但實質上仍不脫志書的纂修形式。其次《台中市史》的纂修受台灣總督府政策的影響十分明顯，殖民地政治的取向濃厚；《山口縣史》的纂修則是與社會風氣有關，目的在激發出民眾的鄉土情

懷。纂修目的不同，可說是日本在殖民地台灣與本國於志書纂修上最大的差異。

戰後初期台灣的方志纂修主要是以漢族爲論述中心，導致對其他族群的記載較爲缺乏；然而近年出版的志書已反映地方政府或學界對原住民議題的關注，顯示族群研究日漸受到重視，即台灣方志的編纂已逐漸建立起台灣多族群的主體地位。日本在戰後以來的地方史纂修偏向重現該地歷史發展的軌跡，即是以各時代歷史再現爲主，顯示各自治體在各時代具有的特色。

本書藉由新修《台中市志》與新修《山口縣史》兩部志書的纂修作比較研究，探討台灣與日本在地方史志纂修上的異同。兩者雖然都是以一個特定地域爲記載對象，但地方志所包含的門類齊全，有時雖要追溯過去，但仍以現狀爲主；而地方史則較著重記載人文歷史的演變，反映不同歷史時期推動社會發展的因素，往往以某一特定的時間或事件作爲論述主體。綜觀兩部志書在編纂緣起的方面，新修《台中市志》的纂修是以地方首長的意願爲主要依據；但新修《山口縣史》的倡修是由民間人士聯合起來促請縣知事修志以保留山口縣的史料。在纂修體例與綱目方面，新修《台中市志》是採取中型規模的篇章，在過去舊有《台中市志》基礎上，配合現況略作調整後，採用「分志體」的纂修方式將整個市志分成爲八分志，之後再使用各分志獨立編纂，以志統篇的章節體爲纂修方式。即是採取因事立篇，依篇分章、分章統節的纂修方式，由篇章節項的設立與編次結構來從事纂修，以符合「以志統篇」的章節體纂修型態。新修《山口縣史》的編纂順序則是先依資料性質來分類，例如劃分成史料編、資料編、民俗編；其次再在「史料‧資料編」之下以時代先後爲劃分依據，再自各時期的政治、法制、社會、經濟，或是產業、文化等不同面向從事編纂，待完成該時期史料或資料編的編纂後，就以各時期的史料與資料編纂爲基礎，重現與還原山口縣的歷史。

在纂修者方面，新修《台中市志》的纂修團隊，是由中興大學以科際整合的方式結合歷史學、地理學、經濟學、社會學、文學等各個學門的學者專家，就新修《台中市志》編纂內容詳細探討與記錄，分工合作，屬於典型科際整合下的「官學合作」纂修方式。新修《山口縣史》纂修團隊則是在山口縣政府主持下，先行在縣府組織中的環境生活部之下設置縣史編纂室專司編纂事宜；其後再由編纂室人員負責規劃與聘請纂修者從事編纂，協調與任命相關行政人員，以處理纂修過程中各項行政事宜，是採取由政府來主導、民

間參與的形式來推動纂修事業的進行。

在纂修內容方面，新修《台中市志》的內容是採取以志統篇的方式，其後再以時代為劃分依據來個別纂修；篇之下是以分門別類的方式來制定相關細目，以呈現各分志的內容與特色。新修《山口縣史》是以民眾生長的文化作為發點，來論證地方文化會在各地區特有的文化傳統中獨自形成。新修《台中市志》與新修《山口縣史》在纂修內容上不同的是，新修《台中市志》的編纂，是以「以事繫時」的原則來從事纂修，重視記述現代歷史與當前現狀，強調「古為今用」、「以古鑑今」；而新修《山口縣史》則是以史書編纂的「以時繫事」作為纂修原則，著重歷史的還原與再現。

在史料搜集方面，新修《台中市志》纂修團隊除了要撰寫內容外，亦要擔負起史料搜集、篩選與考證的角色；委託單位台中市政府在纂修過程中，是當纂修團隊在史料搜集過程遇有窒礙難行的情形時，才會出面協助。新修《山口縣史》的史料調查與蒐集方式，則是由山口縣史各部會的調查委員與協力委員先進行初步的資料情報提供與特定資料的調查，再由編纂室的工作人員負責連繫相關事宜，確定各地典藏的史料後，交付編纂會議中討論，再根據會議結果從事實際的史料徵集。

在審查方面，新修《台中市志》受中國修志重視志書審查之影響，認為志書必須經過層層審查制度，才能確保志書的內容完整與質量兼備，因而在方志纂修過程中，設置有審查委員會專司審查事宜；新修《山口縣史》則是以縣史編纂室各部會纂修委員相互檢視的方式，來確認縣史各卷志的翻譯文字與用語等事項是否正確。

在志書功能與價值方面，新修《台中市志》與新修《山口縣史》在纂修內容上均呈現出「大眾性」、「時代性」、「專業性」、「使命性」、「地方性」、「資料性」等功用與特點。但新修《台中市志》是以志書編纂體例作為纂修原則、重視志書審查制度、重視多族群歷史與多元文化、成為其他國家修志時參考的價值；而新修《山口縣史》則是以史書編纂體例為纂修原則、側重團隊內部自我審查、設置「史料・資料篇」、成立「山口縣史編纂室」專責處理纂修事宜等不同價值。

本書藉由新修《台中市志》與新修《山口縣史》二部志書作比較研究，可知台灣與日本在地方志纂修上皆有獨特的纂修背景，而現階段發展的纂修方式皆各有所長，值得相互學習。日後台灣的地方志纂修若能在台灣的修志現況下參考日本地方史志的纂修方式，應可再引發另一股修志風潮。

參考書目

一、基本史料

（一）中　文

1. 國史館台灣文獻館，《台灣全志》「凡例」。

2. 台中市文化局整理，〈2004 年 12 月 24 日初稿審查會議紀錄〉。

3. 台中市政府，〈《台中市志》編纂計畫案委託專業服務投標須知〉。

4. 台中市政府，〈新修《台中市志》纂修計畫書〉。

5. 台中市政府，2006 年 3 月 31 日府授文資字第 0950063327 號函。

6. 台中市政府，2007 年 1 月 10 日府授文資字第 0960009108 號函。

7. 台中市政府，《台中市志》「凡例」。

8. 台北市文獻委員會，《續修台北市志・文化志》纂修計畫補充投標須知。

9. 國史館台灣文獻館，《台灣全志・教育志》委託專業服務招標須知。

10. 國立中興大學，2007 年 2 月 1 日興文字第 0961600021 號函。

11. 國立中興大學，2008 年 1 月 16 日興文字第 0971600015 號函。

12. 〔唐〕魏徵等撰，《隋書・經籍志》卷三十三，台北市：成文出版社重刊，1971 年。

13. 〔清〕阮元校勘，《十三經注疏・周禮注疏》，台北市：大化書局重刊，1989 年。

14. 〔清〕章學誠，《章氏遺書》景印劉刻本卷 15，台北市：漢聲出版社重刊，1973 年。

15. 氏平要等編，《台中市史》，台北市：成文出版社影印，1985 年。

16. 王建竹主修，林猷穆、張榮樓編纂，《台中市志・卷首》，台灣台中：台

中市文獻委員會，1972 年。

17. 王建竹主修，林猷穆編纂，《台中市志稿・卷首（上冊)》，台灣台中：台中市文獻委員會，1965 年。

18. 台灣省文獻委員會編，《台灣省通志・卷首上》，台灣台中：台灣省文獻委員會，1973 年。

19. 台灣銀行經濟研究室編，《台灣文獻叢刊》，台北市：台灣銀行經濟研究室，1957～1962。

20. 台灣總督府警務局編，《台灣總督府警察沿革誌》三，台北市：南天書局；原刊於 1939 年，1995 年。

21. 李仕德總編纂，王先正主撰，《金門縣志・人物志》，台灣金門：金門縣政府，2009 續修。

22. 周浩治總編纂，楊鏡汀撰述，《新竹縣志・人物志》，台灣新竹：新竹縣政府，2008 續修。

23. 施添福總編纂，施添福、詹素娟編纂，王河盛等纂修，《台東縣史・人物篇》，台灣台東：台東縣政府，2001 年。

24. 張永堂總纂，鄭梅淑等撰稿，《續修新竹市志・政事志》，台灣新竹：新竹市政府，2005 年。

25. 張炳楠監修、林衡道主修，《台灣省通志・光復志》，台灣台中：台灣省文獻委員會，1970 年。

26. 張勝彥總纂，林世珍、陳光華等編纂，《台中縣志・政事志》第三冊。台灣台中：台中縣政府，1989 年。

27. 張勝彥總纂，張勝彥、鄭梅淑編纂，《台中縣志・卷首》，台灣台中：台中縣政府，2010 續修。

28. 許雪姬、薛化元、張淑雅等撰，《台灣歷史辭典》，台北市：行政院文化建設委員會，2004 年。

29. 許雪姬總編纂，許雪姬編纂，《續修澎湖縣志・人物志》，台灣澎湖：澎湖縣政府，2005 年。

30. 黃秀政總主持，王志宇主持，《台中市志・政事志》，台灣台中：台中市政府，2008 新修。

31. 黃秀政總主持，王振勳、趙國光主持，《台中市志・人物志》，台灣台中：台中市政府，2008 新修。

32. 黃秀政總主持，孟祥瀚主持，《台中市志・沿革志》，台灣台中：台中市政府，2008 新修。

33. 黃秀政總主持，林時民主持，《台中市志・教育志》，台灣台中：台中市政府，2008 新修。

34. 黃秀政總主持，陳國川主持《台中市志‧地理志》，台灣台中：台中市政府，2008 新修。

35. 黃秀政總主持，陳器文主持《台中市志‧藝文志》，台灣台中：台中市政府，2008 新修。

36. 黃秀政總主持《台中市志編纂計畫案服務建議書》，台灣台中：國立中興大學，2003 新修。

37. 黃秀政總主持，蕭景楷主持，《台中市志‧經濟志》，台灣台中：台中市政府，2008 新修。

38. 黃秀政總主持、陳靜瑜主持，《台中市志‧社會志》，台灣台中：台中市政府，2008 新修。

39. 黃耀能、陳哲三總纂，吳顯欽等撰稿，《南投縣志‧政事志》人民團體篇、社會福利篇、衛生篇，台灣南投：南投縣文化局，2010 年。

40. 雷家驥總纂修，《嘉義縣志‧卷首》，台灣嘉義：嘉義縣政府，2009 年。

41. 雷家驥總纂修，楊維真纂修，楊宇勛分修，《嘉義縣志‧人物志》。台灣嘉義：嘉義縣政府，2009 新修。

42. 顏尚文總編纂、賴彰能編纂，《嘉義市志‧人物志》，台灣嘉義：嘉義市政府，2004 新修。

43. 鄧憲卿主編，王世慶、郭嘉雄、廖財聰總纂，《台灣省文獻委員會志》，台灣南投：台灣省文獻委員會，1998 年。

44. 郭佳玲，〈新修《山口縣史》近世部會主持人田中誠二教授訪問記錄〉，2009 年 12 月 05 日於日本國立山口大學人文學部田中誠二教授研究室。

45. 郭佳玲，〈新修《山口縣史》近世部會部會長脇田修教授訪問記錄〉，2009 年 12 月 22 日於日本山口縣防府市國際交流中心。

46. 郭佳玲，〈新修《台中市志》總主持人黃秀政教授訪問記錄〉，2012 年 2 月 19 日於黃宅。

47. 郭佳玲，〈新修《台中市志‧人物志》主持人王振勳教授訪問記錄〉，2012 年 2 月 29 日於朝陽科技大學人文與科技大樓 401 研究室。

48. 郭佳玲，〈新修《台中市志‧沿革志》主持人孟祥瀚教授訪問記錄〉，2012 年 3 月 16 日於國立中興大學歷史系 634 研究室。

49. 郭佳玲，〈新修《台中市志‧社會志》主持人陳靜瑜教授訪問記錄〉，2012 年 2 月 12 日於國立中興大學歷史系 632 研究室。

50. 郭佳玲，〈新修《台中市志‧教育志》主持人林時民教授訪問記錄〉，2012 年 3 月 09 日於國立中興大學歷史系 631 研究室。

（二）日　文

1. 山口縣室編纂委員會，〈山口県史編さん大綱〉。

2. 井出季和太，《台灣治績志》，台北：台灣日日新報社，1939 年。

3. 八木充編，《山口県史・史料編・古代》，日本山口：山口縣廳，2001 年。

4. 又野誠編，《山口県史・史料編・幕末維新 2》，日本山口：山口縣廳，2004 年。

5. 山口縣史編纂室編，《山口県史の窓》史料編・現代 1，日本山口：編印者，1998 年 9 月。

6. 上田純子編，《山口県史・史料編・幕末維新 3》，日本山口：山口縣廳，2007 年。

7. 三宅紹宣編，《山口県史・史料編・幕末維新 1》，日本山口：山口縣廳，2002 年。

8. 大橋良造編，《山口縣史》，日本廣島：山口縣史編纂所，1934 年。

9. 中村德美編，《長門國志》，日本山口：下關市教育委員會重刊，1981 年。

10. 木村忠夫編，《山口県史・史料編・中世 1》，日本山口：山口縣廳，1996 年。

11. 古屋哲夫編，《山口県史・史料編・近代 1》，日本山口：山口縣廳，2000 年。

12. 田中誠二編，《山口県史・史料編・近世 5》，日本山口：山口縣廳，2010 年。

13. 田中誠二編，《山口県史・史料編・近世 2》，日本山口：山口縣廳，2005 年。

14. 田中誠二編，《山口県史・史料編・近世 3》，日本山口：山口縣廳，2001 年。

15. 田中彰、三宅紹宣編，《山口県史・史料編・幕末維新 6》，日本山口：山口縣廳，2001 年。

16. 岩根保重、佐佐木義行等撰，《山口縣文化史》通史篇，日本山口：山口縣廳增補發行，1963 年。

17. 松永昌三編，《山口県史・史料編・現代 1》，日本山口：山口縣廳，1998 年。

18. 松永昌三編，《山口県史・史料編・現代 2》，日本山口：山口縣廳，2000 年。

19. 河本福美編，《山口県史・史料編・近世 1 上》，日本山口：山口縣廳，1999 年。

20. 金關恕編，《山口県史・資料編・考古 1》，日本山口：山口縣廳，2000 年。

21. 相良英輔編，《山口県史・史料編・近代 4》，日本山口：山口縣廳，2003

年。

22. 相良英輔編，《山口縣史・史料編・近代 5》，日本山口：山口縣廳，2008年。

23. 秋山伸隆編，《山口縣史・史料編・中世 4》，日本山口：山口縣廳，2008年。

24. 粟田尚彌編，《山口縣史・史料編・現代 3》，日本山口：山口縣廳，2004年。

25. 浜田清吉，《山口縣新誌》，東京：日本書院，1949 年。

26. 森下徹、木部和昭編，《山口縣史・史料編・近世 4》，日本山口：山口縣廳，2008 年。

27. 森茂曉編，《山口縣史・史料編・中世 2》，日本山口：山口縣廳，2003年。

28. 森茂曉編，《山口縣史・史料編・中世 3》，日本山口：山口縣廳，2004年。

29. 渡邊一雄編，《山口縣史・資料編・考古 2》，日本山口：山口縣廳，2004年。

30. 湯川洋司編，《山口縣史・民俗編》，日本山口：山口縣廳，2010 年。

31. 湯川洋司編，《山口縣史・資料編・民俗 1》，日本山口：山口縣廳，2002年。

32. 湯川洋司編，《山口縣史・資料編・民俗 2》，日本山口：山口縣廳，2006年。

33. 福島縣廳，《福島県史編纂記録：県史編纂十年の歴史》，日本福島：編纂者，1972 年。

34. 廣島縣廳，《広島県史》古代中世資料編 2，日本廣島：編纂者，1976 年。

35. 廣島縣廳編，《廣島縣史》，日本廣島：編纂者，1968～1984。

三、專書與論文集

（一）中　文

1. 中興大學歷史系編輯，《海峽兩岸地方史志／地方博物館學術研討會論文集》，台灣南投：台灣省文獻委員會，1999 年。

2. 中國地方史志協會編，《中國地方史志論叢》，北京市：中華書局 1984 年。

3. 巴兆祥，《方志學新論》，上海市：學林出版社，2004 年。

4. 巴兆祥，《中國地方志流播日本研究》，上海市：上海人民出版社，2007年。

5. 方豪,《方豪六十自定稿》上冊,台北市:台灣學生書局,1969 年。

6. 王復興主編,《省志編纂學》,中國山東:齊魯出版社,1992 年。

7. 王瑞民,《地理資訊系統》,台灣台北:高立圖書公司,2001 年。

8. 台灣省文獻委員會編,《機關志講義彙編》,台灣南投:編印者,1993 年。

9. 朱士嘉,《中國地方志綜錄》,台北市:新文豐出版公司,1975 年。

10. 宋晞,《方志學研究論叢》,台北市:台灣商務印書館,1990 年。

11. 宋天瀚,《論章學誠的方志理論與「方志學」》,台灣台北:花木蘭文化工作坊,2005 年。

12. 東吳大學歷史學系主編,《方志學與社區鄉土史學術研討會論文集》,台北市:台灣學生書局,1998 年。

13. 林天蔚,《方志學與地方史研究》,台北市:南天書局,1995 年。

14. 林天蔚,《地方文獻研究與分論》,北京:北京圖書出版社,2006 年。

15. 林美容,《鄉土史與村庄史:人類學者看地方》,台北市:台原出版社,2000 年。

16. 林衍經,《中國地方志》,上海市:上海古籍出版社,1996 年。

17. 林衍經,《方志編纂系論》,中國安徽:安徽大學出版社,2001 年。

18. 林衍經,《方志學綜論》,上海市:華東師範大學出版社,2007 年。

19. 李泰棻,《方志學》,台北市:台灣商務印書館,1987 年。

20. 杜維運,《史學方法論》,台北市:華世出版社,1980 年。

21. 來新夏,《志域探步》,天津:南開大學出版社,1993 年。

22. 來新夏,《中國地方志》,台北市:台灣商務印書館,1995 年。

23. 來新夏、齊藤博主編,《中日地方史志比較研究》,天津市:南開大學出版社,1996 年。

24. 范達人,《當代比較史學》,北京市:北京大學出版社,1990 年。

25. 財團法人日台交流協會編,《2000 年度財團法人交流協會日台交流中心歷史研究者交流事業報告書》,台北市:編印者,2001 年。

26. 財團法人日台交流協會編,《歷史研究者交流事業(招聘)研究成果報告集》,台北市:編印者,2003 年。

27. 國史館台灣文獻館編,《方志學理論與戰後方志纂修實務國際學術研討會論文集》,台灣南投:編印者,2008 年。

28. 張國淦,《中國古方志考》,台北市:鼎文書局,1973 年。

29. 曹永和、王世慶總纂,吳文星、高志彬主編,《台灣文獻書目解題(第一種方志類四)》,台北市:國立中央圖書館台灣分館,1987 年。

30. 許雪姬、林玉茹主編,《五十年來台灣方志成果評估與未來發展學術研討

會論文集》，台北市：中央研究院台灣史研究所籌備處，1999 年。

31. 陳光貽，《中國方志學史》，中國福建：福建人民出版社，1998 年。

32. 陳強主編，《廣東省地方志理論研究優秀論文集》，廣東：嶺南美術出版社，2007 年。

33. 陳捷先，《清代台灣方志研究》，台北市：台灣學生書局，1996 年。

34. 陳捷先，《中國古方志學探論》，台北市：聯經出版公司，1998 年。

35. 郭鳳岐編，《地方志基礎知識選編》，天津市：天津社會科學院出版社，1994 年。

36. 郭鳳岐編，《海峽兩岸地方史志比較研究文集》，天津市：天津社會科學院出版社，1998 年。

37. 傅振倫，《中國方志學通論》，上海市：上海商務印書館，1936 年。

38. 彭靜中，《中國方志簡史》，中國四川：四川大學出版社，1990 年。

39. 黃秀政，《台灣史志新論》，台北市：五南圖書出版公司，2007 年。

40. 劉緯毅，《中國地方志》，北京市：新華出版社，1991 年。

41. 黎錦熙，《方志今議》，台北市：台灣商務印書館，1976 年。

42. 盧萬發，《方志學原理》，四川：巴蜀書社，2007 年。

43. 【美】斯塔夫里阿諾斯（L. S. Stavrianos）著，吳象嬰、梁赤民譯，《全球通史：1500 年以前的世界》，上海：上海社會科學院出版社，2002 年。

（二）日　文

1. 山口縣地方史學會編，《山口県地方史学会の 50 年》，日本山口：編印者，2003 年。

2. 山口縣總務部，《山口県文化史（現代篇）》，日本山口：編印者，1959 年。

3. 山口縣企畫部，《山口県文化史（通史篇）》，日本山口：編印者增補發行，1962 年。

4. 山口縣環境生活部縣史編纂室編，《山口県史講演會講演錄》，日本山口：編印者，1997 年。

5. 山口縣總務部地方課編，《山口県町村合併史》，日本山口：編印者，1958 年。

6. 山田安彥教授退官記念論文集記念會編，《転換期に立つ地域の科学》，東京：古今書院，1993 年。

7. 山梨縣立圖書館，《山梨県史》第一卷。日本山梨：編印者，1958 年。

8. 三坂圭治，《山口県の歷史》，東京：山川出版社，1971 年。

9. 中村政則，《日本近代と民衆》，東京：校倉書房，1984 年。

10. 日本地方史研究協議會編,《地方史研究必攜》,東京:岩波書店,1955年。

11. 日本地方自治學會編,《広域行政と府県》,東京:編印者,1990年。

12. 木村礎著、古川貞雄編,《地方史を考える》,東京:名著出版社,1997年。

13. 木村礎著、古川貞雄編,《地方史を書く》,東京:名著出版社,1997年。

14. 古島敏雄、和歌森太郎、木村礎等編,《郷土史研究法と考古学》,東京:朝倉書店,1969年。

15. 古島敏雄、和歌森太郎、木村礎等編,《古代郷土史研究法》,東京:朝倉書店,1970年。

16. 古島敏雄、和歌森太郎、木村礎等編,《近世郷土史研究法》,東京:朝倉書店,1970年。

17. 古島敏雄、和歌森太郎、木村礎等編,《明治前期郷土史研究法》,東京:朝倉書店,1970年。

18. 古島敏雄、和歌森太郎、木村礎等編,《明治大正郷土史研究法》,東京:朝倉書店,1970年。

19. 甘粕健,《地方史と考古学》,東京:柏書房,1977年。

20. 田村榮太郎,《郷土史入門》,東京:柏書房,1961年。

21. 東京都公文書館,《東京都の修史事業》,東京:編印者,1979年。

22. 地方史研究協議會編,《地方史の新視点》,東京:雄山閣,1988年。

23. 地方史研究協議會編,《地方史・研究と方法の最前線》,東京:雄山閣出版公司,1997年。

24. 兒玉幸多、林英夫、芳賀登編,《地方史の思想と視点》,東京:柏書房,1976年。

25. 若尾祐司、羽賀祥二編,《記録と記憶の比較文化史》,日本愛知:名古屋大學出版會,2005年。

26. 福島縣廳,《福島県史編纂記録》,日本福島:編印者,1972年。

27. 朝尾直廣等編集,《日本通史・別卷2地域史研究の現状と課題》,東京:岩波書店,1994年。

28. 齊藤博、來新夏主編,《日中地方史誌の比較研究》,東京:學文社,1995年。

三、期刊（學報）論文

（一）中　文

1. 中國地方志指導小組辦公室編，〈中國地方志通訊〉2008 年第 28 期，2008 年 6 月，頁 1。

2. 方豪，〈記新抄苗栗縣志兼論台灣方志的型態〉，《文獻專刊》第 2 卷第 1、2 期，1951 年 5 月，頁 10～17。

3. 王良行，〈鄉鎮志撰修的新取徑〉，收入中興大學歷史系編輯，《海峽兩岸地方史志／地方博物館學術研討會論文集》，台灣南投：台灣省文獻委員會，1999 年，頁 243～288。

4. 王世慶，〈日據時期台灣官撰地方史志的探討〉，《漢學研究》第 3 卷 2 期，1985 年 12 月，頁 317～348。

5. 王世慶，〈我的修志經驗與看法〉，《台灣史田野研究通訊》第 20 期，1991 年 9 月，頁 28～31。

6. 王明志，〈地理資訊與擴增實境技術應用於台灣大眾影視史學之探究〉，《台灣文獻》第 61 卷 4 期，2010 年 12 月，頁 89～111。

7. 王衛平，王明志，〈日本地方史志的源流〉，《中國地方志》2001 年 1～2 期，2001 年 2 月，頁 141～145。

8. 王衛平，〈日本的地方史志編纂〉，《中國地方志》2000 年 3 期，2000 年 3 月，頁 49～53。

9. 王衛平，〈近代以來日本地方史志體例的演變〉，《江蘇地方志》2000 年 4 期，2000 年 4 月，頁 60～63。

10. 王衛平，〈日本地方史志編纂的理論與方法〉，《國外社會科學》2008 年第 5 期，2000 年 5 月，頁 36～40。

11. 王衛平〈日本的村志編纂〉，《江蘇地方志》2001 年 3 期，2001 年 3 月，頁 25～27。

12. 王衛平，〈日本地方史志編纂的理論與方法〉，《國外社會科學》2008 年 5 期，2008 年 5 月，頁 36～40。

13. 王衛平，〈日本地方史志編纂的幾個問題〉，《中國地方志》2010 年 4 期，2010 年 4 月，頁 47～52。

14. 田中一二編、李朝熙譯，〈台北市史：昭和六年（一）〉，《台北文獻》直字第 106 期，1993 年 12 月，頁 139～197。

15. 巴兆祥，〈中國大陸新方志編纂的成就及其存在的問題〉，收入國史館台灣文獻館編，《方志學理論與戰後方志纂修實務國際學術研討會論文集》，台灣南投：編印者，2008 年，頁 277～288。

16. 來新夏，〈論新編地方誌的人文價值〉，收入中興大學歷史系編輯，《海峽兩岸地方史志／地方博物館學術研討會論文集》，台灣南投：台灣省文獻委員會，1999 年，頁 1～8。

17. 吳文星，〈試論鄉土志纂修：以《頭城鎮志》爲例〉，《史聯雜誌》第 22

期，1993 年 6 月，頁 53～61。

18. 宋伯元，〈漫談方志編纂問題〉，《台灣文獻》第 34 卷 4 期，1983 年 12 月，頁 1～5。

19. 周樑楷，〈影視史學：理論基礎及課程主旨的反思〉，《台大歷史學報》第 23 期，1999 年 6 月，頁 445～470。

20. 李澤吾，〈在修志的基礎上深入開展地方史的研究與編纂〉，《廣西地方志》1998 年第 2 期，1998 年 2 月，頁 64～67。

21. 阮文日、蔣爲文等人，〈越南地方志書的編纂〉，收入國史館台灣文獻館編，《方志學理論與戰後方志纂修實務國際學術研討會論文集》，台灣南投：編印者，2008 年，頁 313～326。

22. 林玉茹，〈地方知識與社會變遷：戰後台灣方志的發展〉，《台灣文獻》第 50 卷 4 期，1999 年 12 月，頁 235～289。

23. 林美容，〈確立地方志的新傳統：兼談台灣史學的奠基〉，收入東吳大學歷史學系主編，《方志學與社區鄉土史學術研討會論文集》，台北市：台灣學生書局，1998 年，頁 69～80。

24. 林開世，〈方志的呈現與再現：以《噶瑪蘭廳志》爲例〉，《新史學》第 18 卷 2 期，2007 年 6 月，頁 1～60。

25. 林慶弧，〈《台灣省通志稿》與《台灣省通志》「圖書館」專章編纂的比較〉，《台灣文獻》第 61 卷 4 期，2010 年 12 月，頁 161～196。

26. 武尚清，〈日本學者論地方史志研究〉，《史學史研究》1994 年 3 期，1994 年 3 月，頁 71～79。

27. 邱琡雯，〈民眾史的思想與建構：以日本地域史的編纂爲例〉，《歷史月刊》2001 年 1 月號，2001 年 1 月，頁 98～104。

28. 洪敏麟，〈編輯地方志心得報告：以《草屯鎮志》、《大肚鄉志》爲例〉，《台灣文獻》第 49 卷 3 期，1998 年 9 月，頁 207～218。

29. 孫華，〈志書人物傳撰寫八法〉，《新疆地方志》2010 年 3 期，2010 年 3 月，頁 17～19。

30. 徐大智，〈《台灣省通志稿》與《台灣省通志》「平埔族篇」纂修之比較〉，《台灣文獻》第 61 卷 1 期，2010 年 3 月，頁 191～211。

31. 徐惠玲，〈戰後台灣縣（市）志的纂修研究：以《新修桃園縣志》爲例〉，《台北文獻》直字第 177 期，2011 年 9 月，頁 171～234。

32. 高志彬，〈台灣方志之纂修及其體例流變述略〉，《台灣文獻》第 49 卷 3 期，1998 年 9 月，頁 187～205。

33. 高志彬，〈台灣方志纂修概況與內容特質〉，《台灣史田野研究通訊》第 15 期，1990 年 6 月，頁 36～43。

34. 張同湘，〈從「續修台南市志」談志書與歷史的編寫〉，《台南文化》新

34 期，1992 年 12 月，頁 117～129。

35. 張孟秋，〈戰後台灣三部省通志「農業篇」之比較〉，《台灣文獻》第 61 卷 4 期，2010 年 12 月，頁 137～160。

36. 張勝彥，〈編纂地方志之淺見〉，收入東吳大學歷史學系主編，《方志學與社區鄉土史學術研討會論文集》，台北市：台灣學生書局，1998 年，頁 69～80。

37. 莊金德，〈台灣省通志稿增修的經過與整修計劃的擬訂〉，《台灣文獻》第 20 卷 2 期，1969 年 6 月，頁 167～185。

38. 陳支平，〈大陸與台灣地方志編修的若干問題〉，《史聯雜誌》第 34 期，1999 年 6 月，頁 121～132。

39. 陳紹馨，〈新方志與舊方志〉，《台北文物》，第 5 卷 1 期，1956 年 6 月，頁 1～6。

40. 陳靜寬，〈兩部《台中市史》有關日治時期記載之比較研究〉，《台灣文獻》第 54 卷 1 期，1993 年 3 月，頁 183～224。

41. 郭冬梅，〈近代日本的地方自治和村落共同體〉，《日本學論壇》2004 年 1 期，2004 年 1 月，頁 34～38。

42. 郭冬梅，〈日本國家與農村社會關系的近代化：近代町村自治的形成〉，《日本學論壇》2004 年 4 期，2004 年 4 月，頁 32～37。

43. 郭冬梅，〈日本近代町村會的起源與形成〉，《東北師大學報》（哲學社會科學版）2006 年 5 期，2006 年 5 月，頁 70～74。

44. 郭佳玲，〈海峽兩岸地方史志交流的成果——評介郭鳳岐主編《海峽兩岸地方史志比較研究文集》〉，《白沙歷史地理學報》第 7 期，2009 年 4 月，頁 199～214。

45. 郭佳玲，〈論戰後台灣縣（市）志的纂修（1945～2008）〉，《台灣文獻》第 61 卷 1 期，2010 年 3 月，頁 213～237。

46. 郭佳玲，〈近代日本地方史志的纂修：以新修《山口縣史》爲例〉，《台北文獻》直字第 175 期，2011 年 3 月，頁 203～224。

47. 郭佳玲，〈地方志研究的新領域：評介巴兆祥著《中國地方志流播日本研究》〉，《思與言》第 49 卷 4 期，2011 年 12 月，頁 161～179。

48. 森谷秀亮，〈史料蒐集與歷史編纂〉，《台灣文獻》第 13 卷 1 期，1962 年 3 月，頁 146～150。

49. 曾鼎甲，〈戰後台灣方志纂修的傳統：兼論省通志的綱目編體〉，《台灣文獻》第 61 卷 1 期，2010 年 3 月，頁 63～137。

50. 黃文瑞，〈台灣省文獻委員會沿革〉，《台灣文獻》第 45 卷 2 期，1994 年 6 月，頁 201～227。

51. 黃永宏，〈《台灣省通志》與《重修台灣省通志》「氏族篇」之比較〉，《台

灣文獻》第 61 卷 1 期，2010 年 3 月，頁 163～189。

52. 黃秀政，〈《續修台北市志》纂修計畫〉，《台北文獻》續修台北市志纂修專輯，2012 年 3 月，頁 1～20。

53. 黃秀政、郭佳玲，〈戰後台灣縣（市）志的纂修：以新修《台中市志》為例〉，收入國史館台灣文獻館編，《方志學理論與戰後方志纂修實務國際學術研討會論文集》，台灣南投：編印者，2008 年，頁 185～204。

54. 葉榮鐘，〈釋台中文化城〉，《台灣風物》第 26 卷 4 期，1976 年 12 月，頁 8～15。

55. 楊護源、卞鳳奎，〈地方志纂修之理論與實務：以台北市志為例〉，《台北文獻》直字第 131 期，2000 年 3 月，頁 177～196。

56. 詹素娟，〈台灣各縣市方志纂修情形舉例〉，《台灣史田野研究通訊》第 20 期，1991 年 9 月，頁 20～22。

57. 劉智鵬，〈纂修《香港通志》的理論與實踐〉，收入國史館台灣文獻館編，《方志學理論與戰後方志纂修實務國際學術研討會論文集》，台灣南投：編印者，2008 年，頁 233～250。

58. 劉新圓，〈政府採購法對學術及文化界之影響〉，《國家政策論壇》，第 2 卷 2 期，2002 年 2 月，頁 189～192。

59. 鄭喜夫，〈《地方志書纂修辦法》之探討（上）〉，《台灣文獻》第 53 卷 1 期，2002 年 3 月，頁 201～248。

60. 鄭喜夫，〈《地方志書纂修辦法》之探討（下）〉，《台灣文獻》第 53 卷 2 期，2002 年 6 月，頁 113～164。

61. 鄭喜夫，〈對大陸地方志書立人物專志的看法〉，《台灣文獻》第 61 卷 2 期，2010 年 6 月，頁 451～465。

62. 蔡政純，〈《台灣省通志稿》與《重修台灣省通志》〈宗教篇・佛教章〉編纂之比較〉，《台灣文獻》第 61 卷 4 期，2010 年 12 月，頁 113～136。

63. 蕭明治，〈戰後台灣地方志書的審查機制〉，收入國史館台灣文獻館編，《方志學理論與戰後方志纂修實務國際學術研討會論文集》，台灣南投：編印者，2008 年，頁 129～178

64. 蕭富隆，〈《台灣省通志稿・光復志》與《台灣省通志・光復志》比較研究：兼論志書體例、史筆及史料取材若干問題〉，《台灣文獻》第 61 卷 1 期，2010 年 3 月，頁 129～162。

65. 謝嘉梁，〈台灣文獻業務之沿革發展〉，《台灣文獻》第 50 卷 1 期，1999 年 3 月，頁 1～16。

66. 謝嘉梁，〈從台灣省通志到台灣全志：台灣修志的回顧與前瞻〉，收入國史館台灣文獻館編，《方志學理論與戰後方志纂修實務國際學術研討會論文集》，台灣南投：編印者，2008 年，頁 1～24。

67. 簡榮聰，〈台灣省文獻委員會推動全面修志概述〉，《台灣文獻》第 46 卷 3 期，1995 年 9 月，頁 83～108。

68. 顏清梅，〈日治初期台灣鄉鎮志纂修之研究：以《苑裡志》為例〉，《台灣文獻》第 54 卷 1 期，1993 年 3 月，頁 225～248。

（二）西　文

1. 〈学会だより〉，《山口県地方史研究》創刊號，1954 年 11 月，頁 44。

2. 小山靖憲，〈県史編さんと中世史研究〉，《山口県史研究》第 4 號，1996 年 3 月，頁 121～128。

3. 山口県史編さん中世部会，〈『山口県史　史料編　中世 1』の編集方針について〉，《山口県史研究》第 10 號，2002 年 3 月，頁 63～66。

4. 山根幸夫，〈中国の地方志について〉，《歴史学研究》第 641 期，1993 年 1 月，頁 2～9。

5. 三浦圭一，〈郷土史編纂の現状と課題〉，《歴史評論》第 277 期，1973 年 6 月，頁 18～24。

6. 三坂圭治，〈地方史の研究と編纂〉，《山口県地方史研究》創刊號，1954 年 11 月，頁 27～30。

7. 戸沢充則，〈「県史」へのある想い〉，《山口県史研究》第 2 號，1994 年 3 月，頁 140～146。

8. 内藤正中，〈地方史編さん事業と住民の歴史意識〉，《歴史學研究》第 12 期，1975 年 12 月，頁 50～54。

9. 天野卓郎，〈地方史編さんと国民の歴史意識〉，《歴史學研究》第 12 期，1975 年 12 月，頁 64～69。

10. 木村礎，〈地方文書館のありかた〉，《地域史研究》第 2 卷第 2 號，1972 年 2 月，頁 1～10。

11. 石川卓美，〈県内地方史団体と市町村史〉，《山口県地方史研究》第 10 號，1963 年 12 月，頁 51～56。

12. 石田龍次郎，〈皇国地志の編纂〉，《社会学研究》第 8 期，1966 年 3 月，頁 1～61。

13. 田中彰，〈山口県史の編纂をめざして〉，《山口県史研究》第 1 號，1993 年 3 月，頁 3～5。

14. 安仁屋政昭，〈沖縄史研究と自治体史編纂〉，《歴史評論》第 506 期，1992 年 6 月，頁 29～36。

15. 安孫子麟，〈日本の自治体史編纂をめぐって〉，《歴史評論》第 506 期，1992 年 6 月，頁 2～11。

16. 安孫子麟，〈市町村史編纂における歴史意識について〉，《歴史學研究》

第 12 期，1975 年 12 月，頁 44～49。

17. 臼杵華臣，〈県史編纂への道程〉，《山口県史研究》第 1 號，1993 年 3
月，頁 9～12。

18. 吉田晶，〈県史編纂の経験から〉，《山口県史研究》第 1 號，1993 年 3
月，頁 123～126。

19. 伊藤暢直，〈教育史と自治体史編纂〉，《歴史評論》第 506 期，1992 年 6
月，頁 37～43。

20. 兒玉幸多，〈地方史研究の動向〉，《地方史研究》創刊號，1951 年 3 月，
頁 3～8。

21. 金原左門，〈日本の「自治体」史編纂と歴史家の役割〉，《歴史学研究》
第 642 期，1993 年 2 月，頁 1～7。

22. 金原左門，〈地方史の「新地平」を求めて:県史の効用〉，《山口県史研
究》第 1 號，1993 年 3 月，頁 127～130。

23. 河村吉行，〈県史編さんに伴う収集資料から〉，《山口県史研究》第 13
號，2005 年 3 月，頁 51～61。

24. 松下志朗，〈『山口県史』編纂への期待〉，《山口県史研究》第 7 號，1999
年 3 月，頁 65～70。

25. 芳賀登，〈地方史の思想〉，《歴史評論》第 277 期，1973 年 6 月，頁 1
～17。

26. 津野倫明，〈土佐（高知における史書および自治体史の編纂）〉，收入國
史館台灣文獻館編，《方志學理論與戰後方志纂修實務國際學術研討會論
文集》，台灣南投：編印者，2008 年，頁 251～276。

27. 高橋伯昌，〈山口県史に期待するもの〉，《山口県史研究》第 5 號，1997
年 3 月，頁 73～78。

28. 高橋實，〈自治体史編纂と文書館〉，《歴史評論》第 506 期，1992 年 6
月，頁 12～21。

29. 桑原眞人，〈地方史編纂と歴史意識〉，《歴史學研究》第 12 期，1975 年
12 月，頁 55～63。

30. 岩根保重、佐伯敬紀等人，〈戰後の山口県地方史研究の成果〉，《山口県
地方史研究》第 10 號，1963 年 12 月，頁 23～50。

31. 猪飼隆明，〈日本における近代地域史研究の課題と方法〉，收入國史館
台灣文獻館編，《方志學理論與戰後方志纂修實務國際學術研討會論文
集》，台灣南投：編印者，2008 年，頁 289～312。

32. 倉地克直，〈県史について考えること〉，《山口県史研究》第 4 號，1996
年 3 月，頁 129～134。

33. 原田芳之,〈台中市史編史後感〉,《台灣時報》昭和 7 年 6 月號,1932 年 6 月,頁 104～116。

34. 鈴木裕子,〈忘れられた歴史に光を：山口県史への思い〉,《山口県史研究》第 3 號,1995 年 3 月,頁 188～193。

35. 梶田富三,〈身近な地域の学習と地方史〉,《山口県地方史研究》第 37 號,1971 年 11 月,頁 39～43。

36. 森正夫,〈中國前近代史研究における地域社會の視点——中國冊史シンポジウム《地域社會の視点——地域社會とりーダー》基調報告〉,《名古屋大學文學部研究論集：史學》第 28 期,1982 年,頁 201～223。

37. 福尾猛市郎,〈地方史研究序説〉,《山口県地方史研究》創刊號,1954 年 11 月,頁 21～26。

38. 廣田暢久,〈山口県歴史編纂事業史（其の一)〉,《山口県史研究》第 1 號,1993 年 3 月,頁 135～152。

39. 廣田暢久,〈山口県歴史編纂事業史（其の二)〉,《山口県史研究》第 2 號,1994 年 3 月,頁 155～166。

40. 熊田重邦,〈県史編さんと文書館〉,《山口県史研究》第 2 號,1994 年 3 月,頁 147～154。

41. 藤井壽一,〈部落史研究と自治体史編纂〉,《歷史評論》第 506 期,1992 年 6 月,頁 44～49。

42. 藤本篤,〈地方史誌の編纂事業〉,《山口県地方史研究》第 26 號,1971 年 11 月,頁 5～16。

43. 藤本篤,〈最近の市史編纂事業について〉,《史學雜誌》第 72 編第 9 號,1963 年 9 月,頁 69～85。

44. 藩制史料研究會,〈地方史のあり方について〉,《山口県地方史研究》第 5 號,1961 年 6 月,頁 33～35。

四、學位論文

1. 李文玉,〈戰後北台灣縣市志纂修之研究〉,台灣桃園：國立中央大學歷史研究所碩士論文,2002 年。

2. 曾鼎甲,〈論《台灣省通志稿》之纂修：以革命、學藝、人物三志為例〉,台灣台中：國立中興大學歷史學系碩士論文,1999 年。

五、報刊文章

1. 彙報,〈教育事項〉,《台中市報》第 52 號,昭和 2 年（1927）6 月 24 日。

2. 江良誠,「編市志　訪耆老　人物志　添新頁」,《聯合報》B2 版台中市

新聞，2003 年 8 月 8 日。

3. 樊天璣，「四縣市編修地方志冷熱有別」《民生報》CR2 版，2003 年 8 月 2 日。

六、網路資料

1. 〈地方志書纂修辦法〉，收入中華民國內政部主管法規查詢系統：
   http://glrs.moi.gov.tw/LawContentDetails.aspx?id=FL002012&KeyWordHL=&StyleType=1（2011/02/01）

2. 〈行政程序法〉，收入法務部全國法規資料庫系統：
   http://law.moj.gov.tw/LawClass/LawContent.aspx?pcode=A0030055（2011/03/05）

3. 〈政府採購法〉，收入法務部全國法規資料庫系統：
   http://law.moj.gov.tw/LawClass/LawHistory.aspx?PCode=A0030057（2012/01/04）

4. 「98 年獎勵出版文獻書刊得獎名單公告」，國史館台灣文獻館電子報第 37 期，2009 年 8 月 28 日發行。
   http://www.th.gov.tw/epaper/view2.php?ID=37&AID=459（2012/07/20）

5. 山口縣刊行物中心 http://ymgbooks.jp/index.html（2011/04/01）。

6. 上海市地方志辦公室，《上海地方志》
   http://www.shtong.gov.cn/node2/node70393/node70403/node72555/node72664/userobject1ai82828.html（2012/08/01）

7. 千葉縣文書館，《千葉縣史》相關資料：
   http://www.pref.chiba.lg.jp/bunshokan/contents/chibakenshi/index.html#kousei（2012/05/03）

8. 內政部全國法規資料庫，〈人民團體法〉：
   http://law.moj.gov.tw/LawClass/LawAll.aspx?PCode=D0050091（2012/01/11）；內政部人民團體全球資訊網，〈發展現況〉：
   http://cois.moi.gov.tw/moiweb/web/frmHome.aspx（2012/01/11）。

9. 中華文化總會，〈歷史沿革〉：
   http://1066324.2at.com.tw/（2012/12/19）

10. 中華民國 72 年 4 月 18 日內政部（72）台內民字第 153235 號令修正發布〈地方志書纂修辦法〉。資料來源：中華民國內政部主管法規查詢系統，〈地方志書纂修辦法〉
    http://glrs.moi.gov.tw/LawContent.aspx?id=FL002012（2012/04/05）

11. 中華民國立法院全球資訊網／法律資料庫／《地方制度法》（1999 年 1 月 25 日頒布）第 62 條。
    http://lis.ly.gov.tw/lghtml/lawstat/version2/04818/0481888011300.htm

（2011/03/28）

12. 尼崎市立地域研究史料館，〈歷史沿革〉：
http://www.archives.city.amagasaki.hyogo.jp/kouza.html（2012/05/15）

13. 重修《苗栗縣志》線上閱讀網站：http://book.mlc.gov.tw/（2010/09/20）、
「台灣方志」網站：http://county.nioerar.edu.tw/page.php?page_id=2
（2011/03/20）

14. 高雄市立歷史博物館網站，《高雄文獻》
http://khm.gov.tw/home02.aspx?ID=$3004&IDK=2&EXEC=D&DATA=279
2&AP=$3004_HISTORY-0（2012/08/07）

15. 黃玉燕，「承接史命　台中市志編纂完成」，2009/05/22《大紀元》電子報。
http://www.epochtimes.com/b5/9/5/22/n2534633.htm（2009/05/25）

16. 愛知縣史編纂室，〈縣史編纂事業〉
http://www.pref.aichi.jp/0000045951.html（2012/04/11）

17. 維基百科：「台灣省戒嚴令」
http://zh.wikipedia.org/wiki/%E5%8F%B0%E7%81%A3%E7%9C%81%E6
%88%92%E5%9A%B4%E4%BB%A4（2011/07/11）

18. 曉之，2009 年 12 月 8 日〈朱敏彥教授應邀赴澳門參加「澳門歷史研究
資料目錄」搜集工作會議〉。上海市地方志辦公室／史志動態
http://www.shtong.gov.cn/node2/node70345/userobject1ai109552.html
（2012/08/02）

19. 國立台灣圖書館・歷史沿革：
http://www.ntl.edu.tw/01-aboutus-01.asp（2013/07/23）

20. 蘇孟娟，「耗時 5 年編修　台中市志亮相」，《自由時報》電子報「中部新
聞」http://www.libertytimes.com.tw/2009/new/may/22/today-center15.htm
（2009/05/22）。

附　錄

一、**修志事例概要**（中華民國十八年十二月內政部奉行政院轉奉國民
政府令准通行）

一、各省應於各省會所在地設立省通志館，由省政府聘請館長一人、編
纂若干人組織之。

二、各通志館成立日期、地點，暨館長、副館長、編纂略歷，並經費常
額，應由省政府報內政部備案。

三、各省通志館成立後，應即由該館編擬志書凡例及分類綱目，送由省
政府轉報內政部查核備案。

四、各省通志館應酌量地方情形，遇有關黨務及黨務解釋，須向中央請
示者，可隨時由省政府咨達內政部轉請中央核示。

五、志書文字，但求暢達，無取艱深。遇有用滿、蒙、回、藏文字、注
音字母，以及外國文字時，得附載原文。

六、舊志輿圖，多不精確。本屆志書，輿圖應由專門人員以最新科學方
法製繪精印，訂列專冊，以裨實用。

七、編製分省、分縣市輿圖時，對於國界、省界、縣市界變更沿革，均
應特加注意，清晰劃分，並加附說明，以正疆界而資稽考。

八、各省志書，除每縣市應有一行政區域分圖外，並須將山脈、水道、
交通、地質、物產分配、雨季分配、雨量變差、氣候變差，以及繁
盛街市、港灣形勢、名勝地方，分別製繪地圖，編纂匯訂。

九、地方名勝、古蹟、金石拓片，以及公家私家所藏各種古物，在歷史
上有重要的價值者，均應攝製影片編入，以存真迹。

十、各地方重要及特殊文物，均應將原物攝製影片編纂，並詳加說明，以資考證。

十一、志書中應多列統計表，如土地、戶口、物產、實業、地質、氣候、交通、賦稅、教育、衛生，以及人民生活、社會經濟各種狀況，均應分年精確調查，製成統計比較表編入。

十二、各省志書，除將建置沿革，另列入沿革志外，並須特別列大事記一門。

十三、藝文一門，須以文學與藝術並重。如書畫、雕刻及其他有關藝術各事項，均宜兼採。武術技擊，可另列一門。

十四、收編詩文詞曲，無分新舊，應以有關文獻及民情者為限。歌謠戲劇，亦可甄採。

十五、舊志藝文書目，僅列書名、卷數及作者姓名，頗嫌簡略。本屆志書，應仿《四庫全志提要》例，編列提要，以資參考。

十六、鄉賢名宦之事蹟及革命烈士之行狀，均可酌量編入，但不得稍涉冒濫。

十七、天時人事發現異狀，確有事實可徵者，應調查明確，據實編入，以供科學之研究，但不得稍涉迷信。

十八、全書除圖表外，應一律以國產堅韌紙張印刷，訂為線裝本。

十九、本概要所訂辦法，各省興修志書時，得體察地方情形，斟酌損益之。

二十、各縣及各普通市興修志書，應行規定事項，由各省通志館參照本概要定之。

二一、各特別市興修志書，准用本概要之規定。

二、台中市志書纂修作業要點（2001 年 12 月 5 日台中市政府九十府文推字　第 171083 號）

一、台中市政府（以下簡稱本府）為纂修台中市（以下簡稱本市）志書，特訂定本要點。

二、本市志書之纂修，以 20 年纂修一次為原則；如舊志內容完整者，得以續修方式為之。

三、本府為辦理本市志書之纂修，得向有關機關、團體洽請協助提供資

料或邀請專門人士協助完成之。

四、本府志書之編纂或修訂，應先編擬志書凡例、綱目送編纂委員會審定。前項委員會由本府文化局遴聘具歷史及文獻專長之學者專家七至十五人組成之。

五、編纂本市志書應依下列規定：

（一）志書遇有引用中文以外其他文字時，得以注音字母為之，並附載原文。

（二）繪製本市志書輿圖應以最新科學方法製繪精印；對於國界、省（市）界或縣（市）界，變更沿革應清晰劃分，並附說明。

（三）志書輿圖除繪製行政區域圖外，並應將山脈、水道、交通、地質、物產、街市、港灣、名勝及古蹟，分別繪製專圖。

（四）地方文化資產，應攝影編入，並加說明。

（五）重要及特殊方物，應將原物攝影編入，並加說明。

（六）志書應將土地、住民、經濟、文化、教育、政治、社會等情況之統計編入。

（七）志書應列藝文一門，文學藝術並重，如書畫、雕刻及其他有關藝術事項均應兼採；武術技擊另列一門。志書藝文門應編列書目。

（八）編列詩、文、詞、曲，無分新舊，並以有關文獻及民情者為限；歌、謠、戲、劇之甄採亦同。

（九）革命先烈與抗敵殉難烈士及依褒揚條例受褒揚者之事蹟，應予編入；鄉賢名士及其他有優良事蹟者，得酌量編入。

（十）志書應編列大事記一門。

（十一）志書各門應列舉參考書目。

六、本市志稿應由編纂委員會審定後出版。

資料來源：台中市政府法規資料庫
　　　　　http://online.tccg.gov.tw/laws/index2-1.asp?&keyword=&cls=&aid=&id=300（2011/03/04）

三、山口県史編さん大綱（1992 年）

（趣旨）

　　第一條　この大綱は、山口県史（以下「県史」という。）の編さんを円
　　　　　　滑かつ効果的に遂行するため、必要な事項を決めるものとする。

（県史編さんの目的）

　　第二條　山口県の歴史的発展過程を顧み、進むべき将来への方向を展望
　　　　　　し、県民の郷土に対する認識と関心を深めるとともに、貴重な
　　　　　　歴史的資料を県民共通の財産として後世に伝え、併せて新しい
　　　　　　時代にふさわし県民文化の振興を図る。

（県史編さんの方針）

　　第三條　県史の編さんは、次の各号に掲げる方針に基づき行うものとする。

　　　一、山口県の原始、古代から現代に至るまでの多彩な発展過程を明ら
　　　　　かにし、これを日本の歴史の流れの中で位置づけるとともに、併
　　　　　せて地域の特色を示す。

　　　二、本県の地理的位置を踏まえ、世界史及び国際的関係を視野に入れ
　　　　　てとらえる。

　　　三、これまでの学界での研究成果を積極的に盛り込み、学問的に支持
　　　　　される内容のものとするとともに、これを平易な文章で叙述する。

　　　四、資料は、県の内外のわたり広範囲に調査・収集し、その有効な活
　　　　　用を図る。

　　　五、資料の提示に重点を置いた全体構成とする。

　　　六、写眞、挿図、統計資料等を多く掲載し、県民に親しまれるものと
　　　　　する。

　　　七、市町村及び関係各方面との連携を図り、県史編さんの進行状況や
　　　　　成果を広く県民に公表し、県民の理解と協力のもとに推進する。

（県史の編さんの構成）

　　第四條　県史の構成は、通史編、史料・資料編及び別編とし、各巻は一、
　　　　　　○○○ページを限度とする。内訳は、おおむね別表一のとおり
　　　　　　とする。

（県史刊行の期間）

第五條　編さんの期間は、おおむね別表二のとおりとする。

（県史編さん委員会）

第六條　県史編さんに関する重要事項を審議し、検討するため、山口県史編さん委員会設置要綱に基づき、山口県史編さん委員会（以下「編さん委員会」という。）を置く。

（県史編さん企画委員会）

第七條　県史編さんに係る企画及ぶ編集並び次条に決める県史編さん専門部について連絡調整を図るため、山口県史編さん企画委員会（以下「企画委員会」という。）を置く。

　一、企画委員会は、編さん委員会の委員のうちから、知事が指名する者をもって組織する。

　二、企画委員会に委員長を置く。

　三、企画委員会の委員長は、企画委員会の委員のうちから、知事が指名する。

　四、委員長は、会務を総括し、企画委員を代表する。

（県史編さん専門部会）

第八條　県史編さんに係る業務を、企画委員会の方針に基づき、専門別に処理するため、次の県史編さん専門部会（以下「部会」という。）を置く。

　（一）考古部会

　（二）古代部会

　（三）中世部会

　（四）近世部会

　（五）明治維新部会

　（六）近代部会

　（七）現代部会

　（八）民俗部会

　一、部会においては、部会に属する次の事項を処理する。

　（一）県史編さんの計画及び実施に関すること。

　　（二）通史編、史料・資料編及び別編の執筆・編集すること。

　　（三）資料の調査、収集及び筆耕に関すること。

　　（四）その他必要な事項に関すること。

二、部会は、企画委員会の委員及び次条に決める専門委員をもって組織する。

三、部会に部会長を置く。

四、部会長は、企画委員会の委員をもって充てる。

五、部会長は、部会を総括し、担当する部会の各編の監修に当たる。

（専門委員等の任命）

第九條　県史編さんのため、編さん委員会の委員のほか、次の職を置き、学識経験者のうちから知事が任命する。

職	職 務 内 容
専門委員	県史の企畫、調査、収集、執筆及び編集を行う。
調査委員	県史の資料情報の提供及び特定資料の調査を行う。
協力委員	県史の資料調査、収集又は筆耕を行う。

一、前項に決める専門委員の任期は三年とし、調査委員及び協力委員の任期は二年とする。

二、専門委員、調査委員及び協力委員は、再任されることができる。

（県史編さん事業の啓発）

第十條　県史編さんについて県民の理解と協力を広めるため、研究・広報誌紙等の刊行、講演会の開催等、県史の啓発普及活動に努める。

（県史編さん業務）

第十一條　県史編さんに係る業務は、企画部県史編さん室において処理する。

第十二條　この要綱に決めるもののほか、県史編さんに関し必要な事項は、別に決める。

附則

この要綱は、平成四年四月一日から実施する。

資料來源：《山口県史研究》第 1 號（1993.03），頁 180～181。